轮滑的功能与应用研究

曹卫建　著

吉林科学技术出版社

图书在版编目（CIP）数据

　　轮滑的功能与应用研究 / 曹卫建著 . -- 长春 ： 吉
林科学技术出版社，2019.8
　　ISBN 978-7-5578-5775-2

　　Ⅰ．①轮… Ⅱ．①曹… Ⅲ．①滑轮滑冰－基本知识　Ⅳ.
① G862.8

　　中国版本图书馆 CIP 数据核字（2019）第 167371 号

轮滑的功能与应用研究

著　　　者	曹卫建
出 版 人	李　梁
责任编辑	朱　萌
封面设计	刘　华
制　　版	王　朋
开　　本	185mm×260mm
字　　数	310 千字
印　　张	13.75
版　　次	2019 年 8 月第 1 版
印　　次	2019 年 8 月第 1 次印刷
出　　版	吉林科学技术出版社
发　　行	吉林科学技术出版社
地　　址	长春市福祉大路 5788 号出版集团 A 座
邮　　编	130118

发行部电话 / 传真　0431—81629529　　　　81629530　　　　81629531
　　　　　　　　　　　　　81629532　　　　81629533　　　　81629534

储运部电话　0431—86059116

编辑部电话　0431—81629517

网　　址	www.jlstp.net
印　　刷	北京宝莲鸿图科技有限公司
书　　号	ISBN 978-7-5578-5775-2
定　　价	59.00 元

前　言

　　轮滑运动包括速度轮滑、花样轮滑、轮滑球及滑板，是 19 世纪初兴起的一项运动。由于它深受人们的喜爱及在国际轮滑联盟的努力下，近些年发展得很快，它也是被奥委会承认的运动项目之一。

　　轮滑是一项新兴的运动，轮滑世界是一个充满自信和张扬个性的艺术世界：轮滑，以器材为伴，用音乐做景，以肢体动作演绎出来的速度之美和独特个性描绘着人生的完美轨迹。当你从众多的运动选项中选择了轮滑的时候，就选择了健康，也选择了时尚；让我们一起穿上轮滑鞋，带上青春的激情梦想，走向未来的精彩时光！

　　轮滑运动集健身、娱乐于一体，开辟了体育运动的一大片未知领域。近几年来，轮滑运动已经成为体育界最为成功的新兴项目之一，它在全世界拥有超过 7000 万的爱好者，并逐步发展成为一种文化。轮滑运动起源于与之相似的经典体育运动滑雪，轮滑运动弥补了滑雪只能在冬季进行的不足，成了春、夏、秋三季的"滑雪"运动。它可以划分为花样轮滑、速度轮滑、轮滑球、极限轮滑等多种，还有人把较为随意的轮滑活动称为休闲轮滑。轮滑运动的出现给体育爱好者提供了更为广阔的运动选择空间。

　　当社会进入了一个体育锻炼成为人们日常生活必不可少的时代，当人们越来越深刻地理解了"生命在于运动"的道理时，便开始以各种形式参与多种多样的运动锻炼。而轮滑运动自其产生以来，就以其独特的运动方式和极大的魅力吸引着人们。

　　经常参加轮滑运动不但对改善人体的心肺功能、增强肌肉力量、培养灵敏的身体素质、提高身体的协调性和平衡能力起着积极的作用，也对培养集体协作的团队精神和勇敢顽强的心理品质有着良好的影响，同时它还能丰富人们的业余生活，陶冶人们的情操。

　　在我国，轮滑运动虽然开展得较早，但真正成为人们锻炼的一种可选方式，形成大众锻炼"气候"还是在近些年。在社会各界积极参与和支持下，轮滑运动迅速普及开来，并呈日趋红火的态势。

　　在本书的编写过程中，由于笔者的理论水平和能力有限、时间仓促，难免会出现某些不当之处，在此一并请各位专家、同行和读者指正。

目　录

第一章　轮滑运动概述

第一节　轮滑运动的项目分类

轮滑运动，在我国原称旱冰运动，又称四轮溜冰运动。它包括速度轮滑、花样轮滑、单排轮轮滑球、双排轮轮滑球、极限轮滑（滑板）、轮滑速降等项目，这些项目均以脚穿带有 4 个或 5 个轮子的轮滑鞋为主要工具，以在地面上或表演道具上滑行为基础，因此称为轮滑运动。

一、速度轮滑（Roller Speed Skating）

速度轮滑是运动员脚穿轮滑鞋，在轮滑场地内或公路上，在规定的距离内，以快慢决定胜负的比赛滑跑速度的运动项目。

二、花样轮滑（Roller Artistic Skating）

花样轮滑是运动员脚穿轮滑鞋，在轮滑场地内，在音乐的伴随下，进行各种曲线、步伐、跳跃、转体、旋转、舞蹈动作的滑行，是一项体育与艺术紧密结合的表演性运动项目。

三、单排轮轮滑球（Roller Inline Hockey）

单排轮轮滑球运动是运动员脚穿单排轮轮滑鞋，手持冰球杆，在轮滑球场上快速滑行、运球、传接球，射球，力争将球射入对方球门的对抗性集体运动项目，是一项快速敏捷的轮滑技艺与娴熟高超的用杆技巧相结合的运动项目。

四、双排轮轮滑球（Roller Hockey）

双排轮轮滑球运动是运动员脚穿双排轮轮滑鞋，手持轮滑球拍，在轮滑球场上快速滑行、运球、传接球，射球，力争将球射入对方球门的对抗性集体运动项目，也是一项快速敏捷的轮滑技艺与娴熟高超的用拍技巧相结合的运动项目。

五、极限轮滑（Extreme in Line Skating）

极限轮滑是运动员脚穿轮滑鞋，在轮滑场地内的各种道具上进行各种惊险的滑行、跳跃、转体、翻转等动作，是一项惊险、刺激、技巧性极强的表演性运动项目。

滑板是运动员双脚踏一块底下有 4 个轮子的特制板，在轮滑场地内的各种道具上进行各种惊险的滑行、跳跃、转体、翻转等动作，也是一项惊险、刺激、技巧性极强的表演性运动项目。

六、轮滑速降（Roller Downhill）

轮滑速降是运动员脚穿单排轮轮滑鞋，从较陡的高坡上快速滑下，有的比赛还需运动员围绕障碍物做回转式滑下，以速度取胜，也是一项惊险、刺激、技巧性极强的运动项目。

第二节　滑轮运动的发展历史

一、国际轮滑运动的发展概况和现状

（一）国际轮滑运动的起源和发展

轮滑运动是一项历史悠久并具有国际性的体育运动。它诞生在 18 世纪初期，当时在荷兰冬季冰封的河道里用滑冰进行旅行是非常普及的方法。据传说是由荷兰的一名滑冰爱好者，当自然冰融化不能继续滑冰时，为解决自己在夏天也想滑冰的愿望，他冥思苦想，专心设计，自己动手将木线轴安装在皮鞋底下，在平坦的地面上滑来滑去，从而发明了最初的轮滑鞋。他的发明引起了人们的兴趣，使轮滑运动即此诞生。

后来一些人多次对轮滑鞋进行改造，如 1760 年伦敦乐器制造商和发明者约瑟夫·默林，（Joseph Merlin）在一次盛大的化装舞会上，穿着他新发明的带有铁轮的靴子，打算边拉着小提琴边庄严的进入舞厅，但他没有做好停止的动作，撞碎了舞厅墙上巨大的镜子，这竟然使他的发明撞进了上流社会。

1818 年，轮滑优雅地出现在柏林的芭蕾舞舞台上，更使轮滑成为当时最时髦的事情。1819 年在法国，将轮滑鞋的专利授予了蒙修尔·帕迪布来丁（Monsieur Petibledin），他的轮滑鞋是木板固定于靴底上，下面固定着两个到 4 个铜制、木制或象牙制的轮子，排列成一条直线。1823 年，伦敦的罗伯特·约翰·泰尔斯（Robert John Ters）注册了新的轮滑鞋专利，他的发明是鞋下有 5 个排成一条直线的轮子，虽然能滑得较快，但不能像现在的单排轮轮滑鞋那样转弯。

1840 年，巴黎也兴起了轮滑运动，1861 年的巴黎世界博览会上出现的轮滑表演，把轮滑运动推向一个新的阶段。

在此前的轮滑发展过程中，人们为了能滑得快、灵活、方便，对轮滑鞋不断地进行改进，从最原始的"木制大线轴"，发展到单排两轮、单排三轮，中间大轮两头小轮的三轮等，但都由于在灵活和安全性方面不理想，使这项运动的发展呈现有时高潮，有时低潮的状况。直到 1863 年纽约人詹姆斯·普利姆普顿（James Plumpton）重新设计制造了以金属轮子代替易损的木制轱辘的新型轮滑鞋，这种轮滑鞋就是现在的双排轮形式，它便于转弯，还能倒滑，活动自如，安全灵敏，滑行起来具有更多的优越性，深受欢迎，他也因此发了大财，于是在 1866 年在纽约建造了室内轮滑场，并组织了纽约轮滑协会。而 1884 年有人将滚珠轴承应用于轮滑鞋上之后，使轮子转动更容易，轮滑鞋整体更轻，这样就更加推动了轮滑运动的开展。

1902 年，芝加哥的科利瑟姆公众轮滑场开业，有 7000 人参加了开幕式之夜；1908 年，纽约的麦迪逊广场变成轮滑场后，在美国和欧洲相继开业了几百座轮滑场和轮滑厅，使轮滑运动变得非常普及。不仅如此，由于当时冰上运动开展的更普及和先进，受其影响，轮滑运动也分化出速度轮滑、花样轮滑、轮滑舞蹈等，并进行了各种各样的比赛。19 世纪 70 年代，喜欢竞争和刺激的英国人发明了脚穿轮滑鞋用手持曲棍打球的游戏，也就是现今的双排轮轮滑球。基于轮滑项目的发展，竞赛和交往的增多，1924 年，英国、法国、德国、瑞士 4 国的代表在瑞士蒙特勒成立了国际轮滑联合会，从此开始举办速度轮滑、花样轮滑、轮滑球的洲际和世界比赛。

从 1863 年纽约人詹姆斯·普利姆普顿发明设计制造了双排轮轮滑鞋以后，双排轮轮滑鞋统治了轮滑运动一百多年，所有的轮滑竞赛和各种活动都是使用的双排轮轮滑鞋，仅在材料的更新和制造的精度上有所提高。1979 年，美国冰球运动员奥尔森兄弟（Scott Olson & Brennan Olson）在其家乡明尼苏达州的明尼阿波利斯发现了一双早期的轮滑鞋，是轮子成一条直线，而不是普利姆普顿发明的双排轮轮滑鞋。这双鞋引起了他们的兴趣，于是兄弟俩进行重新设计，根据轮滑鞋的原理，采用现代的材料。他们用聚氨酯做轮子，将其安装在冰球鞋下面，再装上橡胶制的制动器，就制成了现代的单排轮轮滑鞋。

1983 年，斯科特·奥尔森成立了专门生产单排轮轮滑鞋和器材的 Rollerblade 公司，使单排轮轮滑运动非常迅速的，首先在美国，继而在全世界普及起来。由于其优越性能大大好于双排轮轮滑鞋，因此在大部分领域取代了双排轮轮滑鞋，如在速度轮滑比赛中，运动员已经全部穿单排轮轮滑鞋；在花样轮滑比赛中虽然双排轮轮滑鞋占主流，但现在已经出现了单排轮轮滑鞋的花样轮滑比赛；单排轮轮滑球则是冰球运动的陆地版，是与双排轮轮滑球完全不同的两个项目。此外，极限轮滑和轮滑速降等运动项目都是因单排轮轮滑鞋的产生而产生的，不仅如此，在遍及全世界的群众性轮滑活动中，已经绝大部分使用单排轮轮滑鞋。

（二）国际轮滑运动的现状

1. 国际轮滑联合会

国际轮滑运动的现状应主要了解国际轮滑联合会。国际轮滑联合会（Federation International de Roller Sports，缩写 FIRS）成立于 1924 年，经过 80 多年的发展，已经成为一个全球性的单项国际体育组织，管理世界范围内轮滑运动的竞赛、组织和发展。它在 1975 年得到国际奥林匹克委员会（IOC）的承认，并且是国际运动联合会（GAISF）的成员和国际世界运动会协会（IW-GA）的成员。

2. 国际轮滑联合会的组织结构

（1）中央委员会

国际轮滑联合会的最高权力机构是中央委员会，总部设在西班牙的巴塞罗那。由一名主席，6 名副主席，4 个国际技术委员会的主席，1 名秘书长，1 名审计员组成。

（2）国际技术委员会

速度轮滑委员会（CIC）：总部设在意大利的罗马，由 1 名主席，1 名副主席，5 名委员组成。

花样轮滑委员会（CIPA）：总部设在美国加利福尼亚州的雷德伍德城，由 1 名主席，1 名副主席，3 名委员组成。

轮滑球委员会（CIRH）：总部设在葡萄牙的里斯本，由 1 名主席，1 名秘书长，6 名委员，1 名裁判委员会主席组成。

单排轮轮滑球委员会（CIRILH）：总部设在美国的林肯，由 1 名主席，1 名副主席，4 名委员组成。

（3）洲际委员会

非洲、亚洲、欧洲、南美洲、泛美、大洋洲共 6 个洲际委员会。

（4）各国家轮滑协会

现在全世界共有超过 106 个国家和地区的轮滑协会加入了国际轮滑联合会。

3. 国际轮滑联合会的主要职责

召开各国协会参加的代表大会，研究解决轮滑运动的发展和进步事宜。制定联合会的章程、法律等。承认和接受国际奥委会（IOC）、国际运动联合会（GAISF）、世界反兴奋剂机构（WADA）的章程、法律等。确定、协作、监督那些从国际技术委员会承办锦标赛的国家协会，以使他们能遵守有关规定并办好比赛。宣传轮滑运动，发展扩大队伍，推动轮滑运动的发展。

国际轮滑联合会的主要目标和方向：

自从双排轮轮滑球在 1992 年巴塞罗那奥运会上列为表演项目后，国际轮滑联合会的主要目标和方向就是争取在最短的时间内，让轮滑项目成为奥运会的固定比赛项目。发展现代的轮滑运动，争取使其成为人们"生活方式的一部分"。吸引商家和政治家的支持，推动轮滑运动的进步。

4. 各项目国际技术委员会的主要职责和任务

（1）制定本项目委员会的章程和竞赛规则；

（2）安排和掌管本项目的各项赛事；

（3）进行本项目的技术培训和发展工作。

5. 当前各项目发展情况

（1）速度轮滑

自从 1936 年开始世界锦标赛以来，到 20 世纪末，速滑比赛基本上是一年进行场地比赛，一年进行公路比赛，但是成绩随着器材的进步和训练水平的提高而不断提高，特别是20世纪80年代发明单排轮滑鞋以来，成绩突飞猛进。现在比赛次数也随着商业化运作不断增多，世界锦标赛已将场地比赛和公路比赛合在一起每年同时举行，除此之外还有专门的单排轮世界锦标赛、各种杯赛以及多次的轮滑速降比赛等。可以说速度轮滑是最易普及，现在参加人数最多的轮滑项目。

（2）花样轮滑

每年举办世界锦标赛和多种赛事。参加此项运动的人数较多，特别是青少年。

（3）双排轮轮滑球

在南欧、南美、非洲等地开展得非常普及，因此参加世界锦标赛的国家很多，现在每逢单数年举办世界A组锦标赛，共有12支最高水平的队，每逢双数年举办世界B组锦标赛，约有20多支国家队，采取每次升降3支队伍的方法。

（4）单排轮轮滑球

由于是在单排轮轮滑鞋产生后根据冰球运动变化而来的项目，国际轮滑联合会首先于1995年开始举办世界锦标赛，但国际冰球联合会认为应由他们领导该项目，并于1996年也开始举办世界锦标赛，这样两个大的国际组织每年都在举办各自的比赛，相比之下，国际冰球联合会的队伍发展得较快，由于参赛队伍的增多，现在已经分为A、B两个组举办世界锦标赛了。该项目发展的迅速说明它的生命力和吸引力都是非常大的。

二、亚洲轮滑运动的发展概况与现状

亚洲是正式开展轮滑运动较晚的地区，虽然由于西方文化的影响，一些国家在19世纪末、20世纪初就已经有了轮滑的活动，但正式将轮滑作为体育运动项目来开展却是近50年的事。据目前所知，日本于1953年成立日本轮滑联盟，1955年加入国际轮滑联合会，是亚洲最早的国家轮滑组织。随着印度、韩国加入国际轮滑联合会后，1978年这3个国家成立了亚洲轮滑联合会。后来，中国、中国台北、香港、澳门、菲律宾、泰国、巴基斯坦、印度尼西亚等国家和地区相继入会，亚洲轮滑联合会迅速扩大。1985年在香港举行的第一次亚洲轮滑联合会执委会会议上，选举了日本的野口嘉郎任主席，3名副主席分别由中国、中国台北、韩国担任。会议确定开始举办亚洲轮滑锦标赛。

亚洲轮滑锦标赛每两年举办一次，至今已举办了12届。比赛的内容包括速度轮滑、花样轮滑、轮滑球。比赛时各项目计算各自的总分，最后三项总分相加成团体总分，以团体总分的多少排列名次。

目前在亚洲的国家和地区中，中国台北发展全面，在速滑和花样上占据着优势地位，始终保持团体总分前三名的地位，在几次第二之后，终于在第9届上获团体总分第一名。韩国在速滑上一直保持着强国地位；而花样则是中国的优势项目，从始至终保持着第一的地位；轮滑球是中国澳门、日本较强，但近年朝鲜男队成为黑马，参加了两次比赛，跃居三强之一；发展较全面的是中国台北和日本。

三、中国轮滑运动的发展概况和现状

（一）中国轮滑运动的发展概况

中国的轮滑运动开展较晚，是 20 世纪 30 年代由西方传入我国的，当时仅限于沿海个别城市才有几个场地，称为滑旱冰，只作为娱乐活动，并不普及。新中国成立以后，上海、广州等一些城市又开设了一些轮滑场，这些轮滑场除了对爱好者开放外，还经常举办训练班，建立以青少年为主体的轮滑队进行表演，后来，根据我国民间舞蹈的舞姿改编的溜冰舞，受到广大群众的好评。1964 年，轮滑首次被上海杂技团搬上舞台，经过艺术加工，使这个节目成为观众喜爱的保留节目。但是一直到 1980 年前，轮滑还没有作为体育运动纳入竞赛的行列，而仅是一般的娱乐活动。

1980 年，在改革开放的形势下，根据当时体育发展形势的需要，国家体委以中国轮滑协会的名义于当年 9 月加入了国际轮滑联合会，这标志着轮滑成为体育运动项目之一，同时开始酝酿进行全国性的轮滑运动竞赛。此时，全国各地城镇纷纷修建轮滑场，练习轮滑的人数急剧增多，很多地方自发地建立了各种形式的轮滑队，这为举办全国性的比赛也创造了条件。

1982 年 5 月在上海举行了全国速度轮滑邀请赛，1983 年 10 月 15 日在北京召开了中国轮滑协会正式成立大会，并举行了全国速度轮滑邀请赛。1984 年在福州再次举办了全国轮滑邀请赛，1985 年在河南安阳举办的全国首届轮滑锦标赛上，增加了花样轮滑的比赛。此后，每年举办一次全国锦标赛。1988 年，在广州举行了首届穗港澳轮滑球邀请赛，由于澳门受轮滑球强国葡萄牙的多年影响，水平很高，他们做了表演和讲课。长春、北京、上海等地的参观者学习回去后，纷纷成立了轮滑球队。1989 年 6 月，在长白山脚下的白河举行了首届全国轮滑球锦标赛，并选拔组成国家队参加了 10 月的第 3 届亚洲轮滑锦标赛。至此，我们的轮滑项目全部开展起来，与国际接了轨，成为亚洲轮滑强国之一。

（二）中国轮滑运动的现状

中国的轮滑运动经过 20 多年的发展，从最初的低水平和落后的器材、技术已经发展到亚洲强国之一。在普及方面，目前在中国的大中城市，青少年轮滑是非常普遍的，人数众多，各地经常举办一些各种形式的轮滑比赛和培训。在提高方面，上海黄浦区体育局组织的花样轮滑队，培养出了众多高手，在历届的亚洲轮滑锦标赛中都取得了优异的成绩。在速度轮滑方面，近几年也有了突飞猛进的发展，不仅全国性的比赛由前些年的每年一次变为每年两到三次，而且在成立了两个速度轮滑基地之后，还承办了速度轮滑世界锦标赛和世界杯系列赛这样的世界顶级赛事；在速度轮滑运动的水平上近两年也有了很大的提高，江苏运动员郭丹在第 11 届亚洲轮滑锦标赛上取得了一枚金牌，实现了速度轮滑在亚洲锦标赛上零的突破，并在 2005 年世界锦标赛上取得了一个第四名的优异成绩。在轮滑球方面，双排轮轮滑球在我国仍没有发展，几年才举办一次全国比赛；单排轮轮滑球目前发展比较快，虽然还没有开始组办全国性的比赛，但由中国冰球协会组办的比赛已使全国出现了很多的轮滑球队，而这些队都有意向参加中国轮滑协会组办的比赛，相信在未来举办全国轮滑球锦标赛时会有很多队伍参加，并会使这个项目很快发展壮大。

第三节 轮滑运动的特点及作用

轮滑运动的普及面之大和发展速度之快，特别是单排轮轮滑鞋重新诞生之后，是非常惊人的，轮滑的人可以说是遍布街头巷尾。之所以如此，是由于该项运动的特点有巨大的吸引力，人们总结的一句话是：场地到处有，技术容易学，强身健体好，兴趣特别多。

一、轮滑运动的特点

（一）容易普及

轮滑运动虽然对场地有着一定的要求，但那只是针对竞赛而言，如果只是为健身和游戏，那么在街头巷尾，公园马路，有一块平坦的地面就可以滑轮滑。现在市场上轮滑鞋又多又好又便宜，普通人家都可以消费得起，因此普及起来非常容易。现在很多中小学都已将轮滑作为体育课内容之一。

（二）技术简单容易学

轮滑初步滑行的技术比较简单，只要在走路的基础上将蹬地方向稍改向侧，即可滑行起来。很多青少年都是无师自通，稍加练习，即可滑得熟练潇洒。

（三）强身健体

轮滑作为体育运动，自然有着很高的锻炼和健身价值，经常参加轮滑运动，可以有效地发展身体各方面的素质，改善身体机能，提高平衡能力，培养人的勇敢顽强、吃苦耐劳的良好意志品质。

（四）趣味性强

当人开始学习轮滑时，对于轻轻一蹬，即能轻松向前滑行，会产生很强的兴趣和继续学习的欲望，当你能轻松滑行、自如转弯，随心所欲的做动作时，就能吸引你去掌握更高的技术，这就是轮滑的魅力。

轮滑的竞赛项目各有特点，速度轮滑比速度，比意志，比赛时滑速如飞，战术灵活多变，竞争紧张激烈，激发人拼搏向上的精神；花样轮滑的翩翩舞姿优美大方，时而旋转，时而跳跃，配合音乐的优美旋律，给人以美的享受；轮滑球是轮滑与打球相结合的集体对抗性运动，是在高速、灵活的滑跑中实现战术配合，完成进攻与防守，比赛紧张、激烈，培养人勇敢顽强和集体主义的精神。极限轮滑和滑板是在道具上做各种高难动作，惊险、刺激，激发人挑战极限的无畏品质。

二、轮滑运动的健身作用

（一）轮滑对运动系统的影响

轮滑是一项在运动中灵活变换重心，维持动态平衡的运动，因此练习轮滑能有效地提高人体的平衡能力。人们知道，滑轮滑时人要把全身的重量放在不到1厘米宽的轮轫上，除了保持一定的身体姿势滑行之外，还要做各种各样的动作，例如，花样轮滑要做向前滑、向后滑、左右转弯、跳跃、旋转、平衡等动作；极限轮滑和滑板要在各种高度、坡度的道具上做跳跃、转体、甚至空翻，然后还要稳定落下继续滑行，尽管支撑面小，滑行速度快，但运动员稳定、精确的动作与在陆地上表演无多大差别，可见轮滑运动对提高人体的平衡能力有突出作用。

轮滑对提高两腿及两脚的肌肉力量有明显的效果。滑轮滑时，体力负担主要在下肢，人的大肌肉群很多也集中在下肢，两腿除了总是蹬地和支撑身体重量以外，还要克服由于急转、急停、旋转、跳跃等动作产生的巨大惯性和离心力。据统计，在高速滑跑中突然做急停动作，作用在双脚上的力，相当于两三百公斤的重量，因此轮滑运动员的腿部肌肉都很发达，力量很强。此外，滑轮滑时为了保持平衡和做各种动作，身体各部位的肌肉必须协同用力，因此可以发展协调性。打轮滑球时不仅要具备很强的臂力，以便很好的掌握使用球拍的技术，还要具备全面的身体力量以适应激烈的身体对抗和接触。由此可见，轮滑运动可以使人的运动能力得到全面的发展和锻炼。

（二）对心肺功能的影响

参加轮滑运动，其运动量和强度都很大，因而对参加者的心肺功能要求很高，经常参加轮滑锻炼，可以有效地提高心肺的功能。据测定：速度轮滑运动员的心脏比一般人的心脏横径大4厘米多，长径大1厘米多，这种功能性肥大是心脏肌肉发达的表现，其心脏搏动有力且缓慢。优秀运动员在安静状态下心脏每分钟只需跳动50次左右，而一般人需跳70次左右才能满足人体的需要。剧烈运动时，运动员心脏跳动每分钟可达200次左右，而一般人跳170次左右就很难承受了。在对呼吸系统的影响上，由于速度轮滑和轮滑速降的姿势和动作的特点，运动员的膈肌受限，整个形式是属于混合式呼吸，因此对胸廓呼吸的要求较高，他们胸肌发达，有力量，平时呼吸深而慢，运动时摄氧能力高出常人很多。

（三）对神经系统的影响

轮滑运动不仅有速度变化，而且旋转的方向、位置等也不断变化，这些都会使人大脑中的前庭分析器受到刺激，产生兴奋。同时，位于肌肉、肌腱、关节面和韧带中的运动分析器感觉神经末梢，在肌肉收缩、拉长以及关节屈伸时都要受到刺激，它和前庭分析器一样，感觉器中产生的兴奋分别沿着各自的神经通路传到大脑皮层或相应的中枢部位，即产生了对身体各部位的位置、速度、肌肉活动状态的感觉。

通常是前庭分析器、运动分析器与其他分析器（触觉、视觉、内感受分析器）都同时进入活动状态，在不断反复练习中，参与机能活动而建立复杂联系的分析器形成了综合分析活动，这样便形成了运动者特殊的"位置感""速度感""腾空感觉"等。在本体感觉及空中方位感觉的基础上，大脑皮层随着环境的变化，借助于各种反射调节肌肉紧张程度，保证实现各种高度复杂、协调、精细的技术动作。在轮滑中起主导作用的是前庭分析器和运动分析器，所以参加轮滑运动的人前庭分析器稳定性高。

（四）对人意志品质的影响

初学轮滑比较容易，但要想滑得好，就需要下功夫练习了。首先，初学轮滑就像小孩学走路，必然会遇到摔跤的问题，要学会不怕摔，需要勇敢，要学会自我保护，需要技巧，这些都是对人意志品质的锻炼和培养。当掌握了一定的技术，要进一步提高时，就需要加大运动量，加大强度，加长时间，必然会遇到苦、累的问题。在速滑进行超长距离的滑跑、在轮滑速降从陡坡上高速下冲时、在极限轮滑的道具上一次次地摔下来时，能否敢于练习，能否坚持练习，是对人的意志品质极大的考验和锻炼。在参加各种比赛中，都会遇到输赢胜负的问题，能否正确对待，以及在赛前、赛中、比分领先或落后，都是对人心理素质的极大考验和锻炼。因此，轮滑运动不仅能全面提高人的身体素质，还能培养人勇敢顽强的精神和坚韧不拔的意志品质，以及良好的心理素质。总之，对青少年的成长发育和良好意志品质的培养来说，轮滑是极好的运动项目。

三、轮滑运动的社会效益

轮滑运动作为一个体育项目不仅可以进行竞赛、可以健身，由于它的普及面之大深入千家万户，所以还在社会上形成了一个行业链。它造就了一大批生产轮滑器材的工厂，一大批经销商，一大批轮滑场地和从业人员，一大批轮滑教师和教练，成为社会和市场经济的一个组成部分。从发展趋势看，如果有更多的中小学将轮滑列为体育课的内容，这个市场将更加巨大。轮滑不仅可以竞赛和健身，作为一项技能，它还是某些工作岗位上谋职的必备条件，如在有些餐厅和超市，服务员只有熟练地掌握轮滑技术才能胜任。现在的轮滑竞赛都是市场化运作，如果运作得好，对该项运动的发展非常有利，对社会的贡献也将很大。

第二章　轮滑运动的基础知识

第一节　轮滑运动的场地

一、休闲轮滑运动场地

休闲轮滑运动并无特殊的场地要求，只要是水泥地面或柏油路等平坦的地面均可进行。但是初学者开始不要溜到马路上或是交通拥挤的道路，由于技术不熟练，容易造成危险。

注意：

第一，找一块平坦的场地，可以滑行的公园、广场等都是学习轮滑的好地方。

第二，初学者最好找一位教练指导，这样学习技术比较快并且安全。

第三，学习轮滑时，在有路障和台阶时要提前加速。

第四，当你能控制速度和制动时才能练习下坡，否则容易出危险。

二、专业轮滑场地

（一）速度轮滑的场地

速度轮滑的场地分为室内和公路比赛场地。室内场地一般是木制硬地面或是十分光滑的水磨石、水泥和沥青地面。跑道有两条长度相等的直道和两条对称、半径相等的弯道组成，呈椭圆形跑道。跑道周长一般不少于125米，最长不超过400米，宽度一般不少于5米。

（二）花样轮滑的场地

花样轮滑的比赛场地一般设在室内，地面以平整、光滑的硬木地面为最佳，也可以根据条件采用平整光滑的水磨石、水泥和合成胶地面。标准的花样轮滑场地是长不少于50米，宽不少于25米的长方形场地。

（三）轮滑球运动场地

这里所指的轮滑球运动一般是双排轮轮滑球。它是目前较为普及的一种轮滑球形式，也是世界轮滑球锦标赛的比赛形式。

这种形式的轮滑球场地是专门的轮滑球场地，场地的长为40米、宽为17米，场地的四角是半径为 1 米的圆弧形。在场地上画有中线、进攻限制线（回场线或拉布线）、任意球限制圈、禁区、罚球点和争球点等。

球门的门柱以直径为 9 厘米的钢管制成，后架以直径为 3.4 厘米的钢管制成。球门的宽为 170 厘米、高 105 厘米。

第二节 轮滑运动的装备

轮滑运动的装备指的是除轮滑场地、轮滑比赛场地和比赛公用设施设备外，运动员或练习者穿戴在自己身上的专门器材设备，一般分为轮滑鞋和护具两大类。轮滑鞋是轮滑运动员最重要的器材。随着社会的不断发展，科学技术水平的不断进步，为了满足运动员竞赛的需求，近几年在轮滑用品研究方面进步很快，新产品不断出现，越来越符合该项运动的需要。

一、轮滑鞋

轮滑鞋是轮滑运动的重要装备，根据轮滑项目不同，都有根据其要求而特别设计的鞋子。

（一）轮滑鞋的种类

（1）休闲轮滑鞋

用于一般休闲和健身活动，它一般是 4 个轮子排成一条线，轮子后方装有制动器，高鞋腰、中等鞋跟。

（2）跑鞋

通常用于专业选手追求速度的速度轮滑竞赛。一般是有 4 个轮子，最多时可装 6 个轮子，排成一线，低鞋腰、低鞋跟，通常不装制动器。

（3）花样轮滑鞋

用于花样轮滑或表演。其主要特点是：4 个轮子排成两排，前后各两个轮子，且两个轮子间距略宽于脚，鞋尖前下方安装制动器，高鞋腰、高鞋跟。

（5）轮滑球鞋

用于轮滑球运动。以利于轮滑球运动中快速前进、转弯、射门等瞬间移动动作。

（二）轮滑鞋的性能

1. 轮滑鞋受力滑行性能

轮滑鞋的滑动是受到外力的结果，在不受任何外力的情况下，轮滑鞋不会自己滑动。对于轮滑鞋的这一性能，一般很容易为我们所认识，但在练习过程中，初学者往往会因为不自觉地身体姿态的变化而使轮滑鞋受力滑动，造成失去平衡或影响滑行的效果。例如：

初学者在穿着轮滑鞋站立时，会因身体晃动或失控，致使身体重心投影点移出两脚轮滑鞋的支撑面，造成轮滑鞋向前后滑动或左右翻转。

2. 鞋的定向滑行性能

在轮滑鞋受到外力的情况下，轮滑鞋的滑动是有一定方向性的。也就是说，轮滑鞋滑动的方向只能是沿轮轴的垂直方向向前或向后滑动，而沿与轮轴平行方向是不能滑动的。我们不能想象轮滑鞋只要受到我们对它施加的力，在任何方向上都能滑动。正因为轮滑鞋的这一滑动方向特性，为我们提供了掌握和控制轮滑鞋滑动的可能。

（三）控制静止

可以通过三种方式控制轮滑鞋，使其静止：不对其施力；施力的方向垂直于地面；施力与轮轴平行方向产生一定的分力，但力量小于轮子与地面的摩擦力。

（四）控制滑动

由于施力方向所决定的在水平方向产生分力，这一水平分力再分解产生一定的与轮轴垂直的分力，这一分力是轮滑的推动力。控制滑动就是基于上述力学关系通过控制施力大小、幅度和方向而实现的。

（五）如何选择一双适合自己双脚的轮滑鞋

一双鞋子好或不好，首先看它的刚性强不强。要看这点的话就要从两个地方来判断：

第一，观察轮滑鞋的脚踝部分。这个地方是支撑身体重量的一个重要部位，它必须要有一定的硬度让练习者在不小心跌跤的时候，能够使脚踝和小腿维持在一个直线的状况而不会弯曲。因为弯曲的话，练习者的脚很可能就会因此而扭伤。而除了脚踝的包裹性要高以外，还要能够有活动的"关节点"。有一些轮滑鞋为了降低成本，只将关节点以"装饰"的状况"附"在轮滑鞋上面，这样便大大地减低了活动的灵敏度。

第二，观察轮滑鞋的底座部分。所谓的底座就是轮滑鞋下方装置轮子的地方。这地方因为也是承受着身体大部分的重量，所以也必须要有一定的要求。但是因为底座必须要卸下轮子才可以知道是否坚固，所以一般来说还是大多以脚踝的部分做初步的判断。

穿上轮滑鞋后，脚尖和鞋尖的空隙大概要小于 1 厘米，和穿一般球鞋所留下的空间有些差距。因为在做轮滑运动的时候，必须要求脚和轮滑鞋有一定的稳定度，如果空隙太大的话，双脚便没有办法有效地被固定住。

除此之外，整体穿起来的舒适度也十分重要。因为当你脚上的鞋子穿起来不舒适的时候，自然就会影响你持续学习轮滑的意愿。

（六）速度轮滑鞋的结构及性能

运动员使用的速度轮滑鞋，大体上是由鞋和轱辘两部分构成的。

1. 鞋的结构及性能的要求

速度轮滑运动的滑行速度较快，场地比赛的弯道半径也较小，为增加向心力，要求运动员弯道滑行时向圆心内倾斜较大的幅度，因此，它需要鞋帮较硬、鞋腰稍高、以起到支撑踝关节的作用。优秀选手对鞋的要求较高，特别是在重量、性能方面要求较高。现代鞋一般采用碳纤维材料作为鞋底及鞋帮的支撑部分，用皮革等材料制作鞋里和鞋面，其重量以轻为好，性能方面要穿脱方便快捷、支撑部分牢固、便于调整位置、防潮湿、防止鞋带散乱和穿着舒适不伤脚等功能。

2. 轱辘的结构及性能的要求

轱辘的结构是由轱辘架、胶轮、轴承和轴等构成，性能上要求轱辘架轻便、美观，抗拉强度高和轮的转动部分及轮与地面的摩擦阻力小等，保证在使用时不断裂和不弯曲变形，尤其是轮子的性能和质量在某种程度上对运动员的运动成绩影响较大。

速度轮滑鞋结构：①鞋带；②鞋腰；③鞋舌；④鞋盖；⑤鞋底；⑥前紧固螺母；⑦后紧固螺母；⑧轱辘；⑨胶轮；⑩轴承和轴。

（七）轮滑鞋的养护

第一，经常检查轮子、轴承是否松动，并及时紧固，避免零件丢失造成安全隐患。

第二，定期换洗轴承，发现轴承异常或出现磨损过量时，应及时检测、更换，以免损伤轮子和轮架。

第三，滑行中轮内韧磨损较多，应定期左右调换轮子的方向和位置，以延长使用时间。

第四，轮子、轴承、闸皮等易磨损的部件用到一定程度时，要及时更换调整，以保证安全和滑行效果。

二、运动员的服装及必须佩戴的护具

在轮滑运动中除了轮滑鞋以外，护具也是十分重要的装备。护具除了包括最基本的护膝、护肘、手套外，还有安全帽和防摔裤等。在护具的选择上，我们要十分重视，一定要选择质量高的护具。因为运动伤害有的时候并不是说一受伤就可以看出来的，有可能是一段时间之后才会浮现。而且对运动伤害的人来说，要完全复原更是不容易。所以事前的安全防范是很有必要的。就护膝来说，护膝的功能在于当练习者摔跤的时候，能够将向下摔的力量加以分散，吸收受冲击时的冲量，并且形成向前的情形，直到渐渐地停止。而品质不良的护具，很可能在使用的时候因为没有衬垫、固定性不够好，而在使用者摔倒时没办法吸收冲力或是会因为撞击而移动，从而失去了保护的功能。

（一）服装

运动员的服装多种多样，质地、款式、花色各有不同，随着运动水平的不断提高，对服装的性能要求也越来越高，质地、款式、花色及质量要求也越来越精细，以不断适应该项运动发展的需要。速度轮滑运动员的服装大体可分为两种：一种是训练服；另一种是比赛服。训练服没有特殊规定，一般要求穿脱方便及有利于完成训练内容的即可；比赛服应要求紧身以便减少风的阻力，但是不应影响运动员的活动灵活性。

（二）护具

运动员的护具包括：手套、头盔、护肘及护膝、保护眼镜等。

（1）手套

速度轮滑运动员在比赛时，必须佩戴手套，一般要求轻便、不易脱落、耐磨损等。由于运动员滑行速度较快，常会出现摔倒等现象，手套可以缓解手与地面的摩擦，减少伤害事故。

（2）头盔

速度轮滑运动员参加比赛时必须要戴硬壳的头盔，以保证运动员的安全。现阶段运动员使用的头盔一般是由硬塑（ABS 工程塑料）材料制成，样式较为美观，花色各异。

（4）保护眼镜

保护眼镜是运动员用来保护眼睛的辅助器材，主要功能是防止强光和风沙对眼睛的伤害。保护眼镜具有透明度、弹性较好和不易破裂等特点。

第三节　轮滑运动的原则

轮滑技术的原则是对轮滑技术规律正确认识的提升和归纳。它反映了轮滑技术内部各构成因素之间，以及外部各相关因素之间，在结构、功能上的本质联系和发展的必然趋势，对正确合理地掌握和完成轮滑技术动作具有普遍性的指导意义。

对于初学者学习轮滑技术来说，首先要掌握的技术原则是：重心突出原则、平抬平踏原则、充分侧蹬地原则、滑足支撑重心原则、浮足提膝收回原则和浮足就近落的原则。

一、重心突出原则

这一原则是指身体重心的控制和稳定是在完成轮滑运动的技术动作时应首先注意和控制的重要因素；还有一层含义是指除花样滑行的特殊动作要求外，在绝大多数情况下，在完成轮滑运动的技术动作时，身体的总重心都应向身体位移的方向移出身体之外。

二、平抬平踏原则

在轮滑中（除花样滑行的特殊动作要求外），如要使一脚离开地面，应以脚底部的所有轮子同时离开地面的方式平行抬起；如要使一脚着地，则应以脚底部所有轮子同时着地的方式平行踏下。

三、充分侧蹬地原则

腿部蹬地是滑行的动力。在腿部蹬地时为加大蹬地力量和做功的距离，应做到充分蹬伸；基于轮滑运动场地和器材的特点性能，蹬伸的方向应为人体位移方向的侧前或侧后方。

四、滑足支撑重心原则

在轮滑的滑行过程中，滑足应支撑或主要支撑身体重心。

五、浮足提膝收回原则

在滑行过程中（除花样滑行的特殊动作要求外），为了有效地控制身体重心，保持重心稳定和有利于下接动作，浮足应收回并靠近支撑身体重心的滑足。

六、浮足就近落地原则

在滑行过程中（除花样滑行的特殊动作要求外），为更好地控制身体重心，保持重心稳定，加大蹬地腿蹬伸的做功距离，浮足在落地时应适当靠近支撑身体重心的滑足。

第四节　轮滑运动的术语

第一，前滑：面向滑行方向，向前滑行时，称为前滑。

第二，后滑：背对滑行方向，向后滑行时，称为后滑。

第三，滑足：在地面上滑行的腿和脚，称为滑足。

第四，浮足：在滑行过程中，离开地面的脚及其腿部，称为浮足。

第五，轫：轮滑鞋底装有几个小轮子，当人体向内或向外倾斜时，使身体重心偏移到轮子不同部位，我们将不同的部位称为轮子的轫。

第六，平轫：当人体直立，体重均匀地分配到每个轮子时，我们把支撑重心或用力地轮子正底部称为平轫。

第七，内轫：当人体向内倾斜时，身体重心偏向轮子的内侧部分（单排轮滑鞋）或两个内侧轮子（双排轮滑鞋），我们把支撑重心或用力地轮子内侧部分（单排轮滑鞋）或两个内侧轮子（双排轮滑鞋），称为内轫。

第八，外轫：当人体向外倾斜时，身体重心偏向轮子的外侧部分（单排轮滑鞋）或两个外侧轮子（双排轮滑鞋），我们把支撑重心或用力地轮子外侧部分（单排轮滑鞋）或两个外侧轮子（双排轮滑鞋），称为外轫。

第九，双平轫滑行：两脚以对称支撑重心的方式，平轫滑行的滑行。

第十，双内轫滑行：两脚以对称支撑重心的方式，内轫滑行的滑行方法。

第十一，双外轫：两脚以对称支撑重心的方式，外轫滑行的滑行方法。

第十二，双前内轫滑行：两脚以对称支撑重心的方式，用轮子的前部内轫滑行的滑行方法。

第十三，双前外轫滑行：两脚以对称支撑重心的方式，用轮子的前部外轫滑行的滑行方法。

第十四，双后内韧滑行：两脚以对称支撑重心的方式，用轮子的后部内韧滑行的滑行方法。

第十五，双后外韧滑行：两脚以对称支撑重心的方式，用轮子的后部外韧滑行的滑行方法。

第十六，左平韧滑行：左腿支撑重心，左脚以平韧滑行的滑行方法。

第十七，右平韧滑行：右腿支撑重心，右脚以平韧滑行的滑行方法。

第十八，左内韧滑行：左腿支撑重心，左脚以内韧滑行的滑行方法。

第十九，右内韧滑行：右腿支撑重心，右脚以内韧滑行的滑行方法。

第二十，左外韧滑行：左腿支撑重心，左脚以外韧滑行的滑行方法。

第二十一，右外韧滑行：右腿支撑重心，右脚以外韧滑行的滑行方法。

第二十二，左前韧滑行：左腿支撑重心，左脚以轮子的前部（单排轮滑鞋）或前部轮子（双排轮滑鞋）的内韧滑行、主要支撑或用力地滑行方法。

第二十三，右前内韧滑行：右腿支撑重心，右脚以轮子的前部（单排轮滑鞋）或前部轮子（双排轮滑鞋）的内韧滑行、主要支撑或用力地滑行方法。

第二十四，左前外韧滑行：左腿支撑重心，左脚以轮子的前部（单排轮滑鞋）或前部轮子（双排轮滑鞋）的外韧滑行、主要支撑或用力地滑行方法。

第二十五，右前外韧滑行：右腿支撑重心，右脚以轮子的前部（单排轮滑鞋）或前部轮子（双排轮滑鞋）的外韧滑行、主要支撑或用力地滑行方法。

第二十六，左后内韧滑行：左腿支撑重心，左脚以轮子的后部（单排轮滑鞋）或后部轮子（双排轮滑鞋）的内韧滑行、主要支撑或用力地滑行方法。

第二十七，右后内韧滑行：右腿支撑重心，右脚以轮子的后部（单排轮滑鞋）或后部轮子（双排轮滑鞋）的内韧滑行、主要支撑或用力地滑行方法。

第二十八，左后外韧滑行：左腿支撑重心，左脚以轮子的后部（单排轮滑鞋）或后部轮子（双排轮滑鞋）的外韧滑行、主要支撑或用力地滑行方法。

第二十九，右后外韧滑行：右腿支撑重心，右脚以轮子的后部（单排轮滑鞋）或后部轮子（双排轮滑鞋）的外韧滑行、主要支撑或用力地滑行方法。

第三十，纵轴：在花样滑行的线路中，将两个或两个以上的圆构成的图形，沿圆心连线将图形纵向分为对称半圆的那一条线，称为纵轴。

第三十一，横轴：在花样滑行的线路中，将两个圆构成的图形，沿两圆相交点与两圆心连线成垂直方向将两圆分开的一条线，称为横轴。

第三十二，封口：在花样滑行的线路中，两圆或三圆图形的切点处，即纵轴横轴交叉点处称为封口。

第五节　轮滑运动的常见损伤与自我保护

轮滑运动是集速度、力量、技巧为一体的一项表演性运动，运动损伤高于跑步、骑车、游泳等运动，特别是初学者由于身体平衡掌握不好、视野窄、准备活动不够充分或技术等原因造成摔倒或撞人，极易发生伤害事故，所以在轮滑运动中要加强自我保护意识、注意安全。

一、轮滑运动常见的运动损伤

（一）擦伤

这是最常见的一种损伤，在运动中摔倒经常会出现擦伤，这种情况在家中进行伤口清洗，然后涂上红药水或碘酒即可，不需要包扎。

（二）扭伤

第一，急性腰扭伤，因腰部用力不当或腰部负荷重量过大引起的急性腰扭伤。这种情况宜卧床休息并采用按摩、烤电等治疗方法。

第二，踝关节韧带扭伤，由于落地不稳、地面不平等原因引起的踝关节韧带扭伤。受伤局部会有疼痛、肿胀、皮下瘀血、压痛等症状。这种损伤可热敷、按摩、理疗或用夹板固定踝关节。

（三）拉伤

这也是轮滑中常见的损伤，通常发生在大腿内侧。由于用力不当、重心转移不熟练或起始动作未做完（如向前滑行而脚未收回）等造成肌肉拉伤。

（四）骨折

由于轮滑速度较快，摔倒或被撞倒力量会很大，都有可能造成骨折。这种损伤不要轻易乱动，一定要对损伤部位进行固定，前往医院进行治疗，必要时进行手术治疗。

对于肌肉撞伤、摔伤等可当即用大量冷水冲洗或用冰块进行冷敷，使毛细血管收缩，以免大量瘀血；24 小时后可用热敷的方法，用热毛巾或暖水袋进行热敷半小时左右，也可进行烤电治疗。

（五）关节韧带等损伤

关节韧带损伤是由于在直接和间接外力作用下使附着于关节的两端的韧带组织产生损伤，又叫韧带扭伤。

二、轮滑运动中的自我保护

在轮滑运动中，只要自身做好防范措施，轮滑其实是一项很安全的运动，在运动时要时刻提醒自己安全注意事项，做好自我保护。

第一，轮滑运动前要认真进行热身练习，使全身的关节都能获得伸展，尤其是手腕和下肢关节韧带都要充分活动开，这样摔倒时才不至于造成关节、骨骼损伤。如果不做热身，身体突然剧烈运动，容易造成肌肉拉伤和扭伤。

第二，运动前要检查轮滑鞋的螺母是否拧紧了，以免滑行过程中轮滑鞋出现问题，造成损伤；并要戴好防护用具，如轮滑专用的护腕、护膝、护肘和头盔等。

第三，初学者要在规定的场地内练习或尽可能在人少的地方练习，初次进行轮滑时要循序渐进，不要过度追求滑行速度，或有技术熟练的同伴进行技术指导和保护。

第四，在公共溜冰场所不做危险或妨碍他人的动作；如果在马路上滑行，要注意交通安全和行人车辆。

第五，在初学轮滑过程中，摔跤是不可避免的，但是要会摔，如何跌倒也是有技巧的。

在滑行过程中如果向前或向两侧摔倒时，要屈膝下蹲，双手撑地缓冲，减缓摔倒的力量。在滑行过程中，如果向后跌倒时，也要主动屈膝下蹲，降低重心，尽量使臀部先着地（但注意尾骨处），同时低头团身，避免过度后仰头部着地。

第六，在摔倒过程中，要避免直臂单手撑地，防止手腕受伤。

第七，患有严重疾病的人（如心脏病、高血压）等不宜进行剧烈的轮滑运动；酒后和过度疲劳的人也不宜进行剧烈的轮滑技术。

三、轮滑运动的安全常识

在轮滑运动的教学与训练中，为防止和避免一些意外事故的出现，在练习中应注意如下几方面：

第一，初学者上场练习时，应穿长裤和长袖衣服，戴上全套护具，保护好头部及四肢关节，否则摔倒时易出现头、膝、肘部和手的擦伤。

第二，每次练习前均应注意检查场地。如有沙石、木屑、棍棒、树枝、烟头等杂物要及时清除干净；如有裂缝处要及时修补；如有小的台阶要避开，否则快速滑行中很容易绊倒摔伤。

第三，每次上场练习前要严格地检查轮滑鞋是否合乎练习要求。如有轴承损坏，底板螺丝松动、轮轴螺丝松动或脱落，鞋底撕裂等，都要及时处理，修理妥善之后再上场练习。否则滑行中出现故障，很容易摔伤。

第四，初学者上场练习时必须采取正确的练习姿势。因轮滑鞋和轮子的安装为了提高速度的需要，后轮的安装较为靠前，很容易向后摔倒。因此必须注意上体的前倾和小腿的前倾。切不可在滑行中身体伸展后仰。

第五，初学者练习时还应及早地学会摔倒时的自我保护方法。在向前摔倒时应避免单臂前伸支撑；向后摔倒时应避免上体伸展抬头，要立即收腹低头，重点保护头部；向侧面摔倒时，两臂紧贴身体向侧面滚动。

第六，在练习场上应严禁随意追逐、打闹、横穿跑道等。在速滑跑道上严禁顺时针方向滑跑。

第七，在轮滑场上要自觉保持地面的清洁，严禁乱扔果皮、烟头、碎纸、绳头、空瓶子等垃圾。

第八，避免在有油、水或不平坦的路面上滑行。

第九，初学者一定要有正确的技术指导，循序渐进地系统学习轮滑技术，尤其要掌握好安全保护技术，为安全、投入的学习打下基础。

第十，轮滑场地应备有常用外伤药品，一旦有外伤出现要及时处理。如有骨折、脑震荡等严重伤害出现，应及时护送医院治疗。

第三章　轮滑运动的基本技术

速度轮滑是穿着特制的轮滑鞋，在规定距离内以速度快慢决定比赛胜负的滑跑运动项目。学习速度轮滑是一个漫长的、循序渐进的过程。速度轮滑的基本技术包括陆地模仿练习、滑行前练习、初步滑行练习、直线滑跑、弯道滑跑和起跑与冲刺等。

第一节　陆地模仿练习

陆地模仿练习是指在正式穿轮滑鞋进行练习前，不穿轮滑鞋做轮滑姿势和滑行动作的模仿练习。这种练习可以帮助初学者掌握正确动作、少走弯路，避免在滑行中过多地摔跤。它包括站立模仿练习和侧蹬模仿练习、移动模仿练习、交叉步模仿练习和速滑弯道完整技术模仿练习等。

一、站立模仿练习

站立模仿练习的动作方法是：

第一，上体略前倾，头保持正直，大腿蹲屈呈 140 度左右，小腿略前弓呈 80 度左右，两脚间距 20 厘米左右，身体重心放在脚心与脚掌之间，两脚均衡用力，全身自然放松；

第二，做好基本姿势后，两脚支撑，静止蹲至 10 秒，在此基础上，重心移至一只脚上静止蹲 10 秒，然后重心移至另一只脚上静蹲 10 秒，两脚交替进行。

二、侧蹬模仿练习

侧蹬模仿练习的动作方法是：

第一，先做站立模仿练习，然后逐渐屈膝下蹲；

第二，上体向一侧倾倒，同侧的脚随着重心移至脚上时静止站稳，另一腿向侧平行伸出；

第三，腿蹬直后收回至支撑脚侧站稳，换另一条腿向侧平行伸出并还原。

三、移动模仿练习

动作方法同上，只是侧蹬浮脚着地时落在支撑脚的侧前方，每次向前移动半至一脚的距离。

四、交叉步模仿练习

交叉步模仿练习的动作方法是：

第一，可站立做，也可半蹲姿势做；

第二，开始时重心先向左侧倒，左脚随之向左侧出一小步，左脚落地承接重心后，重心继续向左移动；

第三，此时右大腿带动小腿从左腿前放松移过，右脚落于左脚左方并承接重心，然后重心继续左移，左脚随之收回，并继续向左侧迈出，如此即可做连续交叉步。

五、速滑弯道完整技术模仿练习

速滑弯道完整技术模仿练习的动作方法是：

第一，从速滑基本蹲姿开始，右腿向右蹬出；

第二，蹬直后大腿带动小腿回收，同时重心向左脚的左前方移动，右脚收回，并从左腿前移过左脚；

第三，此时左腿开始向右侧蹬地，右脚落在左脚的左前方，即重心下方，变成支撑脚；

第四，左腿蹬直后收回，并随着正在继续左移的重心向左擦地侧出，同时右腿又开始侧蹬；

第五，可连续做多次，还可让另一人拉住练习者的右手做牵引练习，以帮助练习者大胆地向左侧移动重心。

第二节 滑行前练习

初学者初次穿上轮滑鞋后，首先应从正确站立开始，掌握好身体平衡，逐渐提高重心的移动和平衡的能力，否则，如果急于滑跑，就难免摔跤。滑行前练习包括基本站立练习、原地移动重心练习和迈步移动重心练习等。

一、基本站立练习

正确的站立是学习滑行的基础，基本的站立姿势有丁字站立、八字站立和平行站立等。

（一）丁字站立

丁字站立的动作方法是：

第一，两脚呈丁字站立，前脚跟靠住后脚的脚弓处，两膝略下，重心略偏于后脚上；

第二，上体略前倾，脚下轮子不能滑动，使站立较稳定。

（二）八字站立

八字站立的动作方法是：

第一，两脚尖自然分开，两脚跟靠近，两膝略屈。

第二，上体略前倾，两臂自然下垂于体侧，重心落在两脚中间，防止两脚的轮子前后滑动，使站立较稳定。

（三）平行站立

平行站立的动作方法是：

第一，两脚分开与肩同宽，两脚尖略内扣，保持两脚平行，膝部略屈；

第二，上体略前倾，身体重心落在两脚中间，平稳站立；

第三，这种站立方法对双排轮轮滑练习者较容易，而单排轮轮滑练习者在使用这种站立姿势时，开始可使两脚向内侧略倒，即用轮子的"内刃"着地，这样有利于稳定站立，但随着滑行能力的提高，要逐渐变为正直站立。

二、原地移动重心练习

原地移动重心练习，是由站立过渡到学习滑行的一个非常重要的练习步骤，它对控制身体重心移动和掌握平衡能力的提高有着重要作用，包括原地左右移动重心、原地踏步、原地蹲起和两脚原地前后滑动等。

（一）原地左右移动重心

原地左右移动重心的动作方法是：

第一，两脚平行站立，上体向一侧移动，逐渐将重心完全移至一条腿上；

第二，待平稳后，上体向另一侧移动，如此反复练习。

（二）原地踏步

原地踏步是向前迈步的基础，动作方法是：

第一，在八字站立的基础上，重心移至左脚上，右腿略屈上抬，使脚离地10厘米左右，然后落下站稳；

第二，按照同样方法抬起左脚，左右交替进行。

（三）原地蹲起

原地蹲起的动作方法是：

第一，两脚平行站立，做下蹲再起来的动作；

第二，开始时可先做半蹲，逐渐加大蹲的程度，直到深蹲；

第三，由慢至快，注意保持上体直立，屈伸踝、膝、髋三关节要协调。

（四）两脚原地前后滑动

两脚原地前后滑动可以提高对身体重心的控制能力和对滑动的适应能力，动作方法是：

第一，两脚平行站立，重心保持在两脚中间，两腿伸直，由大腿发力做前后滑动，两臂随其前后摆动；

第二，两脚滑动时始终保持平行，两脚距离由小至大到相距一步大小时为止。

三、迈步移动重心练习

初学者掌握原地移动重心练习后，就应着手学习向前和向左右移动重心的练习，它是掌握正确滑行技术的基础，包括向前八字走练习、横向迈步练习和横向交叉步移动练习等。

（一）向前八字走

向前八字走的动作方法是：

第一，丁字步或八字步站立，一脚略抬起，小步，脚尖略向外，呈八字步落地，迅速跟上；

第二，待重心落到前脚上，后脚再抬起向前迈出；

第三，两脚交替向前迈步走，步幅由小至大，注意始终保持正确的站立姿势，使重心能及时落至迈出脚上，保持好身体的平衡。

（二）横向迈步

横向迈步练习的动作方法是：

第一，两脚平行站立，左脚向左横迈一步，随之身体重心迅速跟上；

第二，然后右脚向左脚靠拢着地；

第三，稳定后，右脚向右横迈一步，随之身体重心迅速跟上，左脚再向右脚靠拢着地；

第四，左右反复练习，体会身体重心横向移动的要点，为过渡到滑行打下基础。

（三）横向交叉步移动

横向交叉步移动是压步的基础动作，动作方法是：

第一，两脚平行站立，左脚向左横迈一步，随之身体重心迅速跟上；

第二，然后右脚收回，从左脚前上方越过，呈交叉步向侧移动；

第三，右脚着地后，左脚从右腿后收回，继续向左侧横向迈步着地，接着右脚再收回做交叉步，可练习做多次交叉步；

第四，该练习还应做向右交叉步，其动作方法与向左交叉步基本相同，只是方向相反。

第三节　初步滑行练习

初步滑行练习是打基础阶段，包括走步双脚滑行、单脚蹬地双脚滑行、交替蹬地交替滑行、走步转弯、惯性转弯和停止等。

一、走步双脚滑行

走步双脚滑行的动作方法是：

第一，向前走八字步，每连续走几步就会产生一定的惯性，此时两脚迅速并拢呈平行站立，借助惯性向前滑行，体会身体在滑行中的感觉；

第二，当滑行快要停下的时候，再走几步，再做两脚平行站立的滑行，反复练习；

第三，穿单排轮的轮滑鞋做该练习时，向前走时双脚应略向内侧倒，当两脚平行站立做惯性向前滑行时，则应尽力将两脚立直滑行。

二、单脚蹬地双脚滑行

单脚蹬地双脚滑行的动作方法是：

第一，双脚呈八字形站立，右脚用内轫蹬地，将体重推送至向前滑行的左腿上；

第二，右脚蹬地后迅速与左腿并拢呈两脚平行站立滑行；

第三，接着用左脚内轫（此时脚尖略偏向外）蹬地，将体重推送至向前滑行的右腿上；

第四，左脚蹬地后迅速与右腿并拢呈两脚平行站立滑行，如此左右交替反复进行。

三、交替蹬地交替滑行

交替蹬地交替滑行的动作方法是：

第一，双脚呈八字步站立，上体直立略前倾，膝和踝略屈；

第二，开始时，右脚用内轫蹬地，重心迅速移向左腿呈左腿支撑滑行；

第三，右脚蹬地后迅速收回向左腿靠拢，脚尖略偏向外侧，落地自然呈八字步，同时重心向右腿移；

第四，左脚开始向侧蹬地，呈右腿支撑滑行；

第五，左脚蹬地后迅速收回向右腿靠拢，脚尖略偏向外侧，准备落地，重心移动；

第六，两脚交替蹬地，交替单脚滑行，做连续滑行。

在做向前八字走或半走半滑时，可使用走步转弯来控制身体平衡。

四、走步转弯

在做向前八字走或半走半滑时，可以用走步转弯来改变滑行方向，动作方法是：

第一，若向左转弯，每迈一步脚落地时略向左转动一点，路线逐渐呈弧线形，身体也就随之向左转弯；

第二，向右转弯的动作方法与向左转弯相同，只是方向相反。

五、惯性转弯

惯性转弯分为双排轮轮滑鞋惯性转弯和单排轮轮滑鞋惯性转弯。

（一）双排轮轮滑鞋惯性转弯

双排轮轮滑鞋惯性转弯的动作方法是：

第一，当向前滑行有一定速度后，两脚平行略靠近；

第二，如果向左转弯，左脚略靠前，右腿靠后，重心在两腿之间前三分之一处，左腿略弯曲，右腿伸直，身体重心向左倾斜，重量压在左脚和右脚的左侧轮处，借助滑行惯性向左滑出一较大弧线，身体就会自然地向左转弯；

第三，如果向右转弯，动作方向相反。

（二）单排轮轮滑鞋惯性转弯

单排轮轮滑鞋惯性转弯的动作方法是：

第一，当向前滑行有一定速度后，两脚平行略靠近；

第二，如果向左转弯，左脚在前、右脚在后，重心在两腿之间前三分之一处，转弯时身体重心向左倾斜，至两脚着地点的左侧，膝、踝呈一直线并向左倾，使两只鞋轮的左侧着地，借助惯性就会自然地向左转弯；

第三，如果向右转弯，动作方向相反。

六、停止

初学者在掌握了初步滑行技术后，应学会简单的停止方法，这样就能掌握自己身体的运动方向和滑行速度，可以灵活地应对场地上发生的各种情况，避免冲撞等意外事故的发生。简单的停止方法包括转弯减速法和"T"形停止法。

（一）转弯减速法

转弯减速法是各种轮滑鞋练习者在各种场地条件下通用的减速方法，是一种用惯性转弯的动作消耗掉滑行的惯性的方法，从而减缓速度，达到停止的目的。

（二）"T"形停止法

"T"形停止法适合初学者在滑速较慢时使用，特点是动作简单，但减速较慢，动作方法是：

第一，当用左脚支撑滑行时，上体抬起直立，右脚外转横放在左脚后面，两脚呈"T"字形，用右脚的内侧轮横向与地面摩擦；

第二，两腿弯曲，重心下降并逐渐移向右脚，全脚掌着地以加大摩擦，减速到停止。

第四节　直线滑跑

直线滑跑即向前滑行，它是速度轮滑中的一项滑跑技术。直线滑跑包括直线滑跑动作周期的构成、正确的滑跑姿势、惯性滑进与收腿、单脚支撑蹬地与摆腿、双支撑蹬地与着地和摆臂等。

直线滑跑是典型的周期性运动，一个动作周期由左、右两个单步构成，而每个单步又由单脚支撑和双脚支撑滑进构成。其中，单脚支撑滑进包括惯性滑进和单脚支撑蹬地，这是支撑腿的动作；与之相对应的浮腿动作是收腿、摆腿和着地动作，并与支撑腿协调一致。

速度轮滑的直线滑跑过程中，一个动作周期应由6个阶段、12个动作构成，其详细构成和动作间的协调对应关系。

二、正确的滑跑姿势

正确的滑跑姿势，可有效地减少高速前进中的阻力、增加前进中的推进力，还可节省体力，动作方法是：

第一，上体前倾至与地面呈15～30度的角度，肩略高于臀部，上体放松；

第二，腿部蹲屈，膝关节角度一般为117～135度，踝关节角度一般为76～85度，选择的屈蹲角度应与个人的训练水平和腿部力量相适应。

三、惯性滑进与收腿

惯性滑进与收腿是在长距离滑行中运用较为普遍的一种技术方法，特点是省力、持续时间较长，动作方法是：

第一，一腿蹬地结束后，另一腿承接身体重量，维持好身体的平衡，借助惯性速度向前滑进；

第二，尽可能地保持蹬地已获得的速度，避免速度过分下降，同时还要充分放松蹬地用力的肌肉群，为下一次蹬地做好准备；

第三，收腿时，借助蹬地结束时肌肉绷紧的余力，腿向侧方抬起，在大腿带动下，膝盖内转，从侧位收至后位；

第四，收腿动作能够充分放松浮腿，加速身体的倾倒和重心移动，收腿动作的路线是弧线，而非直线。

四、单脚支撑蹬地与摆腿

单脚支撑蹬地与摆腿阶段由身体重心偏离支点开始，到浮腿着地，这个阶段是展腿用力和发挥速度的主要阶段，是滑跑技术的核心部分，动作方法是：

第一，浮腿的大腿积极内压、髋关节积极伸展挤臀，使身体重心产生横向位移，即身体重心回倒，投影点离开轮子的支撑中心；

第二，身体重心产生横向移位的同时，迅速产生纵向移位，即支撑腿加速伸展蹬地，蹬地角度减小，蹬地腿的肌肉群全部收缩，以最大力量加速推动重心前移。

五、双支撑蹬地与着地

双支撑蹬地与着地阶段由浮脚着地开始，到蹬地腿离地为止，这个阶段非常短暂，仍用原支撑腿继续完成蹬地动作，动作方法是：

第一，单脚支撑蹬地动作的基础上，继续用力伸展膝关节，并在支点明显偏于后侧时，以最快的动作结束膝、踝关节的伸展；

第二，支撑腿三个关节充分伸直，结束蹬地动作，在刹那间完成重心转移。

六、摆臂

摆臂是与支撑腿蹬地动作协调配合的动作，它可有效地提高蹬地的力度和加快重心的移动，主要用于短距离滑跑和终点冲刺，动作方法是：

第一，左腿蹬地时，左臂向右前上方摆，右臂向右后上方摆；

第二，右腿蹬地时，右臂向左前上方摆，左臂向左后上方摆；

第五节　弯道滑跑

弯道滑跑技术即弯道压步技术。在高速滑跑运动中，滑行者在很大的圆周路线上，甚至在侧坡条件下，不仅不能减速，反而要力争通过压步动作来加速，这就需要熟练、掌握弯道滑跑技术。弯道滑跑包括弯道滑跑动作的构成、正确的弯道滑跑姿势、左腿单支撑蹬地与右腿摆腿、左腿双支撑蹬地与右脚着地、右腿单支撑蹬地与左腿摆腿、右腿双支撑蹬地与左脚着地和弯道摆臂等。

一、弯道滑跑动作的构成

弯道滑跑的一个动作周期由左脚与右脚两个单步构成，其动作构成与直线滑跑有所不同。在快速弯道滑跑时，没有惯性滑行阶段，两腿一直处于不断交替蹬地的过程。弯道上的每一个单步动作都分为两个阶段，即单脚支撑阶段与双脚支撑阶段。单脚支撑阶段可分解为两个动作，即单脚支撑蹬地与浮腿的摆腿。双脚支撑阶段可分解为双脚支撑蹬地与浮脚拍着地。弯道滑跑的一个完整的动作周期由 4 个阶段、8 个动作构成。

二、正确的弯道滑跑姿势

速度轮滑的弯道滑跑是由高速直线运动急剧改变运动方向、转入圆周上的运动。弯道滑跑姿势比直线滑跑姿势还要低一些，而且需要一直向左侧倾斜，倾斜度必须与滑跑速度、弯道圆弧的半径相适应，否则不是因失去平衡而摔倒，就是被离心力甩离弯道。正确的弯道滑跑姿势是：

第一，在高速弯道滑跑时，为了更顺利地滑跑弯道和产生更大的前冲力量，身体重心的投影点应该始终在弯道曲线的内侧，并始终处于偏前的趋势；

第二，这种滑跑姿势会使整个弯道动作变得更加积极主动，不仅能产生更大的蹬地力量，还能使节奏加快，有利于提高弯道速率。

三、左腿单支撑蹬地与右腿摆腿

高速弯道滑跑没有惯性滑行阶段，当蹬地腿开始离地收腿时，支撑腿便开始单支撑蹬地动作。因此，当右腿蹬地结束、开始收腿时，左腿蹬地动作就开始了，这一阶段自右腿离地起，到重新着地止，动作方法是：

第一，首先髋关节开始伸展，使身体重心轨迹加速向弯道内侧偏离，在踝关节伸展的同时，压低膝、踝关节，身体重心集中地压在支撑腿（左腿）上；

第二，此时，右腿蹬地结束，弹离地面，借助反弹力迅速屈膝放松，在重力与收缩肌肉的作用下，大腿带动小腿开始向左前方支撑腿加速移动；

第三，当右腿从左脚上方越过时，左腿膝关节加速伸展蹬地，此刻蹬地力量最大；

第四，当右腿超过左脚时，小腿应在大腿的后面，脚尖朝下，右腿的交叉使左腿的蹬地角度迅速减小，加上右腿的摆动动作，会有效地提高左脚的蹬地效果。

四、腿双支撑蹬地与右脚着地

左腿双支撑蹬地与右脚着地阶段自右脚着地起，至左脚离地止，动作方法是：

第一，在上一阶段的基础上，左腿的膝关节继续加速伸展蹬地；

第二，此时，左腿的蹬地角度越来越小，蹬地的支点迅速偏后并远离圆周曲线，膝、踝关节以最快的速度伸展，结束蹬地动作。

五、右腿单支撑蹬地与左腿摆腿

右腿单支撑蹬地与左腿摆腿阶段自左脚离地始，到重新着地，动作方法是：

第一，左腿借助弹离地面时的反弹力迅速屈膝，肌肉充分放松，借着重力和肌肉收肌的作用加速向右腿移动，左脚则紧贴地面向左前方移动；

第二，右脚蹬地角度减小，左腿摆腿动作的加速会有效地增加右腿的蹬地力量。

六、右腿双支撑蹬地与左脚着地

右腿双支撑蹬地与左脚着地阶段自左脚着地起，到右脚离地止，动作方法是：

第一，当左脚着地时，右脚蹬地的支点已经明显偏后，并远离弯道弧线；

第二，此时，蹬地的右腿膝、踝关节必须以最快速度伸展，结束蹬地动作，否则会迅速失去有力的蹬地支点而造成蹬地无力。

七、弯道摆臂

弯道左、右臂的摆动，都必须协调地配合蹬地腿的伸展用力动作，力求加速重心的前移、加强蹬地的力量，动作方法是：

第一，右臂以肩为轴，上臂带动前臂前后摆动，摆动的高度可略过肩；

第二，左臂的摆动与右臂不同，大臂贴身前后摆动，摆动的幅度相对要小，这是保持倾斜姿势所必需的，但是摆动要短促有力，这样才能有效地增加蹬地力量。

第六节　起跑与冲刺

起跑和冲刺技术的合理运用是保证速滑比赛取胜的重要手段。起跑的好坏直接影响着滑行途中速度的快慢，而冲刺的技巧在比赛尾声是最为重要的。

一、起跑

起跑是各项距离滑跑的开始，它的任务是在最短时间内获得较高速度，包括预备、起动、疾跑和衔接等阶段。

（一）预备

预备姿势有多种，其中较常用的是前点地预备姿势，动作方法是：

第一，面对起跑方向，两脚分开，两脚间相距 35～55 厘米，两脚间开角为 50～70 度，前脚与起跑线呈 65～70 度角，后脚与起跑线呈 10～15 度角；

第二，上体前倾，两臂自然下垂，身体重心放于两脚中间或偏前一些，蹲屈程度可根据腿部力量和个人特点而定。

（二）起动

起动是加速的开始，良好的起动技术可以直接导致滑行速度加快，动作方法是：

第一，听到发令枪声后，迅速抬起前脚，后脚用力蹬地、迅速伸直；

第二，上体前倾，髋关节前送，两臂用力摆动，整个身体迅速向前冲去。

（三）疾跑

疾跑是加速的关键阶段，动作方法是：

第一，疾跑阶段姿势较高，频率较快，蹬地有力；

第二，随着滑速的提高，姿势由高变低，滑出角由大变小，蹬地用力方向逐渐由向后变为向侧后，步伐由小变大，逐渐向滑跑过渡。

（四）衔接

运动员在疾跑阶段已经获得了相当大的速度，衔接阶段就是将这一速度转移到途中滑跑的速度上，动作方法是：

在获得速度后，通过 1～2 步的调整，将疾跑与途中滑跑有机地衔接起来。

（五）侧面起跑方法

在了解了起跑的基本技术要领后，再向大家介绍一种较为实用的起跑方法—侧面起跑法，动作方法是：

1.预备姿势

第一，当听到发令员喊"各就位"时，运动员应以直立姿势站好；

第二，当听到"预备"口令时，侧身对着起跑方向，两脚平行站立，与肩同宽，用内轫压紧地面；

第三，将有力脚放在后面，两脚与起跑线呈20～30度角，体重放在两只脚上，两腿略屈，膝盖内压，上体前倾，前臂自然下垂；

第四，后臂侧后平举，高度不超过肩，目视前方8～10米处，听到枪声立即起跑。

2.起动

第一，听到枪声时，前脚略抬离地面，迅速外转向前，同时用力蹬直后腿，身体前倾，配合下肢动作；

第二，小幅度摆动双臂，外转向前的前脚，用内轫蹬踏地面，臀部前送，伸直后腿时的蹬地角为45度左右。

二、冲刺

冲刺是滑跑全程中最后一段跑程中的拼搏，是决定比赛胜负的关键，动作方法是：

第一，保持最合理的滑跑技术，必要时可以改变滑跑姿势，缩短惯性滑进时间，加快节奏，提高频率，以赢得更多的蹬地加速，避免速度下降；

第二，冲刺距离的长短，取决于滑跑的项目和自身的技术水平，即项目距离越长，自身技术水平越高，冲刺距离就越长；

第三，要摆臂滑跑，力求提高速度。

第四章　轮滑在游戏中的应用

第一节　轮滑游戏的意义与作用

轮滑游戏是以促进身体健康、增强参与者体质为基本目的，以它特有的内容、情节、形式、规格和要求为活动特点而呈现的一种有组织的现代体育活动。它既可作为一般性身体练习的教学与训练的基本内容，也可作为各项运动的准备活动和身体机能恢复的特殊活动内容，同时还是可以培养广大青少年学生遵守纪律、顽强拼搏、战胜困难、克服一切不利客观条件，发扬团结互助、热爱集体、积极进取等优良道德品质和塑造现代人的美好心灵的一种优化体育手段。

轮滑游戏不仅对全面发展青少年的身体素质有积极作用，而且能激发青少年对轮滑运动的兴趣和热情，培养我国轮滑运动的后备力量，挖掘人才潜能，对发展学生的智力水平和创造性、发挥体育天赋都有重要的意义和作用。

轮滑游戏的内容丰富多彩，富有知识性、技巧性和趣味性，且竞争性较强。其游戏方法简单易行，一学就会，一练就成，很容易激发广大青少年踊跃参加轮滑运动的积极性、自觉性和自愿性。学生通过轮滑游戏的学习，能够提高、改善速度轮滑的技术与奔跑能力。另外，轮滑游戏不受场地限制，所需器材设备简单，便于广泛普及与开展，因此深受广大青少年、儿童的喜爱。

第二节　轮滑游戏的组织与教学

一、游戏的准备过程

（一）优选游戏内容

轮滑游戏的基本目的是辅助教学，丰富教学内容，高质量地完成教学活动和训练任务。因此，轮滑教学中优选的游戏内容最好与教材内容紧密联系，并着重考虑轮滑游戏对象的年龄特点、生理特点和心理特点，以及学生的实际轮滑滑跑活动基础和能力。例如，开始上课时，为了使学生和参与者尽快进入活动状态，可选用趣味性强或便于集中注意力的游戏来调动学生的学习热情和兴趣。

在训练前，可选用一些发挥技巧性、协调性和灵活性的游戏内容，如老鹰抓小鸡和滑跑接力等游戏；或选择与基本教材有直接关系的游戏，如单脚支撑滑圈比远游戏等，以此作为准备活动。为了更好地完成基本部分的教学和训练任务，还可选用与教材联系密切的诱导性游戏，如速度轮滑的蹬滑比快、交叉步行走。为了提高学生的竞争意识和集体主义的拼搏精神，可选用和安排一些具有激烈竞赛性和集体对抗性内容的游戏，如迎面换物或单圈追逐游戏。为了提高某项滑跑技术可采用发展专门化、专项化素质的游戏。在教学和训练结束前，为了尽快使学生的情绪得到调节、体力得到恢复，使肌肉放松，可以采用一些放松性游戏内容。

（二）充分做好场地、器材准备工作

在游戏场地的设计和布置中，需时刻考虑到安全因素，这是保证完成游戏教学任务，达到预期效果的必备条件。游戏场地大小、器材种类和数量都应根据游戏的内容和形式、学生实际水平、参与人数多少、学校现有条件等具体情况合理确定与安排。为了保证游戏顺利安全地进行，在游戏教学实践前，场地设计和滑跑路线、器材布置完毕后，由教师亲自试做 1～2 次，体验一下场地的布局和器材的安放位置是否切合实际，以便及时发现问题并及时调整，妥善解决。

二、游戏的组织与教法

优选了合适的轮滑游戏项目只是一个良好的开端，并不一定就能取得良好的教学和训练效果。寻求一整套科学的、系统的、规范化的轮滑游戏教学组织方法，是开展轮滑游戏教学的一个需要研究和探索的新课题。经过教学实践，我们总结和归纳了如下几条游戏的组织与教法。

（一）游戏的讲解

在讲解轮滑游戏时，教师首先要选择好适当的站位，让全体同学或参与者既能听清楚讲解又能观察到示范动作，有时可两列横队面向教师，有时也可两列横队分开 3 米或围成圈，教师在中间进行讲解示范。示范讲解的方法也要考虑游戏的活动方向和路线，以便迅速调动队形进行讲解示范，同时参加游戏者的站位不要逆风或向着太阳站立，否则会直接影响他们的听力和观察、模仿动作的效果。

讲解轮滑游戏的先后顺序一般是：游戏的名称—游戏的目的与任务—游戏的方法（过程）—游戏的规则与要求—游戏的结果。其中应特别强调讲解游戏的方法与规则、要求，这是进行游戏教学与活动的关键环节。讲解的语言要生动逼真、形象、有趣、重点突出、简明扼要。

（二）游戏的示范

游戏的方法只用语言精辟概述还不能使学生理解和掌握，要想使学生全面了解游戏的步骤、路线和全过程，必须配合完整的游戏示范动作。教师的示范动作要全面、利落、娴熟、流畅，有时也可附加一些形象化、模拟化和趣味化的动作示范，以吸引参与者的兴趣，如轮滑老鹰抓小鸡游戏中的"母鸡"展开两臂左右滑动保护"小鸡"的模样和大拉网捞鱼游戏的联手捕鱼动作。有时双人和多人游戏可找参与者配合示范，也可结合示范动作进行必要的重点讲解，示范效果会更好。讲解示范动作结束后，可问参与者有没有不清楚的地方。对个别学生提出的问题，教师应耐心细致地进行解答。教师也可向学生提问，以检验学生是否听懂了活动方法和滑跑路线。

（三）游戏的组织与领导

游戏的组织方法是由游戏本身的内容和性质决定的，有些游戏需要引导人当首领或队长，有的则分队、分组或单人进行练习。

1.选择引导人的几种方法

第一，由教师指派引导人。

第二，根据教师或教练员提出引导人的条件和要求，由学生或参与者自己推选合适的引导人或毛遂自荐当引导人。

第三，抽签或猜拳选出引导人。

第四，请前一个游戏的优胜者充当引导人。

第五，每组交换充当游戏的引导人。

2.采用分队、分组练习游戏的几种方法

第一，队长组合挑选队员的方法。

第二，固定分队方法。

第三，游戏的组织与领导应在教师或教练员的直接指导下进行，在轮滑游戏中既要发挥教师和教练员的主导作用，又要充分调动全体学生和参与者的积极性。因为游戏教学是教师与学生双边活动的过程，是学习掌握知识技能的双边交流教学形式，哪一方面脱节或中断都会直接影响游戏教学的质量。

教师在轮滑游戏中发现问题要及时做出补充说明和解释，并加以诱导和引导，使游戏按技术要求顺利地进行。对违反规则、不遵守规则和违反纪律的行为要及时制止并说服教育，做到教书育人。在游戏进行中，教师要十分关注学生各种能力的培养，如个人的组织能力（小组长的轮换），各人之间的配合能力，提高各种技巧的滑跑能力，多种技术、战术的运用能力，裁判能力。教师还应重视观察、判断学生在游戏中的体力变化状况，合理科学地安排好游戏的密度、强度和运动量，发现体质差的学生力不从心时，要及时调整。如果运动量不足或过大时，应采取灵活、有效的措施，如增减比赛次数，另分组或并组，延长或缩减间休时间，扩大或缩小场地、距离，提高或降低标准和要求等。

在游戏过程中，裁判工作是保证游戏教学与训练取得良好效果的重要条件。裁判员通常由教师或教练员担当，如果教师或教练员在观察游戏全场或全过程有困难时，可由学生担当裁判或协助教师做裁判员。有些游戏要求有多名裁判员，可全部由学生担当。这种做法既可培养学生的裁判组织能力，又可防止因裁判员不足而出现的工作误差，以保证游戏在公正、公平、准确无误的基础上顺利进行。

三、游戏的结束与总结

当轮滑游戏的教学与训练目的已经达到，或按照教师规定的时间已完成，活动的次数和运动量已达到，这就意味着游戏即将结束。即使学生或参与者尚未疲劳或余兴未尽，也要按规定时间适当结束游戏。另外，有时游戏活动次数尚未完成，但发现学生体力不佳，出现伤害事故或器材损坏时，也应及时结束游戏，这是保护参与者身体健康和提高下一次参与者活动积极性的应急措施。在游戏结束时要认真地进行归纳总结，公平、公正地评定游戏的结果，对整个游戏中学生的表现进行讲评，指出各队在遵守纪律、执行规则、运用技术与战术、发挥个人或集体智慧与创造性等方面的优点与不足，对表现好的队、组或个别学生要及时提出表扬和希望，并要求戒骄戒躁，保持荣誉。

对那些身体素质差，技术、技能水平不高，但在某个游戏中表现出进步的学生，更应给予表扬与鼓励，使他们从游戏练习中感到自己的能力和技能在不断提高，激励他们奋发向上的学习劲头。对失败的队、组和个别学生，要鼓励他们从中找出差距，振奋精神，积极进取，争取下次取得好成绩。为了让失败的队、组和个别学生从失败中认识到在技术、技能、体能方面的不足之处，可对他们附加一点点惩罚，如集合队伍慢滑一圈，做两个单支撑滑进动作，学一种动物的叫声同时做一个滑稽的轮滑动作，调解活动后的紧张气氛，这些做法都是行之有效的。此外，游戏比赛结束后，决不能虎头蛇尾、不了了之，那样会使游戏活动失去它特有的意义和作用。

第三节　轮滑游戏的内容与方法

一、队列练习

目的与任务：使学生尽快熟悉轮子与地面接触、摩擦的感觉，提高支撑、站立、移位等动作能力。

场地：室内或室外场地上。

游戏方法：按队列口令在场地上做队列练习，如立正、稍息、向右转、向后转、踏步走和各种队形变换。

规则与要求：队列、队形要整齐，变换队形要迅速准确，口令清晰，学生的情绪饱满、精力充沛。

二、喊数小集体抱团

目的与任务：提高学生的反应和滑行能力，发扬小团体的合作精神。场地：场地不限。

游戏方法：学生在正常滑走时，老师突然喊一句"两个人一伙抱团"，即两个人迅速抱成一团；喊"5个人一伙抱团"，即5个人迅速抱成一团。抱团时学生不能分离或摔倒，摔倒或抱团人数多于或少于所喊的数即为失败，谁找不到团伙抱团也为失败。

规则与要求：失败者要受罚。例如，为同学们唱一首歌或学动物叫，还可做一个有趣的滑稽动作。

三、列车行走

目的与任务：尽快熟悉轮滑鞋，有助于提高学生踝关节对地面支撑和快速行走的能力。

场地与器材：最好在轮滑场地直道上进行。

游戏方法：将学生的班级人数分成相等的两队，两列纵队站好，两队之间相隔2米。每个纵队的后者扯前者的衣服或扶腰、肩，小步伐滑进，同队齐喊"一二、一二"的口令，使动作协调一致。先滑到终点的队伍即为优胜队。

规则与要求：①距离起点、终点50～60米，纵队队形不能脱节，否则判为失败，比赛可进行1次，也可采用三局二胜制；②停止游戏时最好用内八字停止法。该游戏在课堂快结束时进行较为合适。

四、定距交换实心球

目的与任务：提高学生的起跑和急停能力。

场地与器材：在直道上进行，实心球不能少于4个。

游戏方法：把全班人数分成几组，人数相等。听到信号后，每组排头持实心球起跑，在规定距离的标志圈内急停交换实心球，滑回后，将球传给第二个人，依次进行，先滑跑结束组为优胜队。

规则与要求：两队在游戏进行中，队员始终持球，在传球过程中不能抛球或投球，否则视为犯规。要求起跑快，急停稳，传递球时要准确。

五、看谁滑得远

目的与任务：提高学生惯性滑行和支撑平衡的能力。

场地：在轮滑场直道上进行。

游戏方法：

①直立滑行比远。把全班人数分成几个横排，若干人排站在起点线上。听到口令后，第一排学生迅速助跑3～5步后，从滑行标志线开始并脚直立支撑滑进，看谁身体不斜且滑行得远。

②蹲下滑比远。方法同上，助跑后两脚并拢，可蹲抱膝或不抱膝滑进。

③燕式平衡滑远。方法同上，助跑后做燕式平衡滑进，两人手拉手做也可以。

④单脚平衡滑远。方法同上，助跑后单脚支撑滑进。

⑤单脚倒出滑远。方法同上，助跑后一只脚支撑，另一只脚倒着滑进。

六、长龙滑跑

目的与任务：发展学生下肢力量，改进滑与蹬地动作，提高滑行水平，培养学生的协调素质和集体主义精神。

场地：在轮滑场直道上进行。

游戏方法：将全班人数分成两列人数相等的纵队，滑行技术较好的学生为排头，两个纵队相距2米，每组后者拉住前者的衣服或扶腰。学生听到口令后出发，在滑跑时每个人相当于一节车厢，不能脱节，而且每组成员同喊"一二、一二"的口令，使动作协调一致，看哪队不脱节，先滑到终点者为优胜队。

规则与要求：①滑行技术好的学生应站在排头或排尾位置，技术不好的学生站在队伍中间；②在滑跑时不能脱节，如有脱节应马上追上，追不上者为失败。这个游戏最好在课堂结束时进行。

七、老鹰抓小鸡

目的与任务：培养学生的灵敏性和灵活性，提高滑行能力。

场地与器材：最好在轮滑场地的中心进行。

游戏方法：把人数分成若干小组，每组成一路纵队；纵队后者拉住前者的衣服或扶前者的腰、肩部，排头学生为"母鸡"，另选一人为"老鹰"。老师发出口令，"老鹰"向"鸡群"扑去，"母鸡"张开胳膊阻拦"老鹰"，保护"小鸡"，"老鹰"左右盘旋滑行，使"母鸡"防不胜防。"老鹰"拍或抓到一个"小鸡"或"小鸡"队列突然中断，都算"小鸡"失败。最后选失败的"小鸡"充当"老鹰"或选另一人担任"老鹰"。

规则与要求：①"老鹰"和"小鸡"听到口令后起动滑行跑；②"小鸡"的队伍中断就算"小鸡"失败，另选一人担任"老鹰"。

八、过长江，过黄河

目的与任务：提高练习者的反应能力，提高起动、急停转弯和快速滑跑的能力。

场地与器材：在场地上画4条线，每两条线相距5~8米。

游戏方法：把全班人分成两个横排，面对面相距2米站好。教师先明确一个队为长江队，另一个队为黄河队。

当老师喊"长江队"时，长江队队员应迅速转体滑跑到端线，黄河队队员则马上追拍长江队队员，如果黄河队队员追拍到一名长江队队员，则黄河队得1分。为了使失败队提高滑行水平，在游戏结束后，可给失败队一个小小的惩罚，如从长江队队员被追拍到的地方，轻轻揪着失败队队员的耳朵滑回原处。

规则与要求：①未喊口令就起动，则不论是追赶队或逃跑队都视为犯规；②只要在端线内拍中 1 名队员即得 1 分；③在端线外拍中不得分。

九、地面滚传球接力

目的与任务：提高学生的快速反应和起跑能力，培养学生的集体主义精神。

场地：场地大小不限，球若干个（没有球可用其他物体代替）。

游戏准备：将全班学生分成人数相等的两列纵队，两队之间相距 2～3 米。两个纵队的学生站好，每个队员上体前倾，两腿自然分开 1 米左右（比肩稍宽）。

游戏方法：当老师喊"开始"时，球从排头队员两腿之间的地面上甩滚到排尾，当滚到排尾时，排尾的学生应马上接迎抱球，并迅速滑跑到排头前面站好，两腿叉开，继续向排尾地面甩滚球，按上述顺序依次进行，直至排头滚完为止，先滚完的队即为优胜队。

规则与要求：如果有球从某人脚旁边甩出界外或滚到外面时，应迅速捡回球，再从原地某人两脚分开的地方往后甩滚到排尾，如不按规则进行，即为犯规。

十、轮滑手球赛

目的与任务：①发展灵敏素质，提高支撑、平衡、转弯滑跑、急停等能力；②培养集体主义合作精神。

场地与器材：在轮滑场地中心，球 1 个。

游戏与方法：把全班同学分成两个人数相等的大组，双方在场地中心争球，争球时不得跳起，射门多的组即为优胜队。在场上按一定距离分设两个球门，没有门可采用其他物体来代替门进行游戏。

规则与要求：不许有打、拉、绊、推人或踢球动作，违者罚出场外，可设守门员 1 名。比赛中队员可以使用抱球、传球、跑滑拍球过人躲闪等技术。射门得分，进 1 球得 1 分。若违反规则，由对方发任意球。

十一、地面拍球接力赛

目的与任务：可提高腿和手协调配合滑行的能力。

场地与器材：场地大小均可，球 2 个。

游戏方法：把全班学生分成两列人数相等的纵队，两个排头学生之间相距 2～4 米。当老师喊"开始"口令时，先由排头开始迅速滑跑拍球。滑拍到前方标志杆时，转弯继续拍球回滑到终点；第二个人继续滑跑拍球。按上面的要求，以下各队员依次进行，直至全队滑跑拍球接力完毕为止，先拍球滑完全程的队即为优胜队。

规则与要求：任何一组队员都应连续不断地在滑行中拍球，不得抱球滑走或抛球滑跑，违者犯规，取消游戏资格。

十二、双人滑跑接力

目的与任务：提高滑行配合能力与协调关系。

游戏准备：

第一，在直道滑跑场地上进行，一般距离 30 ～ 50 米。

第二，将全班学生分成两列人数相等的纵队，每队两个为一组；分成若干小组。两人手经胸前交叉并互相握好（类似花样滑冰双人握法）。

游戏方法：听到老师喊"开始滑"的口令，第一排头小组迅速起动滑跑，滑到指定的标志杆再转头滑回到终点，第二个小组开始接着滑跑，依次进行，直至全队滑完，先滑完全程的队伍即为优胜队，也可以采用其他双人滑跑的方式进行。

规则与要求：①接力时要用拍手接力法；②以三局两胜制决定胜负。

十三、螺旋形滑跑接力

目的与任务：改进弯道滑行技术，提高左脚支撑和右腿蹬展的技巧。

场地与器材：

①在轮滑场地中心进行。

②在场地上画两个半径为 8 ～ 10 米的圆圈。

游戏方法：把全班学生分成两个人数相等的队。两组排头同时迅速沿着逆时针方向开始螺旋形滑跑压步，滑到第二个圆圈时，用拍手接力法，第二人按第一人路线接着滑，下个队员依次进行直至全队滑完为止，先滑完全程的队伍即为优胜队。

规则与要求：①如果弯道压步做不好，可做左脚支撑、右脚连续蹬展腿动作；②根据场地条件，可分几组或一组进行，用秒表计时来判定胜负队。

十四、倒滑接力赛

目的与任务：培养学生的倒滑能力，增强倒滑支撑平衡及协调能力。

游戏准备：将全班学生分成人数相等的两队，两队之间相隔 3 米左右，每队再分成两组，同队的两组面对面站在相距 20 ～ 30 米的两条起点线后，每组排头学生做背向滑跑的预备姿势。

游戏方法：听到老师的"开始"口令后，一组排头立即开始倒滑，滑到对组起点线后，同对组排头拍手接力，对组排头随即倒滑，全队都滑过一次后，先滑完的队为优胜队。

规则与要求：①倒滑过程中，身体稍向前倾，以防向后跌倒；②倒滑时，要时刻向后观察，力求保持路线正直和避免碰撞；③如在滑行过程中跌倒，必须马上站起来继续滑行。

十五、大拉网捞鱼游戏

目的与任务：提高急转快速滑行的技术，培养学生统一行动、听从指挥的集体主义精神。可放两个标志物代替大门，场地中心画一个争球点，篮球、排球、足球、手球任选一个。

游戏方法：将全班学生分成人数相等的两大组，每组队员的滑行实力接近。老师做滚传球比赛的主裁判。每队一人来到争球点争球，用球向下抛地的动作争球，然后两队队员用手拨球。比赛中，不得用轮滑鞋踢球，避免发生伤害事故；不设守门员；队员用手将球拨入对方大门，进球多的队为优胜队。

规则与要求：比赛队员不能用轮滑鞋踢球，在拨球时不能用手触及对方队员的身体，否则视情节轻重合理判罚，轻罚对方发球，重罚出场休息2分钟。队员要遵守规则，公平竞争，争取优胜。

十六、全程分段滑跑接力

目的与任务：有助于提高全程滑跑能力，培养比赛对抗的竞争意识。

游戏准备：均匀地把人员分成两组，可根据场地分配接力区距离。例如，全程周长200米，每隔100米站1人。

游戏方法：听到开始信号后，排头起跑，用互相推接触或拍手传递的方法接力，先滑跑完全程的队为优胜队。

规则与要求：如果前面接力队员滑跑摔倒时，接力人可前去拍手接力，没拍手为犯规。

十七、单脚支撑滑圈比远

目的与任务：提高单脚切圆滑行、支撑平衡的基本能力，培养变道单脚超越过人的能力。

场地与器材：在场地上画1个半径为6～9米的圆圈，圆圈线最好为红色实线，在圈上摆4个标志块。在第一标志块处画一条长1米的起点线，在两条直道与第一标志块间画一条延长10米左右的助跑线。

游戏方法：把全班学生分为人数相等的两队，也可两人一组进行分组赛。各组参赛的两名队员要比单脚划圈的长度，滑行远者为本队得1分，得分多的队为优胜队。可先用左脚滑进，第二轮再换另一脚支撑滑行，不能双脚支撑滑行。

规则与要求：单脚滑进时，轮滑鞋不能接触标志物，否则视为犯规。手可触及地面，保持身体平衡。滑行助跑速度要快，身体姿势要平稳。

十八、轮滑起跑比快

目的与任务：锻炼学生的反应速度、协调等素质，提高学生直道滑跑的基本能力。场地与器材：秒表1块。在轮滑场地直道上进行，起点线与终点线相距30～50米。

游戏方法：听到口令后统一起跑滑行，同时开动秒表。可分组进行，从起点开始至终点止，以计时方法决定胜负。

十九、推人比滑远

目的与任务：提高快速滑行的技术水平，发扬同学之间相互配合的精神。

场地与器材：在轮滑直道上进行。

游戏方法：把全班学生分成人数相等的两组。每组第一名队员站在起跑线上，老师发出口令后开始，第一组队员助跑推人滑行，到分界线处推人起立，蹲下的人惯性往前双脚并拢滑行，看哪组蹲下人滑得远。

第五章　速度轮滑运动的训练与应用

第一节　速度轮滑战术与特点

一、战术的定义

速度轮滑运动的战术是指在速度轮滑比赛过程中，运动员为达到一定目的，根据自己的技术、速度、体力情况，采取地发挥自己特长、牵制或限制对手特长的方法和策略。

二、战术的意义

在当今高水平的速度轮滑比赛中，运动员单纯凭借技术好、体力强、各方面较突出而取胜的现象已比较少见了。速度轮滑的比赛形式很多，比赛距离相对较长，多数都是多人同场竞技，比赛的结果多是以到达终点的先后顺序决定胜负。因此，在实力接近的情况下，战术在速度轮滑比赛中往往起着决定性的作用。

三、战术的主要内容

第一，战术的指导思想：这是运动员为达到某种竞赛目标而制定的带有指导性的准则。

第二，战术的目标和策略：具体指的是要达到的比赛目标和为达到目标而采用的方式方法。

第三，战术知识：是对战术内容、形式、技巧、方式、方法理论的掌握，战术知识是运用战术的基础。对战术知识的学习更多来源于运动实践。

第四，战术意识：是运动员对比赛中发生的各种客观情况的反映。战术意识强的选手可以在复杂多变的困难环境与条件下，及时准确地观察判断场上形势的变化，并根据自己的情况能随机应变而正确地决定自己的行动方案。

第五，战术手段：是指在战术指导思想的指导下，为完成战术计划，执行战术意图而采取的各种具体行动，如尾随、超越、抢位、变速滑行等。

四、速度轮滑战术的特点

第一，场上情况变化复杂，实施战术随机性强。

在速度轮滑比赛过程中，由于比赛办法、场地等特殊性原因，使比赛竞争非常激烈，从而也使比赛场上的竞争形势变幻莫测。速度轮滑采用集体出发群滑的比赛形式较多，而且都同在一条狭窄的跑道上进行，为达到某种战术目的也都在实施各自的战术计划，采取各种战术行为，使比赛情况随时发生各种变化。场上情况不断变化，往往使运动员的原有战术计划落空或出现误差，此时，运动员也要随机应变，改变战术方案，变不利为有利，形成了场上变化复杂、实施战术随机性强的战术特点。因此，在制订战术计划的过程中，要充分考虑到这一特点，将可能出现的问题进行充分估计，以指导思想为核心制定的战术方案要有多种对策，灵活运用战术手段，以此适应或化解场上出现的不利因素，变被动为主动。

第二，战术涉及因素较多且复杂。

在速度轮滑的战术实施过程中，涉及很多方面的因素，既有运动员的因素，又有环境等方面的因素。运动员的因素包括：对手的因素、自身的因素和同伴的因素，这些因素中又包含着运动员的机能、能力、素质、技术水平、心理状态等。环境的因素包括：比赛的项目、比赛时间、观众、场地甚至是器材等方面的因素。速度轮滑比赛的项目较多，有些比赛还采用轮次淘汰的办法，因此，每个运动员都要碰到多名对手或与对手多次相遇。由于战术涉及各方面的因素较多，而且这些因素相互之间存在着不同程度的联系或相互作用的关系，所以表现出战术问题较为复杂的特点。由于上述原因，在战术准备阶段或具体制订战术计划过程中，应当充分考虑到这些因素，但在实施战术的过程中，要体现出这些因素的主次关系，突出实施战术目的的主要因素，避免丢西瓜捡芝麻的错误做法。

第三，场上滑行位置的变化是实施战术的基本表现形式。

在速度轮滑比赛实施战术过程中，明显的外部特征是滑跑位置发生变化，有些战术需要变速滑行，有些战术需要尾随滑行，有些战术需要领先滑行，有些战术可能需要盯人滑行等。运动员为了达到各自的战术目的，需要占据场上滑行的有利位置以争取主动权，因此，常出现运动员抢位的行为，使滑跑位置变化频繁。有时通过运动员滑跑位置的变化情况也可以了解和判断出运动员的战术意图。

第四，战术运用对运动员的基础水平依赖性较强。

运动员的基础水平是：运动员为发挥运动水平所必须具备的运动素质、技术、机能、心理素质和战术知识等。运动员在基础水平差距较大时，战术往往显得无能为力，只有在运动员基础水平差距不大时，其战术才可能得以发挥或起到决定性的作用。

第五，战术计划多以体力分配为核心。

速度轮滑运动是一项体能类竞技性的运动项目。比赛时，不仅需要运动员具备良好的身体运动能力，在强手如林、势均力敌的比赛场上，体力分配是取得胜利的关键。因此，很多战术都是以运动员体力分配为核心制订战术计划。例如，常在长距离比赛中看到运动员采用"尾随"滑行的战术，就是运动员为保存体力，最后取得胜利所采取的战术手段，很明显地看出这种战术是围绕着以体力分配为核心而制订的战术计划。

第二节　速度轮滑战术手段与训练

一、速度轮滑战术手段

速度轮滑的战术手段和方法较多，可以大致分为个人战术和集体战术：个人战术是根据个人和同组对手的具体情况，为达到个人的目标而采取的战术手段和方法；集体战术是同队两名或两名以上队员在同一组比赛时，根据同组选手的具体情况，为达到一定目标，与队友相互配合而采取的战术手段和方法。具体战术方法如下。

（一）抢占有利位置

在速度轮滑比赛的起跑时抢占有利位置并保持领先地位，特别是在短距离项目的比赛中，抢占有利位置对取得理想成绩有着非常重要的意义。抢占有利位置，一般指在起跑时，运用爆发性的速度抢在其他运动员的前面，占据第一或前三名的位置。从体力上说，有了领先地位可以避免消耗体力和精力来设法超越别人，而心理上则可以增强胜利的信心。取得领先地位后应在规则允许的条件下不让其他人超过，其常用的方法有两个：一是用双摆臂，扩大身体的空间区域，使后面的运动员在近处超不过去，而在远处受场地和体力影响也很难超过去；二是控制好场地的重要区域。进、出弯道和直道的中间地段是超越人的重要地点，所以在进、出弯道时一定要贴住弧线，不让对手从内侧超越。在直道滑行时，步幅要大而宽，并随时保持能加速的警戒状态，如对手要加速超越时，能马上加速使其超不过去。如能控制好这三个区域就能保持领先地位，直至取得最后胜利。

（二）领滑

领滑指处于第一的位置带领别人滑行。在中长距离比赛中，这需要有较强的实力，否则一般不敢全程领滑，因为很难始终保持住第一的位置，尤其到后半程或到冲刺时，体力消耗很大，很容易被别人超越而前功尽弃。在个人战术中，一般多采用领滑和尾随交替使用的方法；在集体战术中，同队的队友取得有利位置后，多采用互相交替领滑和交替尾随的方法。

（三）尾随

尾随是指紧随领滑者身后，按照领滑者的节奏、频率、步伐、速度滑跑，力求节省体力。因为紧随别人身后滑行，所受到的空气阻力会比较小，可以有效地保存体力，当进入到后半程时再超越到前边进行冲刺。尾随滑行时既要注意不被领滑者甩开，还要注意不被后边人超越，设法保持住有利位置以便最后冲刺。

在占据有利位置后，是领滑还是尾随，或是领滑与尾随交替进行，则需要根据对手的情况和自己的实力，灵活机动地运用，以争取最好的成绩。

（四）超越

起跑后若没有抢到前三名的有利位置，继续滑下去则有可能被淘汰或取不到好名次，这时就应在不犯规的情况下千方百计地滑上去，此时便需要使用超越战术。因为起跑后虽然占据了第二或第三的有利位置，在比赛的后半程或冲刺时还应设法争取更好的名次。

速度轮滑比赛中超越对手的情况很复杂，有企图超越者，就必然会遇到反超越，困难肯定会很多，因此必须做好准备，选择恰当时机、合适的区域和位置，运用合理的技术动作，保证在不犯规的情况下超越过去。

根据比赛的实践，运动员主要超越的区域是入弯道处、出弯道处及直道的中间段。其中成功率最高的区域是出弯道区，其次是入弯道区，再次是直道区域。弯道途中较少进行超越，其超载成功率较低。

超越前首先要能紧跟领先的运动员，一步不能落下，待领先的运动员出现滑跑不正常、体力不佳或出现战术疏漏时，要立即抓住机会超越过去。超越的方法一般是：入弯道和出弯道时最好从内侧超越，因为此时领先的运动员会有两种情况使后边的运动员有超越的机会：一是入弯道时为调整速度和准备弯道加速，会离开弧线，造成内侧的空隙；二是领先的运动员入弯道很好，贴住了弧线，并加速很快，因此造成出弯道时贴不住弧线，内侧出现空隙，给后边的运动员带来超越的机会。从外侧超越的机会一般只有入弯道时，因为此时领先的运动员为贴住弧线，会调整速度，此时后边的运动员应在直道的最后几步开始加速，当要入弯道或刚入弯道时用几个短促有力的压步超越过去。在直道时，内、外侧都可超越。超越前要有足够的思想准备、体力和技术准备，一旦出现机会，即能用两三个快而有力的蹬步进行超越。

（五）变速滑行

变速滑行指在比赛的滑行过程中利用多变的速度来干扰破坏对手正常滑行的战术方法。在滑行中有时领先但并不快滑，有时尾随但经常突然发动快滑并要超越，有时高速领滑，造成对手的精神紧张和体力分配的紊乱，使自己获得胜利的机会。

（六）集体战术

集体战术主要是两人相互配合、互相掩护的方法。

第一，交替领滑战术：为提高全程滑跑速度，同伴之间互相领滑一定距离的方法。

第二，阻挡对手滑行路线战术：利用同伴在前面滑行，挡住对手滑行路线，使同伴在侧面超越或使同伴占据有利位置的战术方法。

第三，变换滑行位置战术：在入弯道或直道滑行过程中，两名同伴保持前后横向错位滑行，挡住对手超越路线；在出弯道时，外侧滑行的同伴可根据对手的情况滑至同伴的前位来保持领先滑行位置的战术方法。

二、速度轮滑战术手段分类

速度轮滑运动战术分类的形式很多，既可以按参与战术的人数分类，又可以按战术的不同性质分类，也可以按战术使用范围或区域等进行分类，其目的是对战术进行研究、归类和总结，为读者提供参考。

（一）按参与实施战术的人数分类

按参与实施战术的人数进行分类，可将战术分为"个人战术"和"集体战术"两大类。个人战术是根据个人的具体情况，为达到个人的战术目的，针对对手而采取的战术。集体战术是两名或两名以上队员，根据对手、本人和同伴的具体情况为达到某种战术目标而采取的战术。

（二）按战术性质分类

按速度轮滑的战术性质不同，可分为领先类战术、拖后类战术、破坏类战术、掩护与配合类战术、心理类战术等。

1. 领先类战术

领先类战术是发动战术者利用领先的优势控制对手滑行速度、占据有利位置，或为了摆脱对手而采用的战术形式。它包括领先滑行和扣圈滑行等具体战术手段。

第一，领先滑行战术：发动战术者为达到战术目的，在起跑或滑跑的过程中，抢占领先位置，按自己的战术计划或根据场上变化保持领先的位置而实施战术的一种手段。这种战术在中距离比赛中比较常见。

第二，扣圈滑行战术：在比赛滑行过程中，发动战术者采取"先发制人"的措施，趁对手不备或判断错误等，扣对手一圈，再用尾随滑行的办法，巩固领先的地位，为达到战术目的奠定良好基础而实施的战术手段。这种战术常用于场地赛中的长距离比赛项目。

2. 拖后类战术

拖后类战术是发动战术者利用先隐蔽后出击的"后发制人"的方法达到战术目的的一种战术手段，它包括起跑拖后、尾随滑行、盯人滑行战术等。

第一，起跑拖后战术：为完成战术计划，发动战术者在起跑过程中有意识用晚启动或慢启动，造成起跑自然拖后的形势以麻痹对手后发制胜而形成的一种战术手段。

第二，尾随滑行战术：在滑行过程中，战术发动者为达到目的采取尾随对手滑行，保存实力，寻找战机，战胜强手的一种战术手段。

第三，盯人滑行战术：战术发动者针对某一个对手做跟踪、监视滑行，伺机战胜对手或达到战术目的的一种战术手段。

3. 破坏类战术

破坏类战术是利用战术行为干扰、破坏对手正常滑行或战术实施的战术手段。如变速滑行战术、抢位滑行战术、保护同伴战术等。

第一，变速滑行战术：在比赛过程中战术发动者利用快慢交替的变速滑行来干扰、破坏对手的正常滑行及战术实施的一种战术行为。

第二，抢位滑行战术：在比赛滑行过程中，为了达到某种战术目的而抢占有利的滑行位置，干扰对手正常滑行或破坏对手而实施战术的一种战术手段。

第三，保护同伴战术：为了给有竞争能力的运动员创造条件取胜及有利于达到某种战术目的，以牺牲同伴为代价换取战机的战术手段。这种战术手段多是以降速、阻挡、碰撞、横切、绊人、推人等犯规行为来实施的。

4.掩护与配合类战术

掩护类战术多是在同伴的配合下完成的，为掩护同伴对对手采取警戒牵制、压制，以及暗中保护同伴等行为，保护同伴完成战术目的的一种战术形式。掩护类的战术有很多，但常用的有"交替领滑""编队滑行"等战术手段。

第一，交替领滑战术：为提高全程滑跑速度或合理分配体力，采用同伴之间相互领滑相应距离的办法，构成交替领滑战术手段。

第二，编队滑行：在同伴前面正常滑行挡住对手滑行路线，使同伴在侧面超越取得领先地位的一种战术手段。

5.心理类战术

"心理类战术"是利用计谋在对手的心理方面施加压力或使对手产生错觉，有效地干扰及限制其竞赛水平的发挥，从而达到战术目的的一种战术手段。

心理类战术是心理因素与战术有机结合的产物，它在速度轮滑比赛中能够起到非常重要的作用，尤其在优秀选手之间的竞争中更能体现出它的作用和效果。

在速度轮滑运动竞赛中，心理战术的应用范围很大，并有多种表现形式，而且运用较为灵活，既可以用于场上，又可以用于场下；可以利用某种行为和语言，也可以利用某种暗示；可以在战术发动者与对手之间直接实施，也可以利用周围环境和观众等因素进行间接的运用等。心理类战术的主要目的是干扰对手的注意力；影响对手意志，迷惑对手使其造成错觉；增强本人及同伴的自信心和提高自检能力等。常用的战术手段有先发制人，后发制人，以己之长、攻彼之短，借题发挥和虚张声势等。

（三）其他形式的战术分类

战术的分类形式很多，除了按照上述各种形式进行分类以外，还可以进行如下的分类。

1.按赛场的内外分类，可分为"场内战术"和"场外战术"两大类

第一，场内战术：是指运动员在场上比赛的过程中，发动战术者为达到某种战术目的，而直接采取的各种战术手段。

第二，场外战术：在比赛进行前或比赛过程中，发动战术者为达到某种战术目的，在场外利用各种外部条件，间接对对手进行刺激或干扰等，给对手造成精神压力或错觉的战术形式。例如，利用场外观众的情绪、教练员场外指导、场地、器材装备、休息或比赛时间安排等。

2.按比赛阶段进行分类,可分为"起跑阶段战术""滑行阶段战术"和"冲刺阶段战术"等三类

第一,起跑阶段战术:是指发动战术者为达到某种战术目的,在比赛的起跑阶段采用战术手段实施战术的过程。例如,故意抢跑犯规、拖后起跑、拖延时间、故意摔倒、启动或疾跑时封堵滑行路线等。

第二,滑行阶段战术:是指发动战术者为达到某种战术目的,在比赛的滑行阶段采用战术手段实施战术的过程。例如,领先滑行、拖后尾随滑行、变速滑行、超越滑行等。

第三,冲刺阶段战术:是指发动战术者为达到某种战术目的,在比赛接近终点时的冲刺阶段采用战术手段实施战术的过程。例如,领先冲刺、拖后冲刺、干扰对手冲刺、利用犯规行为的危险冲刺等。

3.按比赛场地的区域进行分类,可分为"直道区域战术"和"弯道区域战术"

第一,直道区域战术:是指发动战术者为达到某种战术目的,利用直道的特点采用战术手段实施战术的过程。例如,直道抢位、直道变速滑跑或利用阻挡、降速、碰撞等犯规行为的战术手段。

第二,弯道区域战术:是指战术发动者为达到某种战术目的,在弯道区域内根据弯道滑行的特点实施战术的过程。弯道区域滑跑战术还包括入弯道的滑跑战术、弯道弧顶滑跑战术和出弯道的滑跑战术等。

第三节　速度轮滑战术训练与运用

一、速度轮滑战术训练

战术训练是实施战术计划的基础,战术的实施要通过具体战术行为或手段来完成,而这些手段或行为的实施水平都依赖于平时的训练,只有通过平时系统、严格的训练,战时才有可能充分地表现和发挥。另外,通过战术训练可以加深对战术的认识和对战术计划的理解,能够培养运动员的战术意识和对场上局势发展变化的预测能力,增长战术经验,提高对战术运用的实战性,丰富和熟练战术手段,提高战术质量和配合能力等。

(一)常用战术训练方法

战术训练的方法有很多,比较常用的方法有模拟性训练法、实战性训练法和观察与分析训练法。

第一,模拟性训练法:是利用模拟比赛环境和模拟战术手段,制造与比赛条件、气氛相同或演练战术手段的环境,对某种战术手段、战术意识进行有针对性训练的一种方法。

第二,实战性训练法:是通过比赛、教学比赛或测验的实战对战术进行训练的方法,它可以使运动员对战术意图有更深的理解，提高运动员运用战术的能力，使战术计划更切合实际，更具有针对性。

第三，观察与分析训练法：是利用观看比赛或录像，对某些战例提出问题进行分析的战术训练方法，它可以提高运动员的思维能力及对场上各种局势发展变化的预测能力。

（二）战术训练的基本要求

1.战术训练要贯穿于各方面的训练内容之中

战术训练要贯穿在技术、身体及心理等各方面训练的内容之中，在提高运动员训练水平的同时培养和提高战术能力。

战术能力与运动技术、身体机能能力、合理状态和智力能力等都有密切联系。技术能力是战术能力的基础，身体能力是提高技术、战术能力的先决条件，心理能力则是发挥技术能力和战术能力的保证；智力与技术能力的关系更密切，它能充分体现运动员在战术运用过程中的敏捷性、灵活性、预见性和创造性。另外，战术能力的提高又必然促进运动员的体能、技术、心理和智力能力的更快发展和提高。因此，战术训练要贯穿到其他训练内容中去，并与其有机地结合起来协调发展。单纯的战术训练也是必要的，它在战术基础训练中应用得较多，效果较好，但它对培养运动员的实战能力、对抗能力效果较差，也不利于培养运动员的综合性思维能力。

2.战术训练要带有针对性和真实感

"练"为了"战"，战术的训练也应该始终围绕比赛的实战进行，根据战略目标和战术计划，针对场上可能出现的情况及发生的问题进行训练。在训练过程中制造一种有竞争、有干扰的条件进行战术训练，这样不仅可以提高运动员训练的兴趣和调动运动员的积极性，而且能够有效地提高运动员宏观分析问题和解决问题的能力。

第一，战术训练过程中注意结合对抗性较强的手段进行。速度轮滑比赛中多人同场竞争，对抗性非常强，比赛中经常不可避免地发生碰、撞、推、绊、拉人等身体接触现象。另外比赛中的战术运用也都伴随着相互的干扰和影响。因此，在战术训练过程中充分考虑到这一特点，结合对抗性较强的训练手段和采用抗干扰的训练手段进行练习速度轮滑运动的抗干扰训练手段较多，常用的有：听信号或看标志物，突然改变滑行方向或滑行路线的练习；利用运动员相互之间的推、拉、碰、撞等动作，进行配合练习和被干扰后尽快恢复正常滑跑等练习手段。

第二，掌握多种战术手段，训练要注意全面性。速度轮滑比赛中由于项目较多、对手相对也多、竞赛形式多，而且每个对手都常会改变自己的战术，因此，一名优秀的速度轮滑运动员必须掌握多种战术手段，以适应场上战局变化，随机应变，争取主动权。另外，在战术训练过程中，也要注意全面性。既要掌握和具有发动战术的手段及能力，又要掌握和具备反战术的手段和能力。在掌握多种战术手段的同时，又要把符合自己特点并能形成绝招或有发展潜力的新战术手段作为重点训练内容，从而不断发展和提高战术水平。

二、速度轮滑战术运用

在战术实施中，由于场上比赛是个人或集体实力的竞技较量，每个运动员的每一个行动都关系到最终的成败，所以，在能够运用集体战术时，运动员个人行动要与同伴行动协调一致，共同完成战术行为和要求。但是在大多数情况下，运动员都是单独参加某一组的比赛，因此，运动员个人具有独立作战的特点，且赛场上的情况千变万化，所以既要坚持以整体战术配合为主的原则，又要以临场情况变化为依据，允许队员个人有果断决策的行动。

在临场比赛前，应根据所了解的对手情况和自身的情况，提前制订战术计划。而在比赛中，又要根据现场情况的变化灵活改变和应用战术。

（一）了解掌握对手情况，制订战术计划

在制订战术之前，首要任务就是获取对手各方面的基本情况。"知己知彼，百战不殆"的战略思想在指导速度轮滑运动的战术中有着非常重要的战略意义，只有掌握对手情况，才能制定出切合实际的战术对策，才能克敌制胜。

了解掌握对手的基本情况一般包括如下内容：对手的身体训练水平及身体状况；技术特点；惯用战术；特长和弱点；近期参加比赛的成绩和动向；训练内容、手段和方法；心理特征和状态；对该次比赛的战术计划；比赛的客观环境及条件。有时甚至要了解掌握对手及对手教练的性格、爱好和生活习惯等。这些都对制订战术计划有着非常重要的作用，它是构成战术计划的基础，也是制订战术目标的根据。

情况了解是通过信息情报获取的，这些信息和情报来源的途径一般是通过训练、比赛的直接接触或利用文献资料、新闻广播、实地考察等，然后通过整理、分析收集到的信息情报，判断情报的质量，辨别和筛选出可靠的情报，以便能真正地了解对手。再在了解对手的基础上，根据该运动员或参赛队伍的基本条件，有的放矢地制订比赛战术计划。战术计划的基本内容一般包括战术的指导思想和战术行动方案两个方面，战术的目的任务和行动准则是构成战术指导思想的主要内容，战术行动方案则由战术手段、战术步骤、战术方法及预防措施构成。制订战术计划时要对多种有关因素进行认真分析和研究，客观地制订出战术计划。制订战术计划的步骤是：①提出合理的战术目标；②制订较灵活的战术模型；③分析和完善战术计划。

（二）灵活运用战术

比赛竞争非常激烈，场上战情变化也非常快，在瞬息万变的战术对抗中，原战术计划往往被破坏，甚至超出战术计划中对对手的预测范围，此时死板地套用战术只能是"坐以待毙"。因此，在场上灵活地运用战术就更为重要。运用战术不是目的，目的是达到战术目标。灵活地运用战术手段，尽快适应场上变化，"敌变我变"，把战术用"活"，使战术转换得更"快"，行动衔接得更"好"，在战情变化中寻找战机，以战术目标为核心实施战术，采取相应措施，克敌制胜。

场上灵活运用战术不是孤立存在的，它与运动员的基础训练水平、智能、个人战术意识和战术准备程度都有密切的联系。因此，平时训练是战时灵活运用的基础，同时只有在场上灵活运用战术才能发挥出战术训练水平，才能提高战术运用的成功率。战术手段的运用特征包括：

第一，战术手段的目的性。

战术手段的运用具有明确的战术目的性，而不是无目的的随意行动。对各种技术的掌握和运用，不但要知其然，而且要知其所以然。力求使自己的每一步行动都带有一定的战术目的。

第二，行动的预见性。

在竞争激烈的速度轮滑比赛场上，赛况瞬息万变，为了有目的地运用技术和战术，及时采取相应对策，要求运动员对临场情况的变化具有高度的预见性。只有对双方的战术意图做出正确的预见和判断，才能及时采取合理对策，调整战术行动。

第三，判断的准确性。

比赛场上的正确行动，来自准确的判断，为了使战术行动准确无误，必须加强对临场彼我双方情况的观察和判断。准确的判断是正确发挥技术和战术的前提，运动员必须把一切行动建立在仔细观察和准确判断的基础上，要随时观察和判断对方的攻防特点及我方队员的动态，以便采取相应合理的行动。

第四，进攻的主动性。

参加比赛双方因比赛而使他们处在矛盾对立统一体之中，运动员要在比赛中战胜对方，获得胜利，就必须尽可能创造有利的进攻机会，谁的进攻机会多，得分取胜的可能性就大。因此，为了争取比赛的胜利，必须创造一切进攻机会，主动出击，并使进攻带有隐蔽性、突发性和强烈进攻性，力求出其不意，攻其不备，使对方措手不及。

第五，战术的灵活性。

心理战术的运用，不论如何变化，都离不开时间、时机、人员这三种因素。从这个意义上说，灵活地运用战术意味着适时地掌握进攻的时机，及时进行防守部署，正确选择突破地点，恰当采取布局，合理地组织与发挥主观作用。

第六，动作的隐蔽性。

运动员为了有效地攻击对方，争取主动和取得优势，必须善于运用各种娴熟的技术动作，去扰乱与迷惑对方的判断，使对手造成错觉。不要过早暴露自己的真实意图，隐蔽其行动目的，以便赢得比赛的主动权；力求动作隐蔽；滑法诡诈，虚实结合，真假相济，使对方揣摩不透我方的意图，防不胜防。

第四节　速度轮滑运动体能训练

在速度轮滑的竞技活动中，运动员的竞技能力是由技术、体能、战术能力，心理及智能所构成，它们互为基础、相互影响、互为提高，只有运用合理的技术、战术、才能充分地发挥人体的潜力，才能在比赛中取得优异的成绩。反之，没有良好的体能为根基，就不可能掌握合理的技术也不能发挥出好的战术。因此，可以说技能、战术是体能的表现，体能是技能和战术的基础。

一、速度滑轮体能训练的内容

运动员体能指运动员机体的基本运动能力，是运动员竞技能力的重要构成部分。

体能是由形态、机能、素质所决定的。运动素质是指机体在活动时所表现出来的各种基本运动能力。运动训练实质上就是身体素质的训练，通过力量、速度、耐力、柔韧等素质的训练来影响运动员身体形态的变化，增进运动员身体健康，提高有机体的机能。

在速度轮滑运动训练过程中，体能训练分为一般体能训练和专项体能训练，两者有着紧密的联系，都对竞技能力的提高起着不同的作用。一般体能训练是耐力、速度、力量、协调与柔韧等基本能力的训练，对提高运动员体质与专项身体训练起着重要的作用，它可以促进运动员心肺功能与增强支撑器官的工作能力，以及增强运动员承受大负荷训练。

专项体能训练是指直接有助于掌握专项技术与提高专项能力的身体训练。运动成绩越高，专项身体训练对成绩的作用就越大。

（一）速度训练

1. 速度素质释义和分类

速度素质是指人体快速运动的能力，速度分为反应速度、动作速度和位移速度。

（1）反应速度

指人体对各种信号刺激快速应答的能力。

（2）动作速度

指人体或人体某一部分快速完成某一个动作的能力。

（3）移动速度

指人体在特定方向上位移的速度。

训练的实践说明，速度只有在近似比赛的条件下才能有效地表现出来。这种条件下的反应速度训练是专项训练，但是其动作必须和专项反应速度的动作相似。不在这种条件下的训练则是一般训练。周期性位移速度在很大程度上取决于最高速度的快慢，在速度轮滑运动训练过程中不同的项目有不同的速度要求。项目距离越长，其专项速度越低，速度训练的距离则越长。一般来说，最高速度的快慢在一定程度上能决定专项速度的高低。因此，在速度轮滑项目中应重视运动员的最高速度的训练。由于最高速度的训练一般都是极限强度的训练，其强度与短距离项目的速度训练强度相似，但远大于距离项目的速度训练强度，所以，最高速度的训练是短距离项目的专项训练，是长距离项目的一般训练。

2. 速度轮滑运动员速度素质的训练方法和手段

（1）信号刺激法

利用突然发出的信号提高运动员对简单信号的反应能力。

（2）运动感觉法

运用运动感觉法一般要经过三个阶段，第一阶段是让运动员以最快的速度对某一个信号做出应答，然后教练把所花费的时间告诉运动员；第二阶段让运动员自己估计做出应答反映花费了多少时间，然后教练再将其与实际的时间进行比较；第三阶段是教练员要求运动员按事先所规定的时间去完成某一反应的练习，这种练习可以提高运动员对时间判断的能力，促进反应速度提高。

（3）选择性练习

随着各信号复杂程度的变化，让运动员做出相反的应答或做出相反的应答动作。例如：教练员喊向左，运动员就要立即向右跑；教练员喊坐下，运动员就要立即站立等等。

（4）利用外界助力

可以让运动员提高速度感觉、加强肌肉的收缩速度、让运动员适应比赛的激烈竞争。

（5）减小外界自然条件的阻力

例如顺风跑、下坡跑等。

（6）借助信号刺激提高动作速度

例如使用节拍器使运动员在不同的节奏下进行训练，提高运动员的节奏感与快速完成动作的能力。

（7）各种爆发跳练习。

（8）高频率的专门性练习

例如：速度轮滑运动员可以进行短距离的 30 米、50 米、100 米急加速等训练。

（二）耐力训练

1. 耐力素质释义和分类

耐力素质是指机体坚持长时间运动的能力。按人体的生理系统分类，耐力素质可以分为肌肉耐力和心血管耐力。肌肉耐力也称为力量耐力，心血管耐力又分为有氧耐力和无氧耐力。依对专项的影响，耐力素质又可分为一般耐力和专项耐力。

一般耐力通常指有氧能力。其训练目的主要为心血管系统与呼吸系统的改善与提高。一般耐力是专项耐力的基础。在速度轮滑一般耐力训练中，通常采用的训练距离或时间要远大于专项距离或时间，而强度要小于专项强度，这是把一般耐力训练区分为一般训练内容的原因所在。在速度轮滑运动中我们不应把一般耐力的训练与长时间的跑以及有氧代谢混为一谈，不同的项目有不同的一般耐力基础，一般耐力训练也体现出项目特点。对短距离速度轮滑项目来讲，一般耐力既表现出有氧代谢特点也表现出无氧代谢特点；对长距离速度轮滑项目来讲，一般耐力主要表现出有氧代谢的特点，在训练的距离方面，短距离速度轮滑项目也比长距离速度轮滑项目短得多。专项耐力是在一般发展的基础上通过提高其训练强度、缩短其训练的距离而发展起来的一种重要的专项能力，是专项训练的内容。但是专项耐力也体现出项目特点。以短距离项目来讲专项耐力取决于无氧过程，而长距离项目的专项耐力在相当大的程度上是由运动员的有氧能力所决定的，取决于机能节省化的程度和合理分配体力的能力，但是在一定范围内也依赖于运动员的无氧能力。

2. 速度轮滑运动员耐力素质的训练方法和手段

（1）持续训练法

在速度轮滑训练中，持续训练法主要用于发展有氧耐力，训练强度相对较小，心率可以控制在 145 次 / 分 ~ 170 次 / 分之间。这种训练方法和强度能有效地提高运动员心脏功能，对改进肌肉的供血能力、肌肉的直接吸收氧的能力有特殊的意义。

（2）间歇训练法

采用间歇训练法发展有氧耐力，训练时心率可达到 170 次 ~ 180 次，运用间歇训练法必须严格控制间歇时间，一般要求机体尚未充分恢复、心率恢复在 120 次左右时，便可进行下一次练习。

（3）循环训练法

将练习内容设置为若干个练习站，运动员按照既定顺序和路线，依次完成每站练习任务的方法。运用循环训练法可有效地激发训练情绪、积累负荷"痕迹"。运用循环训练法可有效地提高不同层次和水平的运动员的训练情绪和积极性；可以合理地增大运动训练过程的练习密度；随时根据个人具体情况进行适当的调整，做到区分对待；防止局部负担过重，延缓疲劳的产生，并有利于全面身体训练。

（4）重复训练法

重复训练法指多次重复同一练习，两次（组）练习之间安排相对充分休息时间的练习方法。通过动作或同组动作的多次重复，经过不断强化运动条件反射的过程，有利于运动员掌握和巩固技术动作；相对稳定的负荷强度的多次刺激，可使机体尽快产生较高的适应性机制，有利于运动员发展和提高身体素质。

（5）游戏练习法

游戏练习法主要适用于少年儿童训练，负荷强度以心率 140 次 ~ 150 次为宜，运动时间在 20 分钟以上。

（三）力量素质训练

1. 力量素质释义和分类

力量素质是指人体神经肌肉系统在工作时克服或对抗阻力的能力。依力量素质与运动的关系，可分为一般力量和专项力量；依力量素质与运动员体重的关系，可分为绝对力量和相对力量；依完成不同体育活动所需力量素质的不同特点，可分为最大力量、快速力量、和力量耐力。然而，运动员在训练实践中主要是最大力量、快速力量、力量耐力及相对力量的训练。

力量必须得到全面、平衡的发展，才将使运动员各部位肌肉、韧带与关节的力量增强，尤其是支撑器官工作能力的增强，使运动员在训练中多次重复负荷的情况下不至于因疲劳而受伤。因此，全面力量训练必须贯穿于整个训练的全过程，应在训练中广泛采取多种多样的手段，还可分别对各部位肌肉和关节进行训练。在当前的全面力量训练中，应纠正重视大肌群、轻视小肌群，重视前肌群、忽视后肌群的倾向。

2. 速度轮滑运动员力量素质的训练方法和手段

（1）大强度训练法

按大强度法训练时，要求逐渐达到用力地极限，以后继续用中上强度训练，直到对这种刺激产生劣性的反映时停止。例如：负荷强度在 85% 以上、每组 1～3 次、6～10 组、间歇 3 分钟。

（2）极限强度法

极限强度法的突出特点是负荷强度达到个人极限值。例如：采用接近本人的最大强度进行练习，然后递进。这种方法又称为"阶梯式"的训练方法，以蹲起为例，定第一阶段的强度为 150 公斤，经过一段的练习之后，当运动员适应并能连续做起两三次后，便可增加重量到 155 公斤，从而不断地提高运动员对高强度负荷的适应能力，使力量素质得到发展。

（3）极限次数法

极限次数法是以某一个强度达到极限练习次数的练习方法。例如：以个人最大负荷强度的 40% 进行蹲起练习，直到运动员不能再连续蹲起为止。这样的练习组数不能过多，休息要充分。

（4）跳跃练习法

跳跃练习法对于发展运动员的快速力量和爆发力都有很大帮助。很多情况下采用不负重的练习方法，如各种单、双腿跳、蛙跳、台阶跳、跳深、单腿侧向跳、半蹲跳等等。进行这些练习时应注意次数与组数的安排，休息要充分。

（5）动力性向心克制性训练

肌肉在做动力性向心克制性工作时，肌肉长度逐渐缩短，所产生的张力随着关节角度的变化而改变的训练。掌握好发挥最大肌力的关节角度，可得到事半功倍的效果。

（6）动力性离心退让训练

与向心力量训练相比，退让训练能克服更大的阻力，更能有效地发展最大力量，这是因为离心收缩能动员更多的运动单位参与工作。

（7）静力性等长收缩训练

在身体固定姿势下，肢体环节固定，肌肉长度不变，改变张力克服阻力的练习方法。肌肉做静力性收缩时，可以动员更多的肌纤维参与工作，表现出的力量大、力量增长也快，并节省训练时间。

（8）等动收缩训练

练习时，肢体动作速度保持不变，肌肉始终发挥较大张力完成练习，等动练习集等长和等张之所长于一身，有利于最大力量的增长。

（9）超等长练习

练习时先使肌肉做离心收缩，然后接着做向心收缩。利用肌肉的弹性，通过牵张反射，加大肌肉收缩力量。例如：深蹲训练。

（10）力量器材训练

利用力量器材可以使身体处在不同的姿势进行练习，可直接发展运动员所需要的肌肉力量，使训练更有针对性。减轻运动员心理负担，避免伤害事故的发生。

（四）柔韧性训练

1. 柔韧素质释义

柔韧性是指人的各个关节活动幅度，肌肉和韧带的伸展能力。

柔韧素质在运动训练中具有很重要的作用，但不同的项目对其有不同的要求，对于速度轮滑运动员来说，柔韧性的好坏也直接关系到运动员的协调能力和滑跑技术。

训练的实践证明，协调能力与柔韧性是运动员掌握技术的基本素质。训练初期，应对协调能力与柔韧性进行专门训练，在以后的训练中主要贯穿准备活动与整理活动之中。可以与力量、速度等身体素质的训练穿插进行，协调能力与柔韧性需要经常训练才能得以良好的提高。

2. 柔韧素质练习的方法和手段

在训练中，常常做一些能使动作幅度尽可能大的练习。这些练习包括一些依靠肌肉收缩来主动完成练习和做一些为达到动作的最大幅度而依靠外力的被动练习内容，同时采用一些静力性练习内容。

（1）一定时间内保持在最大振幅的练习

例如：劈腿练习，把最大幅度的动作静止保持数秒钟。

（2）大幅度的积极伸展，逐渐达到最大限度。

（3）肌肉韧带的各种有弹性的振动练习

例如：弓箭步、各种身体有节奏的上下摆动拉伸。

（4）使身体某部位各种大幅度摆动练习

例如：高位压腿，前、后、左、右、上、下等各种方向的拉伸。

所有这些练习都可以用静力性方法或动力性方法完成。动力性方法是：使机体某一部位做摆动、振动、扭动、转动的动作。其中一部分动作可以借助一些器材，重物、弹性器材，还可以借助自身的力量进行练习。静力性练习方法是：主要是为了使肌肉在特定的姿势拉伸时得到相应程度的超量负荷，以便在最大动作幅度的条件下，形成能保持几秒钟的，一定方向的动力定型。

二、速度轮滑体能训练的手段

（一）长滑训练

此训练可以有效地发展运动员的有氧能力，并且可以通过变换间歇时间、速度、强度等来给予运动员不同的机体刺激，充分发展运动员的有氧能力。

30 圈 / 组 ×5 组或 50 圈 / 组 ×3 组，组间歇 5 分钟。

60 圈 / 组 ×2 组或 100 圈 / 组 ×1 组，组间歇 10 分钟。

进行长滑训练时，每组的滑行速度应均匀并略为不断提高，最后一组应比前两组略快，心率可以控制在 170 次 / 分 ~ 180 次 / 分，间歇可以静休或慢滑，心率可以控制在 120 次 / 分开始下一组。

（二）速度训练

速度训练可以发展短距离项目的能力，对运动员的磷酸原供能能力与糖酵解供能能力有较大的提高。

150 米 ×20 组，每组充分间歇，要求全力滑行，主要发展运动员的绝对速度。

300 米 ×15 组，组间歇 1 分钟，要求全力滑行，主要发展运动员的速度耐力。

1000 米 ×10 组，组间歇 10 分钟，要求 80% 强度滑行，有效发展运动员糖酵解供能为主的无氧能力。

速度训练时同样可以根据个人项目需要，通过变化间歇时间、训练强度、训练内容的组合等进行有针对性的训练。

（三）力量训练

力量训练是速度轮滑运动员训练中重要的内容之一，对于运动员提高运动成绩起着重要作用。

弓步蹲起练习：40 公斤 ×20 次 / 单腿 × 组，组间歇 3 分钟。练习时应注意动作的节奏，要慢下快起、把重量集中在做功腿上、身体立直。

快速蹲起练习：50 公斤 ×30 次 / 双腿 ×5 组，组间歇 5 分钟。练习时注意蹲起的速度要明显快于下蹲的速度，蹲起时后脚跟可以离开地面，充分伸展。动作要求幅度较大，身体正直，把重量集中在大腿上，小腿尽量不要参与做功。

这种训练方法可以发展运动员的快速力量。通过弓步蹲起、快速蹲起练习，能有效地提高运动员的单脚支撑能力及蹬地力量和蹬地速度能力。

（四）突然起速训练

利用途中突然起速的训练方法可以提高运动员的短冲能力，对运动员的起速和冲刺的能力有很好的帮助。

30 米 ×10 次要求有较好的间歇，全力加速。

50 米 ×10 次要求有较好的间歇，全力加速。

此训练手段在穿轮滑鞋和不穿轮滑鞋时都可以进行练习，不穿轮滑鞋时可以模仿比赛时的起跑加速然后全力跑。

（五）爆发跳训练

通过各种爆发跳训练发展运动员爆发力。

蛙跳 10 次 ×2 组

抱膝跳 10 次 ×2 组

深蹲跳 10 次 ×2 组

半蹲跳 10 次 ×2 组

单腿侧向跳 10 次 ×2 组

单腿前弓跳 10 次 ×2 组

练习时要有较充分的休息，注意动作标准化。

（六）小综合性训练

（20公斤蹲起 20 次 + 滑行跳 20 次 + 弯道跳 20 次 + 加速跑 30 米）/ 组 ×5 组，每组间歇 10 分钟，练习时应全力完成。

此练习发展运动员的糖酵解供能为主的无氧能力，对于中、短距离项目是一种理想的训练方式。

（七）间歇训练

1. 长间歇练习

（20 圈慢、均速滑行 +10 圈中、均速滑行 +5 圈高速滑行）×2 组。

长间歇训练可以发展长距离运动员的耐力素质，对运动员在比赛时适应不断变化的情况有较好的适应能力。

2. 短间歇练习

（300 米 ×90% 强度 +300 米漫滑）×10×3 组。

短间歇训练能有效发展中、短项目运动员的速度耐力，对发展运动员在比赛中的高强度要求有较好的适应能力。

第五节　速度轮滑的场地和竞赛规则

一、速度轮滑的场地

速度轮滑比赛分为场地赛和公路赛。比赛的跑道分为"场地跑道"和"公路跑道"。测量跑道的长度应以距场地跑道或公路跑道内沿 30 厘米处测量。

（一）场地赛跑道

第一，场地赛跑道指设在露天或室内，由两条长度相等的直道与两个对称且半径相同的弯道相连接组成。

第二，场地赛的跑道长度不得少于125米，不得超过400米。宽度不小于5米。举办正式国际比赛，场地赛跑道长度为200米，宽度不小于6米。

第三，场地赛跑道的地面可用任何材料铺成，但要求完全平坦，不滑，不粘。

第四，跑道可以是完全平坦的，也可以在弯道处有一定的倾斜度。

第五，弯道带有倾斜度的跑道周长不少于125米、不长于250米。有倾斜的部分要从内侧边缘逐渐均匀平稳地升高，直到外侧边缘。为了与倾斜弯道相衔接，直道也可以有向内倾斜的部分。但直道的平坦部分不应少于跑道总长度的33%。

第六，终点要用白色线标出，线宽为5厘米。

第七，除非在别无选择的情况下，起点线不要设在弯道处。

第八，跑道外侧应设有由适当的材料制成的保护设施，避免发生危险。

（二）公路赛跑道

第一，公路赛跑道分为"开放式"和"封闭式"。"开放式"公路跑道的起点和终点不衔接。"封闭式"公路跑道是由非对称的封闭环形公路组成，其起点和终点相衔接，根据比赛的距离运动员在此路线上滑行一圈或几圈。

第二，"封闭式"公路跑道的长度最短不得少于400米，最长不得长于1000米。举办国际正式比赛的"封闭式"公路跑道的长度最短不得少于400米，最长不得长于600米。

第三，公路跑道的宽度全程不得少于6米。

第四，公路跑道的路面必须平坦而光滑，没有凹陷和裂缝。横切路面的拱曲度不得超过其宽度的5%。

第五，"开放式"公路跑道的任何赛段的坡度不得超过5%，即使在特殊情况下，有坡度的赛段也不得超过跑道总长的25%。

第六，起、终点要用宽5厘米的白色线标出。除非在别无选择的情况下，起点不要设在弯道处。终点应设在弯道后不少于50米处。

二、竞赛规则简介

（一）竞赛的类型与项目

1.竞赛的类型

（1）计时赛

以计时成绩决定名次的竞速计时性比赛。

（2）团体计时赛

第一，每队由3名运动员组成，滑跑一定的距离，以计时成绩决定名次的竞速计时性比赛。

第二，同一时间只有同一个队的运动员在场地或公路跑道上同时出发及滑跑。

第三，当第二名运动员抵达终点线的时候，为该队的有效成绩。

（3）淘汰赛

淘汰赛是指比赛过程中在一个或多个固定地点直接淘汰一名或多名运动员的比赛。比赛前由裁判长介绍淘汰规则。

（4）群滑赛

在场地或公路上举行，参赛人数不限，同时出发的比赛。如果参赛人数太多，比赛跑道受限，可举行多轮次的比赛。被淘汰的运动员可根据预赛的成绩进行排名。

（5）耐力赛

也叫定时赛，比赛规定滑跑时间，根据在限定的时间内运动员所滑跑的距离长短来决定比赛名次。

（6）积分赛

比赛时运动员通过积分点获取个人积分，获得积分高者名次列前。

（7）接力赛

第一，每队由两名或更多名运动员组成，滑行一定距离。比赛途中在固定的地点进行接替。

第二，当进行接力的时候，运动员必须接触到他们的队友。根据跑道的距离，最后一次接力必须在最后一圈前完成。

第三，接力赛时只允许裁判员和运动员停留在场地里。

（8）分段赛

第一，分段赛只能在正规的公路赛跑道上进行。按照一定的规则，中、长距离混合排列在一起的竞速项目。总名次根据运动员在各个固定的距离所得成绩和分数决定。这一距离称为"赛段"。

第二，根据排位，各赛段对运动员进行如积分或时间宽限的奖励。奖励办法必须在规程内写明。

第三，如几名运动员成绩相同，最终名次由每名运动员各赛段的最好成绩决定。

第四，根据运动员的数量及赛段的长度，比赛可举行一天或数天。可以设休息日。

（9）追逐赛

比赛可以预赛的形式在场地或"封闭环形"公路上进行。两名运动员或两队在距对手等距离的地点出发，在规定的距离上互相追逐。如其中一名运动员或一个队超过对手时，预赛即告结束。每个队由 3～4 名运动员组成。在团体追逐赛中，倒数第二名的运动员决定该队名次或淘汰与否。

（10）积分淘汰赛

比赛过程中，在场地中一个或多个固定的地点淘汰一名或多名运动员，同时，领先运动员将获得一定的积分。在最后一圈运动员将获得更多的积分。最后完成比赛，且获得最高积分的运动员将获得比赛的胜利。

2. 正式比赛的距离

场地赛和公路赛的正式比赛距离均为：200 米、300 米、500 米、1000 米、1500 米、2000 米、3000 米、5000 米、10000 米、15000 米、20000 米、30000 米、50000 米。公路赛还包括青年男子、女子组和成年男子、女子组的 42.195 公里马拉松。

3. 世界锦标赛、全国锦标赛的正式设项

（1）场地赛

第一，300 米个人计时赛。

第二，500 米计时赛。

第三，1000 米计时赛。

第四，10000 米积分淘汰赛。

第五，15000 米淘汰赛。

第六，3000 米接力赛。

（2）公路赛

第一，200 米个人计时赛。

第二，500 米计时赛。

第三，10000 米积分赛（每圈积分）。

第四，20000 米淘汰赛。

第五，5000 米接力赛。

第六，42.195 公里马拉松赛。

（二）滑跑的规定与确定名次的方法

1. 滑跑方向

在场地跑道或"封闭式"公路跑道举行的比赛，运动员的左手侧对应跑道的内侧边缘，比赛按逆时针方向滑跑。

2. 起跑的规定

（1）所有比赛项目均不允许使用起跑器，用发令枪或哨子发出起跑信号。

（2）集体出发时，运动员在起跑线后应保持至少 50 厘米间距。发令员将发出两次信号，第一次信号为"预备"，第二次信号为鸣枪。遇到下列情况，发令员可以召回运动员重新比赛：

第一，计时比赛中，运动员由于器材发生意外故障而非本人责任摔倒。

第二，集体起跑时，在 130 米以内有一名运动员摔倒而引起其他运动员连续摔倒。

第三，运动员在出发信号之前起动，将重新起跑，抢跑的运动员将受到处罚。第三次抢跑的运动员将被取消比赛资格（无论前两次抢跑是否是该运动员）。

第四，裁判长认为在 500 米、1000 米预赛、半决赛和决赛出发时，发生了可能影响

比赛结果的严重犯规。

（3）个人计时赛的起跑按以下方式进行：

运动员两只轮滑鞋必须与地面完全或部分接触，两脚不得移动，允许身体摆动。预备起跑线距起跑线 60 厘米，运动员至少有一脚位于两线之间，轮滑鞋的最初运动方向必须与比赛的方向一致。

个人计时赛时，发令员决定运动员是否可以出发，每名运动员有 15 秒钟的起动时间，如在 15 秒内不出发，运动员将被判起跑失败。该项目的起跑发令既不需要"预备"口令也不需要鸣枪。

如果没有相应的电动计时设备，个人计时赛的起跑仍按以下方式进行：发出两次信号，第一次信号为"预备"，第二次信号为鸣枪。

（4）团体计时赛时所有 3 名运动员同时出发，发令员将发出"预备"口令和鸣枪。

3. 到达终点的规定

（1）集体出发的比赛（淘汰赛、积分赛、接力赛等）、预赛、团体计时赛、计时赛，要根据运动员轮滑鞋的最前点到达终点线的时间决定运动员的名次。到达终点线时领先的轮滑鞋必须与地面接触，否则以后脚轮子的前点到达终点线的时刻为完成比赛。

（2）在淘汰赛时，淘汰方式是以运动员后脚轮子的最后部分通过终点线为准。

（3）在耐力赛（定时赛），终点线以运动员所滑至的地点为准。

4. 竞赛通则

第一，严禁运动员接受任何形式的援助。

第二，各项比赛的滑跑途中，运动员应沿一条假象的直线滑行至终点，不得以曲线或横向滑行。

第三，在超越时绝不允许给其他运动员制造障碍。

第四，任何情况下，运动员不允许推其他运动员或者在他们前面横切。另外，禁止拉、推、阻碍或者援助他人滑行。

第五，在"封闭式"公路赛或场地赛中，被超越的运动员不能阻碍他人的超越或者援助他人滑行。

第六，禁止运动员的轮滑鞋触及跑道界线以外的地面。

第七，只要不妨碍比赛的进行，运动员可以修理出故障的轮滑鞋。他们只能接受新鞋或工具进行修理。

第八，运动员摔倒后，可以自己站起来继续比赛，不得由他人帮助。否则，他们将从该项比赛中被淘汰。

第九，运动员如违犯上述规则可能将被取消该项比赛的成绩。

第十，所有运动员都必须公平、积极地参加比赛。那些态度消极、明显没有竞争能力的运动员可能会被淘汰。

第十一，在"开放式"公路跑道上进行的集体出发的比赛，运动员同样必须遵守上述条例，同时必须沿公路右侧滑跑，在任何情况下不允许越过公路跑道的中线，此外，运动员必须严格遵守组织者的要求。

5. 比赛服装

（1）参赛的男女运动员都应穿统一的队服。着装不合适的运动员可能被取消比赛资格。

（2）比赛服装应是：

第一，参加比赛的同一个单位所有运动员都必须身着统一长袖或者短袖服装，颜色和图案要一致。

第二，完整、坚固而没有尾翼的头盔。

第三，各参赛队队服的广告位置只允许在服装的前胸和后背上方处。但不允许广告影响各队队服颜色的识别，不得与号码布的位置相冲突（裁判有权调整号码布位置）。

第四，运动员在领奖时必须身着各队的正式服装。

6. 轮滑鞋

允许穿着双排轮轮滑鞋（两组轮平行排列）或者最多六个轮子的直排式轮滑鞋参赛。

轮子的直径最大不能超过 100 毫米，轮滑鞋全长不能超过 50 厘米。轮架必须与鞋靴牢固的固定，轮轴不能突出到轮子以外。禁止装有制动装置，允许使用没有传动装置的克莱普（即脱跟）轮滑鞋。

（三）裁判通则

1. 裁判委员会

（1）裁判委员会

中国轮滑协会（组委会或竞委会）在赛前确定裁判委员会组成。裁判委员会对中国轮滑协会（组委会或竞委会）负责。裁判长对裁判委员会工作负责。

（2）裁判委员会通常由以下人员组成

第一，裁判长 1 人，副裁判长 2 人。

第二，记录裁判员 2 ~ 3 人。

第三，终点裁判员 3 人。

第四，计时员 3 ~ 6 人。

第五，发令员 2 人。

第六，记圈裁判员 2 人。

第七，检录裁判员 2 人。

第八，监道裁判员 2 ~ 6 人。

裁判人数可根据比赛规模和类型进行适当调整。

（3）裁判员服装

裁判员服装包括白运动衫或白衬衫、白裤子（女子裁判：白运动衫或白衬衫、白裙子或白色裤子）、白色袜子和白鞋。另外，上衣左胸前佩戴中国轮滑协会等级裁判员徽章。

2. 裁判长职责

（1）确保所有参赛者遵守规则和规程，并对比赛中可能出现的及现行规则和规程中未涉及的技术问题做出决定。

（2）为裁判委员会成员安排具体工作（进行分工）。

（3）领导裁判员的工作，在出现分歧的时候进行协调、控制并做出决定。

（4）依据规则和规程，对参赛单位运动员、教练员以及领队在比赛中的不适宜行为采取处罚措施。

（5）裁判长认为预赛是在不正常的情况下进行的，可以决定重赛。在计时比赛中，以及在条例中提到的轮滑鞋出现故障或其他情况时，也可以重赛。

（6）签署比赛成绩记录，连同有关比赛过程中其他可能发生的事件的报告一并交给中国轮滑协会（组委会或竞委会）。

（7）在发令员发令前，检查各裁判员是否各就各位，计时员是否做好计时准备。

（8）对随时出现的取消比赛资格的情况，检查是否及时播报通知以及被取消比赛资格的运动员是否立即离开跑道。

（9）立即取消不听从裁判警告的运动员的比赛资格。

（10）对那些由于轻微的违反规则而受到裁判口头警告的运动员提出警告。

（11）调整或撤换不能胜任其裁判职责的裁判员。

（12）组织各项比赛的抽签。

（13）对参赛运动员所属协会提出的关于终点名次的抗议首先做出裁决。

（14）赛后向中国轮滑协会（组委会或竞委会）提交裁判委员会总结报告。

3. 副裁判长职责

协助裁判长处理一切有关事宜，并完成裁判长指定的工作。

4. 发令员职责

（1）在每项比赛开始前召集运动员并作最后提示，检查运动员的服装和参赛号码，在发令时仍未到达起跑线的运动员将被取消比赛资格。

（2）检查所有运动员的轮滑鞋是否均位于起跑线后。

（3）在得到裁判长同意后方可发令。

（4）发出"预备"口令后，在短暂的停顿后即鸣枪或用口哨发出信号。

（5）出发时如有犯规行为，发令员可再次鸣枪召回所有运动员，并警告犯规的运动员。

5. 监道裁判员的职责

监道裁判员可分为直道裁判、弯道裁判、接力裁判、助理裁判。监道裁判员的职责是：

（1）在所负责区域内监督比赛的进行。

（2）将比赛中发生的犯规行为立即报告裁判长。

（3）记录被扣圈和退出比赛的运动员，并及时报告裁判长。

6. 终点裁判员的职责

（1）终点裁判员要准确判定运动员达到终点的顺序。

（2）在集体出发的比赛中，根据需要确定裁判员的人数，终点裁判长向每位裁判员进行分工。

（3）终点裁判员人数不得少于3人。可以根据需要有所增加，但必须为单数，在出现分歧的情况下，以大多数裁判员的判定为准。任何情况下只要使用了终点摄像或录像扫描设备，就要以终点摄像或录像扫描的结果为准。

7. 计圈裁判员的职责

（1）记录比赛已进行的圈数，并用记圈装置示意运动员滑行所剩余圈数。

（2）以信号或语言告之领先的运动员，剩下最后一圈时要用铃声通知运动员。

（3）用来显示剩余圈数的记圈装置应设在终点线前至少3米处，最好放在跑道的内侧。

8. 检录裁判员的职责

（1）比赛开始前根据规则规定核对运动员是否按要求佩戴参赛号码、头盔以及参赛服装，不符合规定者将取消其参赛资格。

（2）负责点名召集运动员，并负责把运动员带至起点。告之运动员必须在指定的位置活动，并确保未经裁判允许任何运动员不得进入比赛跑道。

（3）对三次检录不到的运动员将取消其参赛资格。

（4）按时检录后，将参赛运动员带入起点，并与发令员协调配合。

9. 计时裁判员的职责

（1）在有电子计时等设备的情况下，计时员的任务是记下每一项比赛运动员所用的时间，并记入要直接提交给裁判长的比赛记录中。

（2）为确保准确计时，要遵守下列规定：

第一，计时员独立工作，不得互相核对。

第二，所使用秒表必须经中国轮滑协会（组委会或竞委会）批准的经检验和鉴定的秒表。

第三，每3名正式计时员组成1个计时小组。

第四，当3块表中有两块表所计的成绩相同，则以这两块表的成绩为有效成绩。

第五，当3块秒表成绩各不相同时，这3个成绩的平均值为有效成绩。如果其中一表的成绩与另外两表相差 ±0.5 秒以上，则排除此表，以其他两表的平均值为有效成绩。

第六，当仅有两块表显示成绩时，以较差成绩为有效成绩。

（3）计时员必须站在起跑线附近，如起终点距离较远时，计时员可以站在终点处，看到发令枪烟的瞬间立即开表。所有计时员必须将成绩精确到百分之一秒。

10. 处罚

对在比赛中违反竞赛规则、规程及体育道德准则的运动员要采取如下处罚措施。

（1）警告

对出现规则中明确规定的情况，以及一些轻微的犯规行为将予以警告。一般情况下，在降低名次或取消比赛资格的惩罚前给予警告（严重的犯规情况除外）。警告次数相累加，当运动员由于即使不很严重的犯规而得到多次警告时，根据裁判长的确切判断，也可取消他（她）的比赛资格。

监督比赛进程的任何裁判员都有权对运动员提出警告并立即报告裁判长，裁判长宣布警告。

警告次数不带入下一轮比赛或决赛。

（2）降低比赛名次

第一，在比赛中，尤其是比赛的最后阶段，参赛者对一名或几名对手有犯规行为时，根据裁判长的裁决可降低该运动员的比赛名次。

第二，如果情节严重，可以取消该运动员的比赛资格。

（3）取消比赛资格

第一，取消比赛资格的处罚适用于：

①警告次数累加。

②严重的犯规行为。

③如果运动员发生严重的犯规行为，尤其是为协助队友赢得比赛而故意犯规，可取消该运动员所有参赛项目的比赛资格。

④中国轮滑协会（组委会或竞委会）拥有采取取消比赛资格措施的最终权力，甚至无限期地取消其比赛资格。

⑤如果运动员服用兴奋剂或拒绝进行兴奋剂检查，要按反兴奋剂的有关规定进行处罚。

第二，以上 A 和 B 条中指出的处罚措施的尺度由裁判长掌握，并公布处罚决定。C 条的情况，裁判长有责任向中国轮滑协会（组委会或竞委会）汇报有关严重犯规的具体情况。

11. 抗议

（1）对有关运动员参赛资格的抗议须以书面形式，经队的正式代表签署在比赛开始前 30 分钟提交给裁判长。

（2）针对裁判委员会关于比赛最后名次提出的抗议，不论其名次如何，都必须在该项比赛结束后或宣读比赛名次后 15 分钟内报告给裁判长。

（3）每次提出申诉抗议时都必须交付 1000 元人民币的抗议费，如抗议有效则退还此费用，否则，该费用将归中国轮滑协会所有。向仲裁委员会提出申诉时另交 1000 元人民币，并必须在裁判长公布通知后的 15 分钟内提出，仲裁委员会的裁决是最终结果。

第六章 速度轮滑的重要技术

第一节 速度轮滑的刹车技术

一、单排鞋的初级刹车方法

（一）借助刹车器

脚刹向来是件颇有争议的东西。许多滑过真冰或旱冰的人反而会觉得它碍手碍脚，仿佛是它装错了地方一样。一句话，它就是没用。但是，如果按部就班地学习了怎样使用它的话，就会发觉脚刹实际也能发挥多种功效。以下列出的是它的一些好处：

1. 即使是在非常高速的情况下，也能用它来刹车。

2. 用脚刹时，两个脚都能在地面上，这样就有助于保持平衡。

3. 当需要在交通繁忙地段刹车时（可能身边有很多汽车或自行车），用脚刹就能把自己的动作控制在尽可能小的范围内。

4. 用它刹车时，还可以转向。

5. 刹车的声音经常可以警告他人你的出现。

6. 对直排轮滑来说，脚刹是迄今为止最为经济实用的技术了。

学用脚刹的方法如下：两脚开列，与肩同宽。然后，双脚前后向交叉反复滑动，这个练习是为了习惯重心在两脚间的转换。使用脚刹时，先迈出脚刹所在的腿，同时脚趾离地，脚跟下压。这时重心应该是在两腿间的。在初学时，它可能会略微地处于后面的脚上。关键是在做动作时背部要直，膝盖要曲。

如果难以掌握平衡或刹车脚的踝力不足，可以尝试以下技巧：

用两腿的膝盖以下部分和地面形成一个三角形。将后面膝盖靠近刹车脚的膝盖后面或在旁边，以此来形成个三角。随着学习的深入，最终我们将学会在高速时急停。一般来讲，刹车时踩下去的力量越大，停得也就越快。要实现施加最大的下压力，整个身体的重量就必须得全部压在脚刹上。也就是说，这时另一脚实际上是离地和靠在刹车脚上的。它可以在非常高速时在极短的距离内急停。当然，可以保留另一脚在地面上来做平衡。

注意刹车时脚刹提供的阻力和它的新旧程度有关。半新不旧的闸是最理想的。所以有很多人会把他们的新闸打磨掉。

还有一点非常重要的是：在刹车时，可以进行转向。保留车闸在地面的同时，用脚跟上的轮子轻微地向所要的方向上转动。在窄小的路上，要躲闪行人、车辆、树木和街沿之类的东西时，非常管用。脚刹的价钱和轮子的价钱比起来，还是前者更便宜些。在刹车方式的选择上，有不同的选择，或用轮子，或用脚刹，或者什么都不借助。但在大多数状况下，还是需要借助东西来停止的。如果已经学好了用脚刹来急停的话，从经济实用的角度来讲，建议在大多数情况下使用脚刹。

（二）初级刹车基本法

1. 绕障法

如果滑行的路两旁是草地就滑到上面去。那样的表面能帮你减速，不过要小心速度的突然变化。如果之前已经失控，也仅仅会摔在草地上，而不是路面。

2. 借助固定物体

这种停止其实很简单，向墙壁或任何合理的固定的对象滑去，在接触的同时用手臂缓冲。在速度较低时，应该是相当安全的。

鞋或许会撞上墙壁，这取决于滑行的速度。关键在于要学会用手臂作缓冲（就像站着做俯卧撑一样）。练习方法如下：穿上鞋在离墙30~50厘米处站定，随后身体向墙壁倾斜，用手支撑墙。会有轻微的反弹，前提是要避免头和墙撞上。靠墙的速度越快，反弹的程度越小。

另一种可以采用的方法是像撞球中的一样的停止。这时要借助的不是静止的物体，而是身边的同伴，把冲力转移到他们身上。为了安全起见，在接近对方时要发出警告。这种方法在平地和中低速的滑行中很有效，但在高速和身边没有熟悉的同伴时，不建议采用此法。

（三）"V"字刹车

低速滑行中，可以脚跟并拢呈"V"字（适用于倒溜），或脚尖并拢呈"V"字（适用于正溜），两鞋在撞到一起后，停止滑行。这可能会向滑行的方向摔倒（取决于当时的速度），因此要有向前倾斜身体或向后倾斜身体的动作来补偿。

甚至可以让动作更夸张一点。两腿开列，超出肩宽，像前面一样在脚跟或脚尖方向上靠拢（这个动作不会使你的两鞋碰撞）。用腿力压鞋的内韧，减速会很有效果。

二、单排鞋高级刹车方法

一、T字形刹车（T-stop）

T字形刹车（T-stop）的原理是：由轮子提供摩擦力，来使滑行者停止。做动作时，一个脚拖后，它几乎处在一个和滑行脚成垂直的位置。双膝稍弯曲一点，在地面上拖拽后脚的轮子。做动作时，就是拖拽的重点要放在脚跟上，而不是第一个轮子。如果拖拽前轮太多，会转起来。整个过程中，身体重量主要放在保持滑行（前）脚上。假如是在高速的情况下，只有给后面拖动的鞋加大压力，才能在短时间内停下。此时身体重量的大部分还是放在前脚上。

特别值得注意的是：T-stop 或任何一种用轮子拖拽来刹车的方法（例如拖拽前轮），容易产生"被磨平的轮子"。如果在刹车的时候，轮子一点都不滚动，那么最后只能是一个结果，轮子被磨平了。不圆的轮子将很大程度地影响顺畅的滑行。

二、拖轮式刹车（Toe-drag）动作

此动作基本上和 T-stop 相似，不同点是拖拽的只是一个前轮。这个动作并不要求拖动脚一定要和前进方向成垂直，可以自由地在一个弧度上拖拽前轮。并且，前轮在触地时可以自由选定角度。

和 T-stop 比较，Toe-drag 的好处是，它只磨损一个轮子，更加重要的是可以更好地在刹住时控制转向。就算拖拽时前轮在滚动，那也能停下来。Toe-drag 能在相当高速时停下。但是，由于它只采用一个前轮刹车，因此和脚刹刹车或 T-stop 相比，Toe-drag 停止时间会更长些。

第二节　速度轮滑运动基本技术

速度轮滑运动技术，是指完成速度轮滑运动动作的有效方法。良好的技术能充分体现出利用经济的体力发挥出最大速度，创造优异成绩的效果。速度轮滑技术主要由直道滑跑、弯道滑跑和起跑等技术构成。速度轮滑运动的滑跑动作带有明显的周期性特征，它由蹬地—收腿—着地—支撑滑行等循环动作阶段所组成，围绕完成这些阶段的动作，又涉及很多关于动作速度、力量、方向、角度、路线、轨迹、频率、节奏、时机、幅度等技术细节，因此它是构成良好技术的关键。

一、直道滑行技术

直道滑行技术包括：身体姿势、蹬地、收腿、着地、惯性支撑滑进、摆臂及整体动作配合等。

（一）滑跑基本姿势

速度轮滑运动为能够减少空气阻力达到快速滑跑的目的，身体必须采取特殊的滑跑姿势。身体姿势的正确与否对完成正确动作、有效地使用技术及发挥身体潜能都有重要的作用，因此，正确的滑跑姿势是滑行技术的基础。速度轮滑直道滑跑采用上体前倾的半蹲式姿势，髋、膝、踝三关节呈屈的状态。上体放松，两手放于背后，头微抬起目视前进方向30～40米处。在滑行中重心落在脚心处为宜。

髋关节的角度为 90°～100°，膝关节的角度为 110°～120°，踝关节的角度为 65°～70°。这种特殊的滑跑姿势的优点是减少空气阻力，有助于提高速率、节省体力。由于重心相对较低，有利于滑行平稳和控制身体平衡。两腿的弯曲能加大动作的幅度，有效地延长工作距离，提高蹬地效果。

根据三关节弯曲角度的不同，可将身体姿势分为高、低两种。高姿势的特点是，容易破坏平衡，有利于提高滑跑频率、减轻内脏器官压力，体能消耗较小，但是空气阻为较大，蹬地距离短及对维持身体平衡有影响。低姿势的特点是，易于控制身体平衡，蹬地距离长，易形成良好的蹬地角，有助于发力，但体力消耗大，易疲劳。采用滑跑姿势要因个人水平、条件、参加项目、技战术及自然条件等因素来决定，一般情况下，力量强的选手或短距离项目采用低姿势，力量差的选手或长距离项目采用较高的姿势。

（二）蹬地技术

蹬地是推动运动员向前滑进的唯一动力来源。蹬地效果的好坏，取决于蹬地用力的方式、角度、方向、力量、速度及体重的运用等技术的细节的合理性。蹬地技术是速度轮滑的核心技术。蹬地动作是由开始蹬地、蹬地最大用力和蹬地结束三个阶段构成的，合理的蹬伸顺序是，展髋的同时伸髋，再伸膝，最后伸踝。

1. 蹬地动作用力地方式

速度轮滑运动的蹬地方式具有快速用力的形式和逐渐加速度的特点。在蹬地的开始阶段，由于身体重心位置、蹬地角都未成熟，蹬地腿所处的关节角度也不利，因此，蹬地开始阶段的蹬地速度稍慢。在蹬地的最大用力阶段，由于形成良好的蹬地角和蹬地腿的各关节角度都处在最有利的状态下，此时，需要加速用力蹬地，同时力值也达到最高水平。

2. 蹬地角

速度轮滑运动中，蹬地角可以决定蹬地的力量效果，但前提必须是全力蹬地，轮滑运动理想的蹬地角为 40°～45°，此时蹬地力量最大。在滑行的过程中，蹬地角并非一定值，从蹬地动作开始到蹬地动作结束，蹬地角是在不断变化的，其趋势是逐渐减小，到结束蹬地时是一定值，平均变化值由 80°～40°（轴辘着地至蹬地结束）。蹬地角度一般根据滑跑的项目和滑跑的区域所决定，长距离项目角度较大，直道的蹬地角较大，而弯道的蹬地角较小。

3. 蹬地力量、速度和幅度

滑行的速度依赖于蹬伸动作对地面产生作用力的大小，作用力与滑行速度成正比例关系，而作用力的大小又取决于肌肉收缩所做的功和功率（除利用体重蹬地等其他因素外），因此，功率的大小与蹬地力量、蹬伸速度及做功的距离有关，在蹬地过程中想获得较大的功率，根据公式可知：只有加大蹬地的力量和提高蹬伸的速度。

但轮滑运动中，由于轴辘与地面咬合有脱滑现象，因此，要求动作幅度不要过大，膝关节不要求完全伸直。

4.蹬地方向

在相对静止的条件下，凡是向前的滑进动作，运动员只有向支点后方施以作用力才能产生推动身体向前的反作用力，速度轮滑运动中的起跑阶段是向后蹬地的，在疾跑阶段由于速度逐渐增加，蹬地的方向就要由后逐渐转向侧，当达到一定的滑跑速度时，蹬地的方向要向侧方，这时蹬地方向应与滑行方向相垂直。在滑速较快时，之所以必须向侧蹬地，其重要的原因首先是向前滑行速度大于蹬伸速度所决定的；其次是人体下肢形态结构与单排轮的几何形状特点所决定，即轮架较长，不便向后蹬地。

5.利用体重蹬地

蹬地是将身体重心控制在蹬地腿上，借助身体重量对地面的作用力来增加蹬地的力量。

速度轮滑运动的用力也是很讲究利用体重的，在破坏平衡后的蹬地过程中，使体重始终都控制在蹬地腿上。通过研究发现，蹬地的力量大约是体重的30%。

（三）蹬地的用力顺序及时机

蹬地的用力顺序，是指结束下肢各关节伸展的顺序，它对提高滑速有很大的作用。合理的伸展顺序是先伸展髋关节，然后迅速伸膝、伸踝，这样易形成快速有力的蹬地动作。蹬地时机，是对蹬地腿开始蹬地动作与浮腿着地动作之间的时间关系而言的。提倡早蹬，但必须有适宜蹬地角等为前提。蹬地晚的含义是蹬地过程中浮腿轱辘提前或过早着地，甚至承担体重后再蹬地。较好的蹬地时机应该是在蹬地腿蹬地过程中，达到最大用力阶段时，浮腿轱辘刚刚着地。

（四）收腿技术

当蹬地腿完成蹬地动作后，浮腿抬离地面至再次着地前的过程称之为收腿。收腿的任务是连接蹬地与着地动作，配合身体重心的移动保持平衡及放松等。另外，浮腿积极地摆动也有助于蹬地腿发挥蹬地力量。

收腿的动作方法是，浮腿的大腿带动小腿以最短的路线拉回，使浮腿的膝关节靠近支撑腿。收腿时髋关节内收，膝关节弯曲形成自然的钟摆动作。

（五）着地技术

着地动作是指从收腿动作结束后至轱辘落地的动作阶段。

着地包括两个动作阶段：一是向前摆腿动作阶段；二是轱辘着地动作阶段。着地的动作方法是以大腿屈的动作为主，从后向前提拉，以后轮领先在靠近蹬地腿内侧的前方着地。着地技术很重要，它直接影响惯性滑进和蹬地质量。着地时小腿有明显的积极前送下落动作并使浮腿充分放松，浮腿轱辘着地的开角不要过大，浮腿的轱辘在着地的瞬间浮腿暂不承担体重，当蹬地腿蹬地结束的刹那才迅速地承担体重。

（六）惯性滑进

惯性滑进是指一条腿从轱辘着地后的支撑滑行至开始蹬地的动作阶段。

惯性滑进时，除了尽量保持已获得的速度外，重要的是为下次蹬地做好准备。惯性滑进动作持续的时间与不同的项目有关，其技术动作也有区别。长距离滑跑时，滑进持续时间比短距离长，一般占一个单步幅的二分之一长，而短距离滑跑则占一个单步幅的三分之一或四分之一左右。在支撑滑进过程中，最好利用辊辘正面支撑，减少轴向用力导致对轴承压力过大造成的速度损失。

（七）直道滑行摆臂技术

摆臂是配合蹬地获得速度的重要因素，从短距离到长距离滑行都采用摆臂，通过摆臂可以调节身体平衡，加强蹬地有利于使整个身体协调运动及达到战术目的等。

摆臂的动作结构与方法是，短距离项目采用双摆臂，长距离项目采用单摆臂的较多，单摆臂通常摆动右臂，有时在长距离滑行的后程也采用双摆臂。摆臂动的幅度相对较小，摆动时，两臂以肩关节为轴，辅以屈伸肘关节动作完成前后自然摆动动作。手可以半握拳或保持微屈状态，前摆到颌下，后摆至与躯干平行。摆臂的方向应与躯干的纵轴线之间40°角为宜。摆臂动作的节奏要与蹬地腿保持一致，臂与腿的配合动作是蹬地腿的同侧臂向前、异侧臂向后摆动。

（八）直道滑行配合技术

配合技术在滑跑过程中起着动作之间相互协调、促进、带动和节能的重要作用，同时配合技术效果也有利于完成和发挥战术的意图。配合动作大体由两个方面构成，即两腿之间的动作配合及臂与腿部动作的配合。

二、弯道滑行基本技术

弯道滑行是轮滑运动最重要的技术部分，既要保持高速滑行，又要保持平衡。在弯道滑行的区段也是体现战术意图的重点区域，弯道滑行的基本动作也是由弯道滑行基本姿势、蹬地、收腿、着地、摆臂及全身动作配合构成的，但没有单脚支撑自由滑行阶段。

（一）弯道滑行的基本姿势

弯道滑行基本姿势的外观结构是：上体前倾，支撑腿髋、膝、踝三关节保持屈的状态。

在变道滑行过程中，身体始终向圆心倾斜，并保持鼻与支撑腿的膝关节、前轮都处在同一纵轴平面上倾斜的幅度较大，蹬地角在40°～45°之间。单臂或双臂前后自然摆动，身体重心的位置要落在辊辘的中部位置为宜。

（二）弯道滑行的蹬地技术

在弯道滑行过程中，根据克服人体向前做直线运动的惯性需要一定向心力的要求，弯道技术动作与直道技术动作相比有明显的不同。由于身体重心投影点始终在身体的左侧，并在离心力与向心力的作用下，形成了维持身体平衡使身体重心沿弧线方向运动的规律。这样也自然形成了左脚外侧轮和右脚内侧轮交替、连续、快频率向右侧蹬地的动作技术。

（三）弯道滑行收腿技术

弯道收腿动作是弯道滑行周期动作的一个阶段，是指蹬地腿轱辘离开地面起，将浮腿收至支撑腿左侧的某一点的过程，它在滑行过程中起到放松肌肉、调节身体平衡及协调配合蹬地腿的蹬伸等作用。

收腿动作结构与方法：

为适应弯道滑行的特性，两腿的收腿动作不相一致，右腿的收腿动作是以内收，屈髋、屈膝关节的动作为主，背屈踝关节动作为辅，膝关节领先，轱辘贴近地面向左侧平移，跨过左腿和左脚轱辘至左脚轱辘左侧稍偏前的适宜位置。

以膝关节领先、踝关节为辅，使左踝保持放松状态，轱辘贴近地面向左上方做提拉腿的动作，将左腿收至支撑腿的左侧较适宜的位置。

（四）弯道滑行轱辘着地技术

弯道滑行的轱辘着地动作过程只是轱辘着地的瞬间动作。轱辘着地技术由着地方向、着地时机、着地部位和位置等组成。在滑行中起到确定滑行方向、调节蹬地时机、协调配合蹬地动作、建立和保持平衡等作用。

蹬地动作结构与方法：

右腿拍着地动作是：在右腿收腿动作结束后，利用右脚踝关节的背屈动作使轱辘的正面后轮在支撑腿（左脚）的前内侧较适宜的位置轻轻着地。左腿轱辘着地动作是：在左腿的收腿动作结束后，左脚踝关节背屈，使前轱辘稍稍翘起，利用轱辘外侧后部在右脚轱辘的前内侧较适宜的位置轻轻着地。

（五）弯道滑行摆臂技术

速度轮滑的摆臂动作多以单臂摆动动作为主。弯道滑行摆臂重要任务是调节身体平衡，配合与加强蹬地，提高蹬伸频率，它有利于在滑行过程中使整个身体处在协调状态中和对战术发挥起到作用。

摆臂时，右臂的摆动幅度与直道摆动基本相同，摆动的方向可稍向侧，摆的动作是以肩关节屈伸摆动为主，配合蹬地动作。

（六）弯道滑行配合技术

配合技术在弯道滑行过程中起着相互协调、带动、促进作用，有利于滑行的节能以及发挥各环节的技术和战术意图等。弯道动作由两腿动作及两臂动作配合构成。

1. 两腿间的配合

以一侧腿的动作为例，其动作顺序是：蹬地—收腿—着地。两腿之间的动作配合为：右腿开始蹬地，左腿开始收腿；右腿蹬地最大用力后，左腿轱辘着地；左腿开始蹬地，右腿开始收腿；左腿蹬地最大用力后，右腿着地。

2. 臂与腿动作配合

两臂的摆动与腿部动作配合是：蹬地腿的同侧臂向前摆动，异侧臂向后摆动，两臂摆至前后最高点时，蹬地腿蹬地动作结束，浮腿轱辘着地，两臂前后交替摆动配合。

三、起跑技术

起跑是速度轮滑运动全程滑跑的组成部分，是获得滑跑速度及发挥战术的重要因素，特别是短距离比赛中显得更为重要。起跑是使运动员在最短的时间内，完成从静止到移动并获得较高速度的过程。起跑的质量直接关系到全程滑跑的速度，较理想的起跑效果应该是起动快，在瞬间能达到较高的速度。起跑一般包括三个动作阶段，即起跑预备姿势、启动和疾跑。

（一）起跑预备姿势

起跑预备姿势的主要任务是：为快速地启动和疾跑做好准备及创造有利的条件。速度轮滑常用的起跑预备姿势是"侧向并立"式、"丁"字式和正面"V"字式等，现以侧向开立式起跑姿势为例，对其动作技术进行阐述。

运动员参加比赛时，要根据竞赛规则的规定进行起跑，当运动员听到发令员发出"预备"口令时，运动员要滑至起跑线后面，按起跑位置顺序站好，完成预备姿势。两腿开立侧对前进方向，前腿轮位于起跑线后沿与起跑线成平行状态，后腿轮位于起跑预备线后用内侧轮支撑压住地面。两腿慢慢下蹲呈微屈状态，重心投影点落在两脚之间稍偏前的位置，靠近起跑线一侧，臂屈肘或自然下垂；异侧臂肩关节外展，适度屈肘，在体侧抬起，保持两脚轮相对静止不动，等待发令员的枪声。

（二）启动

起跑的第一步为启动，也就是从起跑前的静到动的过程。启动的主要任务是：在最短的时间内做出反应，完成起跑动作，并为疾跑阶段奠定基础。

以"侧跨式"启动为例，当发令员鸣枪后，运动员在起跑预备姿势的基础上，重心向前移动。屈腿抬起跨过前脚，前腿用力蹬伸；蹬地腿的同侧臂向前屈肘快速摆动；异侧臂快速向后摆动，完成起疾跑技术是在启动后至滑跑之间的段落，任务是在较短的时间内获得较快的速度，并为滑跑打好基础，常见的疾跑方式有，"踏切式"和"滑跑式"等等。这两种疾跑的方式在轱辘接触地面的部位，用力形式及与上体配合动作等方面都有不同的特点，由于"踏切式"疾跑动作比较简单，易于掌握，启动速度也较快，因此我们选择这种疾跑方式作为主要介绍内容。

"踏切式"疾跑的距离不长，它从启动后的前腿着地动作起，一般要向前跑8步左右。在疾跑过程中两腿连续快速地蹬、收，配合两臂的摆动动作，向前跑动。疾跑过程中要保持两脚轱辘之间有较大的开角，以轱辘前半部先接触地面，过渡到轱辘中部用力向后蹬地，保持向前倾斜的身体姿势，以较高的动作频率向前跑动，完成疾跑。

四、接力技术

速度轮滑的接力比赛多在公路赛中进行，接力采用明显身体接触的方式进行。接力方法有两种，但一般用"推进式"方法的较多。接力的位置在固定的接力区进行交接。接力包括接替者（交棒人）和被接替者（接棒人）的接替前、接替中和接替后三个动作技术阶段，现就"推进式"方法为例阐述接替技术。

（一）接替的动作过程与方法

1. 接替前的动作过程与方法

被接替者：被接替者要根据接替者的滑行速度情况，在接力区内做启动滑行，当滑行速度与接力者相近时，被接替者借助向前冲滑的惯性做好接触前的蹲屈姿势，静力支撑自由滑行准备接力。

接替者：接替者在接替前，除完成正常的滑行外，要时刻注视被接替者的滑行速度变化和滑行路线，及对手的行为和场上情况等，当被接替者进接力区时要对其目标做追逐滑行，在接近被接力者时，停止蹬地动作，两脚开立同肩宽，上体抬起，两臂前伸准备接触。

2. 接力中的动作过程与方法

被接替者：被接替者保持适度的流线型蹲屈姿势，两臂靠近躯干，屈肘，双手扶于大腿或膝处，两腿靠近，两轱辘保持平行并适度开立，重心落于轱辘的后半部，抬头，目视前方等待接力者的推动，并做好启动滑行的准备。

接替者：接替者以双手掌对准并接触被接替者的臀部，屈臂缓冲，接近自己胸部时，接替者重心前移，两脚轱辘外展用力蹬地，伸臂将被接替者推出。

3. 接替后的动作过程与方法

被接替者，被接替者被推动后，借助接替者推力的惯性速度：占据有利位置向前加速滑行。

接替者：接替者在完成推进动作后，浮腿着地，重心落在轱辘中部，保持平衡向前自由滑行。

（二）接替的技术要点

1. 缩短接力时间，提高接替速度。在接力过程中，接替者和被接替者速度变化的一般规律是：接力前被接替者的速度是上升趋势，接替者呈下降趋势，在接触前和接触的阶段，两者速度基本相等，接替后，被接替者速度继续提高，而接替者的速度继续下降。因此在接替前不仅要尽快适宜地提高被接替者的滑速，而且更重要的是缩短接力过程的时间，提高接力速度。

2. 接替过程中推动的部位和方向要正确，接替者双手掌要正对被接替者臀大肌中部（正对身体重心部位）向前推动。

3. 用力的方式，要以两脚用力蹬屈踝、伸膝、伸髋自下而上的相继发力，当踝、膝关节达到最有利的肌肉收缩的关节角度时，两臂在下肢提供能量传递的作用下，两臂由最大屈位开始全力伸肘、甩腕，完成爆发用力地全部推进动作。

（三）常见错误及纠正

1. 接替者与被接替者在接替过程中配合不协调

主要原因是两者滑行速度掌握不好，可能出现被接替者滑速过快或接替者滑行路线判断不准确或由于场上干扰造成滑行路线改变等，使两者接替失误。纠正时，要加强配合练习，注意提示接替时两者滑行速度的配合和滑行路线的判断。

2. 推进动作只用伸臂完成，产生推进力小的后果

这种错误往往是接替者身体姿势错误造成的，使髋关节屈的角度过大，蹲屈太深等。纠正时，提示练习者在推动之前保持上体抬起、挺胸的动作，有利于下肢的发力动作。

3. 推进的方向和部位错误，造成被接替者失重摔倒

例如：接替者双臂用力不均，推动时下压力量过大或推动方向偏离被接替者的滑行方向等。纠正时，要注意提示练习者双手接触的部位、用力方向等。

第三节　速度轮滑练习方法

一、速度轮滑的特点

本节内容是在体育教学、训练的一般规律基础上，根据轮滑运动的具体特点，对轮滑运动教学实践经验进行总结和概括，它反映了轮滑教学过程的客观规律。

速度轮滑运动技术教学的指导思想是以轮滑运动技能形成的基本规律为主线，从实际出发，有秩序、有节奏地安排练习或学习内容，它有利于正确和规范地掌握技术、技能和提高教学质量，加快教学进程。

第一，平衡能力是学习和掌握轮滑运动技能的基础，也是教学中主要练习的内容。因此，在教学中应优先安排和锻炼运动员的平衡能力。在教学过程中，将平衡技能分成几个阶段，如：双支撑平衡、单支撑平衡、快速滑行平衡等。

在不同的平衡教学阶段配合相应的动作技术进行教学。如：在双腿支撑平衡阶段，学习和完成滑跑姿势、双支撑直线滑、双支撑曲线滑及单蹬双支撑滑等；在学习和建立单腿支撑平衡阶段配合单支撑滑行收引腿、连续单蹬单支撑滑行、单腿蹬地单腿支撑滑行等进行教学。

第二，由于轮滑运动属周期性体能类项目，在技术、技能学习和掌握过程中，往往会出现身体准备不足的现象，缺乏身体训练的基础，直接影响学习和掌握技术、技能，因此，在轮滑教学过程中，应该注意身体训练，尤其是支撑能力（力量）。虽然是学习轮滑技术，

但陆上的辅助练习相当重要，在安排教学时应当引起足够重视。

第三，反复练习是掌握轮滑技术、技能的有效方法。由于轮滑运动与人们生活习惯动作及一般人身体活动方式差别较大，例如，特殊身体姿势交替向侧蹬伸动作等等，都与生活中的走、跑等身体运动形式不同，造成缺乏这类专门性能力的基础。因此学习轮滑技术，掌握技能必须通过反复的专门性练习才能得到提高和巩固。反复练习不是简单机械的重复，而是在原有基础上逐步提高要求，如改变练习条件加大负荷等等。通过不断地强化练习，运动员的知识、技术、技能得到巩固，形成动作定型，防止技术消退，更熟练掌握和运用技术、技能，也为学习新的技术、技能打下良好基础。

第四，通过必要的测验、比赛等方式的训练，能促进运动员技术、技能的进一步的巩固和提高。因为，测验和竞赛能体现出运动员竞技方面的各种因素，促使运动员适应比赛环境的复杂变化及熟练巩固、提高技术、技能。

二、专门性模仿动作的练习

（一）身体姿势

第一，支撑腿膝关节应为90°角，并依据运动员不同的形态特点，选择合适的上体前倾角。

第二，身体重心线应通过支撑脚的后半部。应体现出低姿势和后坐的特点。

第三，从侧面观察，身体重心线应通过大腿中部，经过膝盖后位，落在脚跟上。

第四，上体肌群要放松，躯干要呈流线型姿势。

第五，目视前方，就像沿着跑道滑行一样。

（二）重心移动

第一，移动重心前，上体平稳地位于支撑腿上，浮腿回收到胸下，脚掌稍抬离地面，脚尖向上抬起，脚跟可擦地面。

第二，重心移动开始于上体，而不是腿部先运动。整个上体稍向支撑腿内侧移动一点，压力集中在支撑脚内侧上。上体与臀部为一整体，同时向侧方移动。

第三，当倾倒、重心移动开始后，要产生两个动作：①支撑腿成为蹬地腿；②浮腿抬起，模仿着地的滑行动作，准备成为支撑腿。

第四，上体与髋部保持平衡，并与地面相平行。

第五，上体继续朝前方。

（三）"蹬地"

第一，现在可以向侧用力"蹬地"。腿要充分展直，膝部不能弯曲。

第二，在"蹬地"过程中，全脚掌都要与地面接触，就像穿轮滑鞋后所有的轮子全部蹬地一样。

第三，"蹬地"结束阶段，脚掌有些外翻，但脚内侧始终与地面接触。为了与穿轮滑鞋后轮子蹬地的角度相一致，这样做是必要的。

第四，"蹬地"时，一只脚抬起，脚尖朝上，向前移动。因为这只脚不是穿着轮滑鞋，不能滑动，所以抬起来侧移是必要的。重要的是脚尖要始终朝前方，因这只脚已经是滑行中的支撑脚。

第五，在移动重心和"蹬地"的同时，浮腿（新支撑腿）侧移，其领先身体的时间要恰到好处。

第六，当浮脚着地的瞬间，上体压在两腿之间，这和穿轮滑鞋后的技术是不同的。

第七，浮脚全脚掌着地，脚尖朝前方。上体继续侧移，直到胸部处于新支撑腿正上方，"蹬地"腿完全蹬直，伸向侧面为止。这个姿势和穿轮滑鞋后蹬地结束阶段时相似。

（四）收腿动作

第一，用力蹬地结束后，腿部开始放松，同时做流畅的收腿动作。

第二，上体停留在支撑腿的正上方。

第三，浮腿内收，脚不离地面。两大腿靠拢时，脚尖轻轻拖地并绕向后面。

第四，这时可以假想脚上已穿上了轮滑鞋。然后像轮子着地那样，把脚轻轻提起，送向前面。

第五，脚要跟随在胸下抬送的大腿移动。两大腿贴近，浮腿继续前移，这个动作有点像踢足球的样子。

第六，浮脚经过支撑脚时，脚掌着地，继续前移，脚尖向上翘起。这个动作是模仿轮滑鞋的轮子着地的技术。

第七，当浮脚经过支撑脚时，要向内移动重心——开始又一次蹬地动作。

①右脚蹬地结束。

②浮腿内收。

③浮腿控制在身体下方，大腿位于胸下，浮腿做前踢动作，经过支撑脚。

④重心移动。

⑤左脚"蹬地"结束，向侧蹬直。

⑥内收。

⑦膝部放松，提起浮脚并前送。

⑧浮脚前踢，脚尖抬起，经过支撑脚，肩与髋部平稳，并于地面平行。

第八，整个动作过程要十分注意保持上体、双肩、髋部的平稳性。避免出现起伏和扭摆动作。提高模仿动作的自然、协调能力和节奏感，对穿轮滑鞋后的技术是有益处的。

（五）教学过程

如果运动员都是初学者时，应该把他们分成两人一组。这样可以轮流让一个人练习，另一个人评议，在发现对方技术动作错误的同时，可以不断改正、提高自己的技术动作，并提高学习兴趣。这种形式可全面地分析"蹬地"动作。

一个人训练时，可在镜子或玻璃窗前面练习。开始练习前，运动员应该非常清楚他们要做什么，为什么这样做。对轮滑技术要有一定的了解，并掌握轮滑运动的技术要领。应该比较模仿动作与穿轮滑鞋后技术的相同点与差异处，要知道为什么要采用特殊的动作。

如果教练员或者运动员能以一般速度和慢速度示范模仿动作，将是很有益处的。做示范动作时，让运动员先观察，然后跟着示范者做或自己做，这种方法会收到很好的效果。跟着别人做，可能是学习动作既快又简单的方法。

如果在开始阶段，不能找到做示范动作的人，可采用下列教学程序。

1. 运动员做正确的滑行姿势。

第一，两膝弯曲成 90° 角。

第二，身体重心线通过脚的后半部。

第三，两臂置于背部，成流线型。

第四，前视 3 ~ 4 米的距离。

第五，两肩与地面平行。

2. 检查运动员的蹲屈姿势。让运动员将左脚抬起十几厘米，并保持这个姿势。要强调以下几点：

第一，上体要处于支撑腿的正上方（右腿）。

第二，身体重心线通过右脚后半部。

第三，保持正确的滑行姿势。

3. 保持这种单脚支撑的姿势，让运动员慢慢地向前、向后踢脚。脚在前后移动，鞋底要轻轻接触地面。运动员应明白，往前踢脚表明收腿动作的结束和着地动作的开始。让他们设想脚底下穿轮滑鞋，应该轻松自如地完成着地动作。要检查并确认以下几点：

第一，身体姿势正确。

第二，肩与髋部协调平稳。

第三，向前移脚时，脚尖是抬起的。

第四，右脚支撑，平衡很好。

第五，身体重心线通过支撑脚后半部。

4. 经过几次踢脚练习后，让运动员脚尖朝上，脚跟抬离地面，置于超过右脚半脚的位置。这时开始移动重心，慢慢地向左移动上体和臀部，动作要自然。应强调以下几点：

第一，移动重心的开始时刻是非常重要的。

第二，移动重心始于上体动作。

第三，应感到支撑脚内侧逐渐增加对地面的压力。

第四，这个动作与穿轮滑鞋后的技术动作相同，即支撑轮内侧对地面压力逐渐加大。

5. 让运动员练习几次倾倒动作。然后指导他们将重心压在右腿上，让左腿置于胸下。左腿一定要跟随侧移的上体运动，当右腿伸直四分之三时，左腿着地。要确认下列几点：

第一，左脚尖始终朝前方。

第二，双肩保持平稳，不要扭曲和歪斜。

第三，左腿位于胸下。

第四，上体移动带动倾倒。

第五，左脚停止倾倒动作。

运动员要多练习这个动作，直至完美的程度。运动员应感到重心移动的效果；应该学会保持正确姿势，应该十分清楚重心移动的重要性。

6. 下一个教学程序就是将倾倒与右腿蹬伸结合起来。右腿蹬伸应是用力将右腿完全蹬直，把左腿推向较远的另一侧着地。让运动员做好侧倒和蹬伸的结合动作，直至达到协调准确程度。应强调以下几点：

第一，完全侧蹬。

第二，蹬伸时全脚掌着地。

第三，蹬伸结束时，右脚掌向外翘起。

第四，右脚内侧着地。

第五，蹬伸腿完全展直。

第六，上体姿势保持不变。

第七，保持左脚朝前面。

第八，左脚着地的位置比上体稍向左侧些。

第九，左脚平掌着地。

7. 掌握倾倒和蹬伸的结合动作后，开始做收腿动作。在右腿蹬伸结束时，运动员继续往左腿方向移动上体，直至位于左腿的正上方为止。在练习倾倒和蹬伸后，运动员做一条腿向侧方伸出、另一条腿位于胸下的动作。

8. 从上面的姿势开始，就可以做收腿动作了。将伸出去的腿直接内收，两大腿靠拢，脚跟自然抬起，脚尖触地。保持这个姿势，向外蹬出左腿再内收，反复练习直至动作自如为止。

检查运动员的姿势和技术：

第一，上体位于右腿的正上方。

第二，左大腿内收靠近右大腿。

第三，浮腿跟随大腿内收。

第四，浮脚尖轻轻在地面上拖拉。

9. 现在已完成收腿动作的教学。在左脚收靠在右脚稍后的位置后，脚尖抬起，向前踢脚。这同第三个教学要求是一样的。

10. 运动员重复做每一个练习动作。完善后，将各个动作组合在一起，但动作速度要慢。这些动作包括：

第一，右脚支撑平衡。

第二，向前踢左脚。

第三，向左移动重心。

第四，右腿蹬伸。

第五，左腿承担体重。

第六，将体重移到左腿上。

第七，收右腿。

第八，踢右脚。

第九，向右移动重心。

11. 在掌握了动作后，要强调整个动作应该流畅、自如。不能出现僵硬动作和动作之间的停顿。

12. 提高蹬伸的爆发力量。蹬伸结束阶段要加速用力。要强调用力蹬地才能增加速度。不是单单靠提高频率增加速度的。

13. 继续进行较慢的动作的练习，但要提高背手练习的节奏性。

14. 用相对较慢的速度配合单摆腿练习。

15. 用中等速度配合双摆臂练习。注意上体放松和摆臂的动作要求。

应记住，对陆地模仿动作的教学应该有耐心，不能匆忙加快教学进度。

（六）陆地模仿教学

1. 模仿动作的积极作用

第一，在任何地方操作，不需要任何特殊器材。

第二，有益于提高下列技术动作：充分蹬地的动作、正确的收腿动作、上体移动的准确时间、低的滑行姿势。

第三，提高轮滑运动时所用肌群的能力。

第四，可用作耐力和技术的训练。可用以提高速度和速度耐力的训练，但不要改变技术动作要求。

第五，可用于陆地各种不同训练与教学计划中。如：可与跑的练习结合，成为耐力训练的方法之一；可用作基本技术练习；可用于准备活动和整理活动之中。

第六，在很大程度上能将陆地模仿动作技术转移到实际的轮滑运动上。运动员可以通过模仿动作的练习，大大改进轮滑运动的技术动作，

第七，在没有轮滑鞋或缺少场地时，可作为一种补充练习手段。

第八，这种模仿动作是其他各种各样发展专项肌群能力、提高专项技术练习的基础。

2. 屈膝走

屈膝走主要用于基础和机能训练教学。但是屈膝走某些特点与轮滑的技术动作是相似的。如果将屈膝走用作改进技术的训练方法，就一定要运用得当。屈膝走的身体姿势和轮滑运动是很相似的，上体前倾程度一样，两肩与髋部和地面平行，目视前方。

两臂摆动的协调节奏也与轮滑运动相同，放松摆动不受肩的影响，两臂摆动方向与腿部动作方向相反。无论是前摆还是后摆，手都要贴近髋部，要用力向前摆臂，以增加向前的冲量。手前摆至最高位时，刚好位于腭下，不能超过身体中线，屈肘150° ~ 170° 角，与轮滑运动相同。臂后摆至最高位时，要完全展直，手不能超过头部的高度。由于屈膝走没有向侧移动动作，所以摆臂动作很容易掌握。因为屈膝走摆臂对轮滑摆臂有直接影响，

所以要以正确的要求练习屈膝走摆臂。

屈膝走与滑行的真正区别在于腿部动作。屈膝走是直接向后蹬，推动身体前进，这与轮滑滑行向侧蹬不同。屈膝走所用的腿部肌群与滑行不同，这就决定了屈膝走是进行基础和机能训练的基本方法。

虽然屈膝走的"蹬地"方式与轮滑时不同，但收腿动作还是相同的。在屈膝走后蹬地结束阶段，另一条大腿已置于胸下，脚跟随这个动作继续前移，像轮滑浮脚经过支撑脚前踢着地的动作一样，脚尖抬高，脚跟轻轻擦地。脚沿身体中线前送，脚跟落地时位于腭的下方。这种前踢的动作，目的在于强化类似轮滑拍着地方法，也有益于身体重心的正确处理。脚跟落在身体重心的前面，这可使运动员保持后坐的姿势。

做屈膝走练习时，一定要保持髋部水平移动，腿部动作不要影响臀部姿势，要坚持这一技术要求。因为这个动作不可能自然形成，许多初学者做这个练习时，常出现肩和臀的上下起伏动作。要求肩部也要保持平行移动，应消除一切垂直的动作。

如果将屈膝走练习作为基础训练的方法，应保持较长的练习时间（可长达15分钟）。运动员疲劳后，可能会破坏正确的技术动作，错误动作练习时长了就会形成坏习惯，要牢记这点。教练员在所有时间里强调保持正确的技术是非常重要的。

不要让运动员抬起臀部，改变姿势，以达到减轻大腿肌群疼痛的目的。不允许他们随意地做收腿动作，这样会失去前踢着地动作；不允许他们放松对肩部和臀部的控制；要做到正确的摆臂。

由于屈膝走的某些动作与轮滑时的技术近似，因此以不正确的要领进行屈膝走练习会对运动员正确技术动作的形成造成很大影响。

3. 屈膝走的动作要求

第一，上体前屈程度与轮滑运动相同。

第二，肩、髋部保持平稳，并与地面平行。

第三，在练习中要目视前方。

第四，直接后蹬，由前脚掌和脚尖结束蹬伸动作。

第五，蹬伸结束时，大腿基本展直，膝部微屈。

第六，蹬伸后，将腿直接前送，脚尖轻轻拖地。

第七，浮腿大腿置于胸下。

第八，浮脚前提时，上体仍要平稳置于支撑腿之上，支撑脚全脚掌着地。

第九，两脚靠拢，并置于身体下面。

第十，浮腿继续前送，脚尖抬起成前踢的动作。

第十一，浮脚脚跟在肩的前面、头的下方先着地。

第十二，浮腿前收时，支撑腿同时后蹬。

第十三，这时重心置于两腿之间，一条腿后蹬，另一条腿前收。

第十四，整个动作就是这样由后蹬腿前收和支撑腿后蹬重复循环。

4. 学习屈膝走动作的程序

第一，开始，选好正确的深蹲姿势，重心位于两腿之间，两手放在背后。

第二，一脚向前踢出，并保持这个姿势不变，看另一条腿是否向后蹬出，检查前面大腿是否与地面平行。

第三，多练几次这个前踢的动作。

第四，前踢后，上体前移，直至正好位于大腿的正上方为止，保持这个动作不变。应注意，这时上体压在支撑腿上。

第五，上体前移时，后腿也前送，脚尖轻轻拖地。当浮脚收到撤下时，将脚掌平放在地上，靠近支撑腿，这个动作与程序"1"的要求相同。

第六，上述动作多练习几次。两条腿分别做向后蹬地动作，形成"1"的姿势时停止，检查身体姿势和收腿动作。要保持髋部的平稳。

第七，感到动作自如后，就可取消上述分解动作，将屈膝走练习连贯起来做。

第八，慢慢地、协调自如地屈膝走50米，注意上体姿势、后蹬动作和收腿动作。

第九，重复四次50米慢屈膝走，每次中间休息30秒。逐渐增加速度，保证正确的技术。

第十，单摆臂屈膝走练习。

第十一，双摆臂屈膝走练习。正确摆臂，上体放松。

5. 不同的技术要求

经常有在坡地或事先标记的跑道上做屈膝走练习的情况，当在山坡做屈膝走练习时，腿部负荷力量增加，身体不仅向前运动，还要向上运动。这时，做向前踢脚的收腿动作和保持重心在后的动作，可能会很困难。

应注意，在所有练习中都要用力后蹬，坚持适当前送浮腿，特别是在疲劳时。

当在跑道上进行屈膝走练习时，技术上的唯一区别是在弯道部分。虽然不用交叉压步（一般屈膝走步伐），但摆臂方式与轮滑弯道滑行时相同。左臂要贴近上体，右臂继续沿弯道方向摆动，其方法与直道摆臂动作相同。

改变摆臂方式有助于完成弯道练习。虽然向心力对于屈膝走不起重要作用（速度较低），但是这种摆臂方式的练习是很重要的。这对于轮滑技术有着直接影响。

三、速度轮滑指导与实践

第一阶段：掌握双支撑平衡，学习基本动作

练习一：

（一）名称

轮滑的基本姿势（双支撑蹲立）。

（二）练习目的

体会双足支撑平衡的动作要领，锻炼双足支撑的能力，了解和初步掌握轮滑的基本姿势。

（三）动作方法及要领

双脚平行开立，保持 10～20 厘米远的间距，上体前倾，头稍抬起，双膝屈成 100°～120° 角，两手背后互握，重心放在两脚之间，保持平衡。

（四）辅助练习内容

1. 不穿轮滑的静蹲练习。

2. 不穿轮滑跳起落地成双支撑练习。

3. 不穿轮滑跳起转体若干角度后落地成支撑的练习。

4. 穿轮滑利用手扶辅助物呈蹲立的练习。

5. 穿轮滑的静蹲练习。

6. 穿轮滑呈轮滑基本姿势的练习。

7. 穿轮滑原地蹲起练习。

8. 穿轮滑原地跳起落地成双支撑的练习。

（五）注意事项

1. 呈蹲立时上体要尽量放松。

2. 蹲起时要适当控制速度不要过快。

3. 跳起落地成支撑时要注意动作的缓冲。

4. 始终将重心控制在两腿之间。

练习二：

（一）名称

穿轮滑行走。

（二）练习目的

掌握穿轮滑行走的基本方法，体会在行走过程中身体重心的变化规律，了解轮滑的性能，掌握行走的平衡技巧，同时增强踝关节的支撑能力。

（三）动作方法及要领

在轮滑基本姿势的基础上，保持平衡，向左、右、前、后方向行走移动。在移动过程中先将身体重心控制在一侧腿上，再将另一腿抬起并向某个方向迈进，连续反复练习直到动作熟练为止。

（四）辅助练习内容

1. 穿轮滑原地踏步走。

2. 穿轮滑逐渐高抬腿原地踏步走。

3. 左、右方向的并步移动。

4. 向前方向的小步子移动。

5. 向后方向的小步子移动。

6. 原地顺、逆时针方向的转体移动。

7. 在统一口令下连续完成各种移动的练习。

（五）注意事项

1. 行走时步子不要迈得过大。

2. 在移动时注意随时调整身体重心，保持平衡状态。

3. 穿轱辘行走时要保持轮滑的基本姿势。

练习三：

（一）名称

双足支撑惯性滑行。

（二）练习目的

学习双足支撑滑行的基本动作，体会双足支撑滑行的重心变化规律及提高维持平衡的能力，进一步熟悉轱辘的性能。

（三）动作方法及要领

在保持轮滑基本姿势的基础上，借助外力（同伴的推、拉或在坡路地带）或启动后的惯性等，保持身体平衡向前滑行，直到能够达到借助惯性、保持身体平衡并较自如地滑行为止。

（四）辅助练习内容

1. 原地双足前后交叉滑动。

2. 借助同伴推的惯性完成双足支撑向前滑行。

3. 借助下坡或其他外力的惯性完成双足支撑向前滑行。

4. 在双足支撑惯性滑行的过程中完成高低姿势变化地向前滑行。

5. 在双足支撑惯性滑行的过程中完成重心左右移动地向前滑行。

（五）注意事项

1. 同伴的推、拉动作不要过于突然或过猛，否则会影响练习。

2. 在双足支撑滑行时要保持双足并拢。

3. 坡路练习时坡度不宜过陡。

4. 坡路练习时身体重心要稍偏前维持平衡。

练习四：

（一）名称

单足蹬动双支撑滑行。

（二）练习目的

学习蹬动的基本方法，提高双足支撑的滑行能力。

（三）动作方法及要领

重心稍偏于蹬地腿一侧，以伸膝和展髋动作为主，向侧后方蹬地，蹬动后迅速收腿，保持平衡状态，成双足支撑滑行，左、右腿交替蹬动，反复练习，直到较熟练为止。

（四）辅助练习内容

1. 一步蹬动的双支撑滑行练习。

2. 连续利用一侧腿蹬动的双支撑滑行练习。

3. 两腿交替蹬动的双支撑滑行练习。

4. 逐渐加大蹬动幅度的双支撑滑行练习。

（五）注意事项

1. 练习的开始阶段，动作幅度要稍小，随着动作的熟练要逐渐加大动作的幅度。

2. 注意滑行过程中的重心变化，开始蹬动时身体重心要控制在蹬动腿上，蹬动后重心要自然地过渡到支撑腿上，保持平衡。

3. 由静到动的启动阶段，蹬地的方向可偏后，当获得一定滑行速度时，蹬地的方向要逐渐转向侧方。

练习五：

（一）名称

利用惯性的双足支撑曲线滑行。

（二）练习目的

学习和掌握利用身体重心变化调整滑行方向的技巧，进一步提高双足支撑能力。

（三）动作方法及要领

保持速度轮滑的基本姿势，双脚平行稍开立，在借助惯性的基础上，身体重心由一侧腿移到另一侧腿，同时配合双足自然左右转动方向，完成双足支撑曲线滑行。

（四）辅助练习内容

1. 不穿轱辘，呈速度轮滑的基本姿势，完成重心前、后、左、右移动的练习。

2. 无标志物指定滑行路线的自由双足支撑曲线滑行练习。

3. 有标志物指定滑行路线的双足支撑曲线滑行。

4. 有一定速度曲线滑行练习。

5. 利用游戏和比赛的形式进行练习。

（五）注意事项

1. 曲线滑行时方向的调整主要靠身体重心的移动，其次是转动轱辘的方向。

2. 重心移动的开始阶段，要借助支撑腿的蹬地力量，防止左右摆肩。

3. 滑行过程中始终保持双脚平行。

4. 动作熟练后，要逐渐加大重心移动的幅度，并可产生身体左右倾斜的姿势。

练习六：

（一）名称

左右腿交替单蹬双支撑滑行。

（二）练习目的

巩固和熟练单腿蹬动的动作，继续提高双腿支撑滑行的能力，学习左右腿交替蹬动的动作配合。

（三）动作方法及要领

重心放在支撑腿上，蹬地腿以轴辘内侧着地，向侧后方向蹬伸，蹬动后将蹬伸腿直接收回，保持双腿双脚并拢，然后再做另一腿的蹬动动作，反复练习，滑行相应一段距离。

（四）辅助练习内容

1. 在变换条件的情况下完成正确的速度轮滑基本姿势（如：跑动中成基本姿势、各种跳跃动作后成基本姿势等）。

2. 陆地模拟单腿交替蹬地成双支撑的练习。

3. 陆地完成有节奏的屈腿三角走的练习。

4. 穿轴辘完成小幅度的单腿交替蹬地双腿支撑的滑行练习。

5. 逐渐加大蹬地动作幅度的单腿交替蹬地双腿支撑的滑行练习。

6. 尽量缩短双腿支撑滑行时间的单腿交替蹬地双腿支撑的滑行练习。

（五）注意事项

1. 保持蹬动和支撑过程的身体平衡状态。

2. 蹬地时，身体重心不要随蹬地腿的蹬伸动作向后移动。

3. 保持适当的滑行速度，防止过快或过慢，否则会影响或破坏两腿的动作配合。

练习七：

（一）名称

连续用一侧腿蹬地双支撑弧线滑行。

（二）练习目的

强化蹬地的动作和支撑能力，培养弯道滑行的意识，逐渐由双支撑滑行向单支撑滑行过渡。

（三）动作方法及要领

借助启动后的惯性，一侧腿向侧后方向蹬地，蹬伸后直接将腿收回，成双腿并拢的姿势向弧线方向滑进，待惯性速度减慢时，立即进行再次蹬动，保持平衡连续蹬动，滑行相应距离。

（四）辅助练习内容

1. 不穿轴辘，利用一侧腿连续蹬地的侧向滑步走。

2. 穿轴辘完成较小幅度的一侧腿连续蹬伸成单支撑的弧线滑行练习。

3. 逐渐加大动作幅度和蹬地力度的连续蹬伸成双支撑的弧线滑行练习。

4. 适当延长滑行距离和练习时间的一侧腿连续蹬伸成双支撑的弧线滑行练习。

（五）注意事项

1. 在练习时既要采用逆时针方向的滑行，同时也要采用顺时针方向的滑行练习，使两腿蹬伸动作、支撑能力、平衡技巧等均衡协调地发展。

2. 在蹬地腿蹬伸前，将身体重心应控制在蹬地腿上，利用体重的压力来增加蹬伸的力量。

练习八：

（一）名称

借助惯性的单个交叉步接双支撑滑行。

（二）练习目的

建立弯道交叉步动作概念，学习弯道交叉步滑行的基本动作，提高在弯道滑行条件下的支撑平衡能力。

（三）动作方法及要领

借助惯性，在双支撑滑行的基础上，将一侧轱辘抬离地面，跨过支撑脚，落在侧前方，同时，另一腿迅速收回成双支撑滑行。连续反复完成上述动作的练习。练习可采用逆时针方向和顺时针方向，也可以交替及穿插进行。

（四）辅助练习内容

1. 连续向左或向右侧的交叉步跑。

2. 模拟交叉步成支撑的动作练习。

3. 穿轱辘，侧向交叉步走。

4. 穿轱辘，借助惯性的单个交叉步成双支撑滑行。

（五）注意事项

1. 保持适当的身体姿势，控制身体重心起伏。

2. 交叉步前要保持一定的速度惯性，否则可能会影响动作的完成。

3. 注意使两腿和躯干动作的放松，有利于连贯地完成动作和保持两腿动作配和的协调。

练习九：

（一）名称

两腿交替蹬动收腿接双支撑滑行。

（二）练习目的

学习收腿动作及简单的蹬收动作的配合，进一步强化双支撑滑行的平衡能力。

（三）动作方法及要领

在左右腿交替单蹬双支撑滑行的基础上，强调收腿及收腿接双支撑的动作。在蹬地腿蹬伸结束后（蹬地腿成为浮腿），浮腿便开始收腿，收腿的动作是以膝关节领先，向支撑腿方向做自然的回摆动作（屈膝、髋内收），当浮腿的膝关节收至靠近支撑腿时再做向前的摆动动作（屈髋），并使轱辘平行落于靠近支撑腿的地面上，成双支撑滑行。

（四）辅助练习内容

1. 并腿双足跳。

2. 徒手模拟两腿交替蹬地、收腿接双支撑滑行。

3. 穿轱辘原地模拟蹬、收接双支撑的练习。

4. 穿轱辘滑行，做单蹬直接收腿接双支撑滑行的练习。

5. 穿轱辘滑行，做单蹬后引收腿接双支撑滑行的练习。

6.穿轱辘滑行，做放慢收腿的双支撑滑行的练习。

（五）注意事项

1.注意收腿的基本方法，是以膝关节领先放松回摆。

2.收腿时身体重心要落在支撑腿上，并有短暂的单支撑滑行过程。

3.蹬、收、前摆接支撑的动作要连贯。

练习十：

（一）名称

双足支撑直线滑行。

（二）练习目的

进一步熟练蹬、收、前摆接支撑滑行的动作，利用强调直线滑行来提高双支撑能力。

（三）动作方法及要领

在两腿交替蹬地、收腿、接双支撑滑行的基础上，适当加大蹬动的力量，在获得一定速度的条件下保持相对的直线方向向前滑。

（四）辅助练习内容

1.双足并腿三角跳。

2.平地徒手屈膝走。

3.两腿交替蹬地、收腿、接双支撑滑行。

4.适当提高滑速的完整动作滑行。

5.强调和提高滑行直线性的完整动作滑行。

（五）注意事项

1.在支撑滑行阶段，要注意保持双腿和双脚尽量靠近和平行。

2.控制和调整单支撑滑行的过程中支撑脚的方向。

3.浮腿在向前摆阶段要有明显的快速前送动作。

4.利用加大蹬地力量来提高滑速，速度是保持直线性滑行的基础。

练习十一：

（一）名称

借助惯性双足支撑成单足支撑滑行。

（二）练习目的

体会单支撑平衡滑行的感觉，掌握单支撑滑行时身体重心的位置，逐渐适应单支撑平衡的特性，建立由双支撑向单支撑过渡的技能及动作基础。

（三）动作方法及要领

在惯性滑行过程中，由双腿支撑滑行变为单腿支撑滑行。身体重心由双腿上方平行向侧移动，落在一侧腿上，保持平衡向前滑行，另一侧腿稍抬离地面，并做适应性的前、后摆动及侧伸动作，在惯性速度降低或失衡前将浮腿收回，再继续加速，反复练习，直到能够基本掌握平衡为止。

（四）辅助练习内容

1. 不穿轱辘闭目站立单腿支撑平衡练习。

2. 不穿轱辘单足支撑重心前后移动练习。

3. 穿轱辘原地左右小幅度重心移动练习。

4. 穿轱辘滑行过程中重心左右移动练习。

5. 穿轱辘滑行，在双支撑惯性滑行的基础上，做适应性的短时间抬起浮腿的练习。

6. 穿轱辘滑行，在双支撑惯性滑行的基础上，做适当延长起浮腿时间的练习。

7. 穿轱辘滑行，在双支撑惯性滑行的基础上，做浮腿前、后摆动或侧伸动作练习。

（五）注意事项

1. 单腿支撑滑行时，身体重心要控制在支撑腿的上方，并保持鼻、膝和前轱辘三点在同一直线上。

2. 尽量降低身体重心，有利于平衡。

3. 上体要保持平稳，两臂尽量放松，浮腿的摆动及侧伸动作要慢，不要过于突然。

练习十二：

（一）名称

弯道外侧腿向外蹬地的交叉步成双支撑连续滑行。

（二）练习目的

熟练交叉步的基本动作，强化和提高双支撑滑行能力，体会弯道滑行右腿蹬地完成交叉步动作的感觉。

（三）动作方法及要领

利用单蹬双支撑滑行做直道的起速滑行，连续完成逆时针或顺时针方向的弯道右腿蹬地的交叉步成双支撑连续滑行。弯道右腿蹬地的交叉步的基本动作是，当获得适当的速度后，身体稍向转弯的方向（圆心）倾斜，远离圆心的外侧腿做向侧方蹬地动作，当轱辘将要离开地面时，迅速屈膝收腿并跨过支撑脚落在前内侧，在浮腿承担体重的同时另一腿也顺势收回成双支撑滑行。连续练习直到熟练为止。

（四）辅助练习内容

1. 左右交叉步跑动。

2. 模拟弯道交叉步动作。

3. 右腿蹬地的侧滑步成双支撑跳。

4. 左腿蹬地的侧滑步成双支撑跳。

5. 右腿蹬地接交叉步侧向跳。

6. 左腿蹬地接交叉步侧向跳。

7. 穿轱辘完成弯道外侧腿向外蹬地的交叉步成双支撑连续滑行。

（五）注意事项

1. 练习时，既要采用逆时针方向的练习，更要做顺时针方向的练习，有利于提高平衡能力及动作配合的协调性，也可以起到尽快熟练动作的作用。

2. 根据滑行的速度情况来调节倾斜的角度，速度越快倾斜角．度相对越大，同时也要根据练习者的滑行水平来定，对动作较熟练的练习者可适当地提出加大倾斜幅度的要求。

3. 根据滑行速度的变化来决定弯道滑行的半径。

4. 在弯道交叉步滑行过程中，始终要保持上体的平衡，控制上体向内扭转及肩的左右翻动。

练习十三：

（一）名称

弯道内侧腿向外蹬地的交叉步成双支撑连续滑行。

（二）练习目的

熟练交叉步的基本动作，强化和提高双支撑滑行能力，体会弯道滑行左腿蹬地完成交叉步动作的感觉。

（三）动作方法及要领

利用单蹬双支撑滑行做直道的起速滑行，连续完成逆时针或顺时针方向的弯道左腿蹬地的交叉步成双支撑滑行。弯道左腿蹬地的交叉步的基本动作是，当获得适当的速度后，身体稍向转弯的方向（圆心）倾斜，靠近圆心的腿做向外侧方向的蹬地动作，同时，外侧腿屈膝收腿跨过支撑脚落在前内侧，在浮腿承担体重的同时，蹬地腿以最短的路线直接收回，成双支撑滑行。连续练习直到熟练为止。

（四）辅助练习内容

1. 左右交叉步跑动。

2. 模拟弯道交叉步动作。

3. 左腿蹬地的交叉步跳。

4. 右腿蹬地的交叉步跳。

5. 左或右腿连续蹬地的交叉步侧向跳。

6. 穿轱辘完成弯道左腿或右腿交叉步蹬地成双支撑的连续滑行。

（五）注意事项

1. 练习时，既要采用逆时针方向的练习，更要做顺时针方向的练习，有利于提高平衡能力及动作配合的协调性，也可以起到尽快熟练动作的作用。

2. 根据滑行的速度情况来调节倾斜的角度，速度越快倾斜角度相对越大，同时也要根据练习者的滑行水平来定，对动作较熟练的练习者可适当地提出加大倾斜幅度的要求。

3. 根据滑行速度的变化来决定弯道滑行的半径。

4. 在弯道交叉步滑行过程中，始终要保持上体的平稳，控制上体向内扭转及肩的左右翻动。

第二阶段：掌握单支撑平衡，学习基本技术

练习十四：

（一）名称

双腿交替蹬地单腿短支撑的滑行练习。

（二）练习目的

初步建立单支撑滑行动作的概念，进一步提高单支撑能力，逐步由双支撑练习阶段向单支撑练习阶段过渡。

（三）动作方法及要领

重心落在蹬地腿上，一侧腿用力向侧后方向蹬地，并将身体重心推向支撑腿上方，蹬伸动作结束后，浮腿开始收腿，做向支撑腿回摆动作，当浮腿回摆至支撑腿的后位时，有短暂的停顿动作，造成相对延长单支撑滑行时间的效果，然后浮腿继续前摆着地成双腿支撑，保持平衡。连续做与上述动作相同方向相反的滑行动作。

（四）辅助练习内容

1. 原地模拟滑行练习。

2. 向前屈膝跳。

3. 穿轱辘完成双腿交替蹬地的双支撑滑行练习。

4. 穿轱辘完成双腿交替蹬地的单腿短支撑滑行练习。

（五）注意事项

1. 徒手练习时也要强调延长单腿静力支撑的时间。

2. 穿轱辘滑行练习时要将重心控制在支撑腿的上方，有利于保持平衡。

3. 蹬地时要将重心落在蹬地腿上，有利于加大蹬地力量和形成正确的技术。

4. 穿轱辘滑行练习时，要注意提示练习者适当延长单腿的支撑时间。

练习十五：

（一）名称

双腿交替单蹬单支撑滑行。

（二）练习目的

学习速度轮滑的完整的周期性动作，建立蹬地基本技术的概念，进一步强化和提高单腿支撑的滑行能力。

（三）动作方法及要领

将身体重心控制在蹬地腿上，利用体重对地面的压力向侧后方向蹬动。在蹬地腿的蹬伸过程中，身体重心要靠蹬地腿的蹬伸将其推到支撑腿上方，保持平衡做单腿支撑滑行。蹬地腿蹬伸结束后成为浮腿，便开始收腿，收腿的动作要以浮腿的膝关节领先，大腿带动小腿，向支撑腿方向回摆，当两膝关节靠近时，支撑腿便成为蹬地腿，开始再次蹬动，同时浮腿自然向前摆动，在蹬地腿蹬伸结束前，以后轮着地成为支撑腿。两腿交替蹬收完成滑行的周期动作。

（四）辅助练习内容

1. 在变换条件的情况下完成滑行的基本姿势。

2. 模拟滑行的周期动作。

3. 有节奏的单支撑三角走或三角跳。

4. 开立双支撑左、右重心移动滑行。

5. 双腿交替单蹬单舱短时间支撑的滑行。

6. 双腿交替单蹬单腿支撑滑行。

7. 适当延长单支撑时间或滑行距离的双腿交替单蹬单支撑滑行。

（五）注意事项

1. 掌握重心移动的方法，利用体重增加蹬地力量。

2. 两腿要协调配合，浮腿要充分放松。

3. 保持正确的基本姿势，有利于形成正确的基本动作。

练习十六：

（一）名称

沿弧方向连续单蹬单支撑滑行。

（二）练习目的

强化蹬地动作和单支撑滑行的能力，利用弧线滑行来培养弯道滑行的意识。

（三）动作方法及要领

连续支撑，沿逆时针或顺时针方向做弧线滑行。

（四）辅助练习内容

1. 左右方向的侧滑步蹬地走。

2. 左右方向的侧滑步蹬地跳。

3. 双腿开立的重心移动。

4. 小幅度蹬地的单蹬单支撑滑行。

5. 蹬地后，保持蹬地腿侧伸位置的短时间单支撑弧线滑行。

6. 单腿连续蹬地的单支撑弧线滑行。

7. 蹬地后，身体重心要完全移动到支撑腿上。

8. 支撑腿要保持与地面垂直，利用轱辘的正面接触地面滑行。

9. 控制上体不要向圆心内扭转。

10. 滑行的半径大小不限，可随滑行速度的快慢自行调整。

（五）注意事项

1. 掌握重心移动方法，分清支撑腿与蹬地腿。

2. 注意蹬地腿的角度，尽可能保持一致。

3. 根据个人能力控制滑行弧度与速度。

练习十七：

（一）名称

单支撑惯性平衡滑行。

（二）练习目的

强化单支撑平衡滑行的能力，测验平衡滑行的水平。

（三）动作方法及要领

在速度轮滑基本姿势的基础上，借助一定的速度惯性，利用单腿支撑，保持平衡做直线滑行，头部要保持正直，背部要放松，支撑腿要尽量前弓。浮腿置于支撑腿的正后位，大腿与地面垂直，小腿与地面平行，踝关节充分放松，轱辘鞋与地面垂直。

（四）辅助练习内容

1.屈膝前跳单腿落地接静力支撑。

2.向前屈膝走。

3.跳起落地成单支撑。

4.在直线滑行过程中，适应性地完成单腿支撑惯性滑行。

5.适当加快速度的单腿支撑惯性滑行。

6.有一定方向限制的单腿支撑惯性直线滑行。

（五）注意事项

1.尽可能地降低身体重心和紧缩肢体，有利于保持平衡。

2.练习时要注意借助速度的因素，速度稍快有利于掌握平衡。

3.起速后，要注意步伐的调整。自然、平稳地过渡到单腿支撑惯性滑行。

练习十八：

（一）名称

直道摆臂。

（二）练习目的

学习直道滑行摆臂动作，掌握摆臂动作的基本方法及要领。

（三）动作方法及要领

在速度轮滑基本姿势的基础上，两臂以肩关节为轴，手发力，靠近躯干，做前后交替自然摆动。向前摆动时，开始阶段保持直背的状态自然下落，当臂与地面垂直时，屈肘关节并加速向头下方摆动，前高点在头的下方10厘米左右。向后摆动时，按向前摆动的路线、方式及相反方向摆动，后高点与肩部平行。

（四）辅助练习内容

1.分解模拟直道的摆臂动作。

2.连贯地模拟直道的摆臂动作。

3.臂、腿的蹬摆动作协调性练习。

4.体会摆臂动作的直道滑行练习。

（五）注意事项

1. 摆臂应该采用先慢后快的方式，有利于配合蹬地的动作。

2. 摆臂的方向，要控制侧向（左右）摆动幅度不要过大。

3. 摆臂的手形，一般采用半握拳或自然并拢伸直的状态。

4. 摆臂时防止带动肩及上体翻动及扭转。

练习十九：

（一）名称

直道滑行（完整的直道滑行动作）。

（二）练习目的

学习直道滑行完整的动作配合，掌握滑行中重心变化的基本规律，进一步提高平衡滑行的能力。

（三）动作方法及要领

在速度轮滑基本姿势的基础上，配合摆臂动作，完成两腿交替蹬地、收腿、支撑滑行的周期动作。一侧腿向侧后方向蹬地，同侧臂向前摆动，当收腿时背向后摆动。另一腿蹬地时，由另一侧臂完成相同的动作。

（四）辅助练习内容

1. 原地模拟滑行的基本动作。

2. 原地滑行跳。

3. 原地模拟摆臂动作。

4. 臂、腿配合的协调性练习。

5. 在单腿支撑自由滑行过程中，浮腿完成侧伸、收腿的分解动作。

6. 在单腿支撑自由滑行过程中，浮腿完成向后引腿及前摆动的分解动作。

7. 单腿短时间支撑的完整直道滑行。

8. 完整的直道滑行。

（五）注意事项

1. 强调蹬地、收腿、着地支撑之间的动作衔接和臂腿之间的动作配合。

2. 由于摆臂的速度快于蹬地，因此，摆臂的开始阶段要适当地控制摆速，使摆臂更协调地配合蹬地。

3. 在滑稍长距离的练习时，也可采用单臂的摆动，方法与双摆臂相同。

4. 注意保持动作的连贯和流畅。

练习二十：

（一）名称

利用惯性完成单个交叉步的单足支撑滑行。

（二）练习目的

引导和建立弯道交叉步滑行的动作意识，提高在变换动作条件下的单腿支撑平衡能力，学习弯道交叉步滑行的基本动作要领。

（三）动作方法及要领

在单支撑自由滑行的基础上，重心放在支撑腿上，将浮腿抬起，屈膝前送，迈过支撑腿的轱辘，在支撑腿前内侧平行着地，完成数个交叉步的动作，同时承担体重成单腿支撑向前滑进，反复做上述动作的练习。

（四）辅助练习内容

1. 向左或向右方向的交叉步跑。

2. 蛇形交叉步跑。

3. 模拟弯道交叉步滑行的分解动作练习。

4. 左腿蹬地的交叉步跳。

5. 模拟弯道交叉步滑行的完整动作练习。

6. 穿轱辘交叉步行走。

7. 穿轱辘原地模拟完成弯道交叉步滑行动作。

8. 慢速滑行中完成右腿交叉步或左腿交叉步。

9. 借助惯性完成单个交叉步接双支撑练习。

10. 借助惯性完成单个交叉步接单支撑练习。

11. 连续性完成单个交叉步接单支撑练习。

12. 连续完成左、右腿交叉步蛇形走和蛇形滑。

（五）注意事项

1. 做交叉步时浮腿不要抬得过高，以免影响平衡及破坏动作结构。

2. 浮腿落地时要使两脚轱辘保持平行状态，并向切线方向滑行。

3. 交叉步时身体重心要稍偏前，不要造成后仰状态。

4. 完成左右交叉步蛇形滑时，要注意身体重心的变化和灵活调整。

练习二十一：

（一）名称

利用惯性完成弯道连续交叉步的滑行。

（二）练习目的

掌握弯道连续交叉步滑行的技巧，通过对弯道连续交叉步滑行的练习，提高在较复杂条件下的平衡滑行能力。

（三）动作方法及要领

借助适宜的速度惯性，连续完成逆时针和顺时针方向的弯道交叉步滑行。

（四）辅助练习内容

1. 向左和右方向交叉步走。

2. 向左和右方向交叉步跳。

3. 向左和右方向交叉步跳接单支撑平衡。

4. 穿辁辘连续完成交叉步走。

5. 小半径弯道连续交叉步滑行。

6. 沿 8～10 米的弯道半径完成连续交叉步滑行。

7. 逆时针和顺时针方向的连续交叉步滑行。

（五）注意事项

1. 在练习交叉步走和滑行过程中，侧跨的幅度不宜过大。

2. 支撑腿的辁辘滑行轨迹要与弯道线成切线方向。

3. 在滑行中要求逐渐延长支撑滑行的距离。

4. 在完成交叉步动作时要保持上体的平稳。

练习二十二：

（一）名称

配合摆臂的弯道滑行。

（二）练习目的

弯道摆臂的重要性就在于克服直线运动惯性，控制住离心力。建立合适的蹬地动作和保持速度。

（三）动作方法及要领

弯道摆臂的右臂摆动动作与直道摆臂动作基本相同，不同的是，右臂可稍向侧方向摆动。左臂的摆动动作要求靠近躯干，以肘关节为轴，做小幅度屈伸摆动的动作。

（四）辅助练习内容

1. 分解模拟弯道左、右两臂的摆动动作。

2. 连贯地模拟弯道的摆臂动作。

3. 弯道臂、腿的蹬摆动作协调性练习。

4. 体会摆臂动作的弯道滑行练习。

（五）注意事项

1. 左臂摆动幅度稍小，右臂摆动幅度可稍大，有利于配合蹬地的动作。

2. 做弯道臂、腿的蹬摆动作协调性练习时，浮腿要与支撑腿成交叉姿势。

3. 摆臂的手形，一般采用半握拳或自然并拢伸直的状态。

4. 摆臂时防止带动肩及上体翻动及扭转。

5. 强调左臂靠近躯干前后自然摆动。

练习二十三：

（一）名称

完整的弯道滑行。

（二）练习目的

学习弯道滑行完整的动作配合，掌握弯道滑行的基本动作要领，进一步提高平衡滑行的能力及臂、腿配合的协调能力。

（三）动作方法及要领

在速度轮滑弯道滑行基本姿势的基础上，配合摆臂动作，完成两腿交叉步蹬地、收腿、着地的周期动作。臂、腿配合的动作是，右腿蹬地时，同侧臂向前摆动，异侧臂向后摆动。左腿蹬地时，与上述动作相同。单臂摆动时，采用右臂的摆动，摆动动作与弯道右臂的摆动动作相同。

（四）辅助练习内容

1. 原地模拟弯道滑行的基本动作。

2. 原地配合摆臂动作的左腿蹬地交叉步跳。

3. 原地模拟弯道摆臂动作。

4. 弯道臂、腿配合的协调性练习。

5. 配合右臂单摆的弯道滑行。

6. 配合双臂摆动的弯道滑行。

7. 完整的弯道动作配合滑行。

8. 顺时针方向完整的弯道动作配合滑行。

（五）注意事项

1. 强调蹬地、收腿、着地支撑动作之间的衔接。

2. 臂腿之间的动作配合要注意掌握蹬、摆的时机。

3. 由于摆臂的速度快于蹬地，因此，摆臂的开始阶段要适当地控制摆速，使摆臂动作与蹬地动作能更协调地配合。

4. 在滑稍长距离的练习时，也可采用单臂的摆动。

5. 采用顺时针方向的滑行练习有利于强化动作配合的协调性。

练习二十四：

（一）名称

起跑预备姿势

（二）练习目的

学习起跑预备姿势，掌握起跑预备姿势的要领，为学习完整的起跑动作打基础。

（三）动作方法及要领

速度轮滑起跑的预备姿势有多种，我们选择了最常用的"侧向平行式"的起跑预备姿势。练习者要侧对滑跑方向，两腿开立呈半蹲的姿势，两脚与起跑线呈平行状态，重心放在两脚之间，上体稍前倾，两臂肘关节微屈，等待鸣枪，这种姿势的特点是：蹬地有力，起速快，适用于各种距离比赛中使用，而且动作简单，容易掌握。

（四）辅助练习内容

1. 模拟"侧向平行式"起跑预备姿势。

2. 在跑动练习中听口令完成"侧向平行式"起跑预备姿势。

3. 在游戏练习中听口令完成"侧向平行式"起跑预备姿势。

4. 穿轱辘完成"侧向平行式"起跑预备姿势。

（五）注意事项

1. 起跑预备姿势，是为尽快地启动做好身体姿势的准备，因此，预备姿势只有在符合人体结构运动特点的基础上，才有利于练习者尽快地做出反应、加大蹬地力量和前后动作的衔接，同时也要考虑个人的运动习惯及特点。

2. 练习时要集中注意力，为尽快反应做好准备。

3. 两腿站立不要过宽，以免影响启动的蹬地效果。

4. 组织练习时，在先掌握一定疾跑能力的基础上再配合起跑预备姿势的练习，效果会更好。

练习二十五：

一、名称

启动及疾跑（穿轱辘）。

（二）练习目的

初步学习和体会启动和疾跑的基本动作方法及要领，为进一步学习和掌握完整的起跑动作打基础。通过启动和疾跑练习，进一步熟练穿轱辘活动的能力，掌握疾跑的基本动作，促进对轱辘性能的感觉，进一步提高平衡能力。

（三）动作方法及要领

启动和疾跑是起跑过程的主要部分，一般要跑五步至八步。疾跑的第一步为启动。启动时，后腿跨过前腿，前腿用力蹬伸，配合两臂快速摆动完成启动动作，疾跑时，启动蹬地腿蹬伸结束后迅速向前迈出，同时转体、转髋并使两脚成较大的开角，同时要使躯干与地面之间有一定的倾角，两臂的摆动要配合腿的蹬伸动作完成，蹬伸腿的同侧臂屈肘用力前后摆动，异侧臂屈肘向后用力摆动。在疾跑的过程中，利用两臂屈肘前后摆动动作协调配合两腿向后蹬伸，完成向前的疾跑。疾跑的身体姿势要保持直立前倾状态，使髋部有明显的前送动作。

（四）辅助练习内容

1. 原地转髋。

2. 原地外八字高抬腿跑。

3. 不穿轱辘外八字跑。

4. 穿轱辘原地外八字跑。

5. 听信号外八字变速跑。

6. 听信号接启动。

7. 起跑预备姿势接启动。

8. 启动接疾跑。

9. 起跑。

（五）注意事项

1. 注意控制疾跑过程中身体重心上下起伏。

2. 疾跑的第二步要注意充分辗转髋关节，有利于形成两轱辘之间的外展角。

3. 可以利用摆臂动作频率来调节疾跑动作的频率。

4. 疾跑的蹬地动作要短促有力。

5. 跑动动作要连贯，两臂动作要协调配合。

练习二十六：

（一）名称

起跑。

（二）练习目的

学习起跑的完整动作过程（从预备姿势到疾跑结束），初步掌握动作练习的基本方法及要领。

（三）动作方法及要领

起跑，包括预备姿势、启动和疾跑三个阶段的动作过程。在比赛中，当听到发令员发出预备的口令时，运动员要做好预备姿势，鸣枪后，运动员要迅速启动并进入到疾跑阶段。

启动前要集中注意力，身体姿势要有利于启动动作。启动时，蹬地腿用力蹬伸，摆动腿快速向前摆动，从第二步起摆动腿要尽可能外展，使两脚形成有利于跑动的角度。疾跑时，上体适度前倾，有明显的向前送髋动作，造成有利于加速跑动的前倾角度，同时，两臂配合两腿的蹬伸动作，利用屈肘方式完成用力地前后摆动动作。

（四）辅助练习内容

1. 不穿轱辘的疾跑练习。

2. 不穿轱辘的起跑全过程练习。

3. 穿轱辘的疾跑练习。

4. 穿轱辘无口令或无信号的起跑练习。

5. 穿轱辘练习完整的起跑全过程。

（五）注意事项

1. 在练习过程中，应当先采用不穿轱辘的练习。

2. 起跑姿势，上体不要压得过低。

3. 提示加快动作频率。

第三阶段：掌握和提高快速平衡滑行能力不断改善技术

练习二十七：

（一）名称

直弯道综合滑行练习。

（二）练习目的

进一步熟练直弯道滑行动作，提高技术动作质量，培养直弯道滑行动作变换的能力，学习和体会直弯道滑行技术。

（三）组织方法及技术要求

利用小场地（弯道半径 10～15 米，直道长 30 米左右），做直弯道综合的滑行练习，练习采用重复的方法，每组练习时间为 1 分～1 分 30 秒，根据练习者的体力及技术情况，每次练习可进行 10～15 组，每组间歇时间在 3～4 分钟为宜。

（四）辅助练习内容

1. 变换直弯道动作的模仿滑行练习。

2. 在小场地上，进行直弯道变换的屈膝走。

3. 变换直弯道动作的滑行跳跃练习。

4. 直道滑行练习。

5. 弯道滑行练习。

6. 进入弯道的滑行练习。

7. 直弯道综合滑行练习。

（五）注意事项

1. 练习的场地要平整、清洁和较光滑。

2. 弯道最好要设有标志。

3. 滑行速度、频率不要过快。

4. 强调滑行的基本姿势和基本动作。

5. 在直道滑行进入弯道前，要调整好步伐，顺利进入弯道。

6. 进入弯道时，要保持上体的平稳。

练习二十八：

（一）名称

往返滑行或公路直线滑行。

（二）练习目的

提高直道滑行动作质量，强化支撑及快速滑行平衡能力，学习直道滑行蹬地技术。

（三）组织方法及技术要求

选择 60～100 米长的场地或公路路面，采用重复的练习方法，进行往返或连续向前滑行练习，练习的组数一般为 15～20 组，每组间歇时间为 3～4 分钟。蹬地方向应向侧后方向，加快蹬地速度。身体重心应放在蹬地腿上用力蹬伸。浮腿着地前，蹬伸腿蹬地。

（四）辅助练习内容

1. 模仿练习。

2. 移动重心练习。

3. 单腿侧向跳。

4. 双腿侧向跳。

5. 单腿蹬伸双足支撑滑行。

6. 直道往返滑行。

（五）注意事项

1. 注意安全（路面上的车辆和行人）。

2. 保持适当的滑行速度，有利于动作的完成。

3. 可以根据练习者的体力情况来调节练习组数和间歇时间。

练习二十九：

（一）名称

螺旋滑行。

（二）练习目的

相对增加弯道练习内容的比重，强化弯道滑行的身体姿势和交叉步蹬地动作。

（三）组织方法及技术要求

利用 10 ～ 15 米弯道半径和直道长 30 米左右的场地，每个弯道滑围绕圆心滑行一圈半（540°角）。每组滑 2-3 圈为宜，间歇时间一般为 3 ～ 4 分钟，每次练习 6 ～ 10 组。保持基本姿势，弯道滑行时要始终保持向圆心内倾斜的姿势，并保持连续交叉步蹬地的动作。

（四）辅助练习内容

1. 利用胶筋牵引模拟弯道交叉步蹬地动作。

2. 利用跑的手段熟悉螺旋滑行的路线。

3. 向左移动的交叉步跳。

4. 利用屈膝走的手段，沿螺旋滑的路线进行练习。

5. 穿轴辘熟悉螺旋滑行的场地。

6. 螺旋滑行的重复练习。

（五）注意事项

1. 场地弯道处要有明显的标志。

2. 弯道的半径不要过大，否则会破坏动作及影响速度。

3. 根据练习者的体力情况来适当安排练习组数和间歇时间。

4. 清理场地异物，注意滑行安全。

练习三十：

（一）名称

连续两分钟的场地滑行。

（二）练习目的

进一步熟练滑行动作，提高平衡能力，改进直道滑行的技术。培养和建立完整的滑行技术。

（三）组织方法及技术要求

在 10 ～ 15 米弯道半径和直道长 30 米左右的场地上连续滑行 2 分钟，练习者可根据实际运动水平确定自己的滑速，保证动作技术的发挥。

（四）辅助练习内容

1. 滑行跳。

2. 屈膝走。

3. 各种专门性的跳跃练习。

4. 穿轱辘游戏。

5. 连续两分钟的场地滑行。

（五）注意事项

1. 场地弯道要摆设标志块。

2. 弯道半径不易过大，否则会影响练习者的弯道动作的连贯

3. 在练习过程中，指导者要经常鼓励、指导和提示练习者。

练习三十一：

（一）名称

改进弯道滑行技术的连续滑行练习。

（二）练习目的

改进和完善弯道滑行技术，通过弯道连续滑行练习提高快速平衡滑行的能力和强化向侧方向蹬地的技术。

（三）组织方法及技术要求

在半径 10 ~ 15 米的场地上，做连续的逆时针或顺时针方向的滑跑练习。在保持弯道滑跑姿势的基础上，两腿协调、有节奏地完成用脚跟用力向侧方向蹬地的动作，要求动作连贯，方向准确。

（四）辅助练习内容

1. 弯道交叉步跳。

2. 利用皮筋牵引模拟完成弯道交叉步滑行。

3. 连续右（左）腿蹬地左（右）腿支撑滑行。

4. 注重向侧蹬地方向的慢节奏交叉步滑行。

5.1 分钟连续弯道滑行的重复练习。

（五）注意事项

1. 允许有较短时间的自由滑。

2. 不要控制和限制自然出现的滑行速度。

3. 保持正确的滑行姿势。

练习三十二：

（一）名称

提高耐力水平的滑行练习。

（二）练习目的

提高轮滑的专门性耐力，改进长距离滑跑技术，为提高专项能力做好准备。

（三）组织方法及技术要求

1. 在标准的场地上或公路跑道上进行。

2. 按长距离滑跑技术要求进行练习，有明显的长距离滑行特征（姿势稍高；节奏明快；频率适中；动作连贯、放松、流畅；速度均衡）。

3. 采用重复或持续练习的方法较好。

4. 每组滑行不得少于 2000 米或 4 分钟。

5. 练习强度应控制在 140～160 次/分（心率）。

6. 练习的组数可根据练习者的水平增减。

（四）辅助练习内容

1. 逐渐增加每个练习的持续时间或距离，

2. 逐渐增加每组滑行时间或距离的耐力练习。

3. 逐渐增加每次课的滑行距离或时间的耐力练习。

4. 逐渐增加阶段累积滑行时间或距离的耐力练习。

（五）注意事项

1. 公路练习要检查路面情况并提示注意安全。

2. 场地练习要摆设标志块。

练习三十三：

（一）名称

提高滑跑速度的练习。

（二）练习目的

初步掌握短距离滑跑的技术要领，体会和适应快速滑跑的感觉，逐渐提高滑跑速度，为进一步提高专项速度打好基础。

（三）组织方法及技术要求

在标准场地上，按短距离的技术要求进行练习，有明显的短距离滑跑特征（姿势较低；快频率；幅度大；蹬地动作积极、臂腿动作配合协调）。

（四）辅助练习内容

1. 短段落重复练习。

2. 短距离的半程重复练习。

3. 单圈计时的重复练习。

4. 短段落双摆臂滑跑协调性练习。

5. 结合起跑或途中加速疾跑完成短段落快速滑行练习。

6. 各种短距离的重复和间歇及综合练习。

7. 利用游戏、测验、比赛的方法组织练习。

（五）注意事项

1. 练习的距离不应过长，一般不要超过专项的全程距离。

2.采用重复的方法较好，待身体得到充分休息后再进行下一组的练习。

练习三十四：

（一）名称

逐渐提高短距离专项能力的练习及进一步强化短距离的滑跑技术。

（二）练习目的

提高短距离专项滑跑能力。

（三）组织方法及技术要求

在具备一定轮滑运动水平的基础上，利用间歇、变换、测验及比赛的方法和采用提高短距离专项滑跑的手段，来逐渐提高短距离专项滑跑能力。

（四）辅助练习内容

1.短段落的滑跑技术及速度练习。

2.半程的技术、速度或速度耐力练习。

3.全程的技术、战术及速度耐力练习。

（五）注意事项

1.由练习滑跑速度开始，逐渐增加训练强度。

2.单纯的速度练习间歇时间要稍长些，待身体基本恢复后再进行下一组练习。

3.全程练习时要配合战术内容进行练习。

练习三十五：

（一）名称

逐渐提高中长距离专项滑跑能力的练习。

（二）练习目的

进一步强化中长距离的滑跑技术。

（三）组织方法及技术要求

根据练习者的运动水平和练习项目的特点，将其分成几段进行练习，随着训练水平的提高，逐渐缩短间歇时间并将分段逐渐结合起来，最后组成完整的滑跑距离，进行全程训练。

（四）辅助练习内容

1.分段速度耐力训练。

2.全程速度耐力训练。

3.专项训练或比赛。

（五）注意事项

1.在严格控制间歇时间的基础上进行练习。

2.训练前要求进行专项测试，有利于了解训练水平及合理安排分段训练的速度。

第四节　速度轮滑运动基础训练

一、速度轮滑运动基础训练方法

训练方法，是指为达到某一训练目的，利用某一训练手段进行训练的方式。速度轮滑运动训练方法，是根据运动训练方法的基本理论，针对速度轮滑项目特点，总结出适合速度轮滑运动训练的方法，并以范例的形式列举出来，供同行们参考。

（一）连续法

连续法是指在相对较长时间里，以比较恒定的强度连续练习的方法。连续练习可以使大脑皮层在相对长的时间里，保持兴奋抑制有节奏地转换，使大脑皮层神经过程的均衡性得到改善；可使心容积增大，使心排血量在激烈运动时得到提高；可提高运动员的通气量，使最大吸氧量得到加大；可使技术得到巩固与提高等。运用连续法的基本要求是，负荷数量多，强度相对小，并保持恒定。利用心率指标控制负荷强度时，一般控制在 140 ~ 160 次 / 分，对优秀运动员可控制在 160 ~ 170 次 / 分。连续法可为今后使用间歇法、更换法打基础，因此多用于准备期和少年儿童训练中。连续运用在技术训练时，应以保持正确的技术规格为准，在技术变形时应停止使用，这种方法常配合长时间耐力跑或公路长时间滑的手段进行练习。

（二）重复法

重复法是指在相对固定的条件下，按照一定的要求，反复做练习。

重复法可有节奏地促进运动员大脑皮层和肌肉有节制地工作与休息，保持较长时间工作；也可以使机体进行良好的恢复，保持较好的运动能力；可使刺激的痕迹在大脑皮层中得到强化，有利于技战术的形成与巩固。

重复法用于技术训练，在掌握技术时，要严格要求运动员按技术规格练习，对训练强度不做更高的要求，而在数量上要有一定的重复次数，在提高、巩固技术时，应在保持一定重复次数的基础上，逐渐地提高练习的强度。为了提高技术练习的能力，可让运动员在大负荷的情况下，在与对手对抗的情况下反复练习，以提高技术应用能力。

重复法用于提高速度能力，一般地讲，练习的数量不要过多，但强度大些，以保证使运动员机体依赖所储备的三磷酸腺苷（ATP）和磷酸肌酸（CP）供能完成练习，强度可控制在 90% 左右。

练习的重复次数不必多，否则保证不了练习强度。练习的组数可适当地增多，以补救练习次数的不足，保证训练的时间。一般地讲，组数多于次数，如次数为 4 ~ 5 次，组数可安排 5 ~ 8 组。间歇时间，以氧债基本偿还和神经系统的兴奋性不降低为原则，次间歇时间不可过长，但也不能过短，组间歇可适当地加长些。一般地讲，间歇法对提高耐力有良好的效果，但在使用间歇法的同时，如能配合重复法其效果更好。因为间歇法的意义在于运动员机体尚未完全清除疲劳的情况下进行下一次练习，这样使做工与休息交替进行，使疲劳得到有效的恢复，训练效果会更好些。应用重复训练法，可提高运动员的速度耐力能力。由于滑跑的速度快，负荷度大，所以机体生成的乳酸值高，重复训练法能提高机体的耐乳酸能力。

根据速度轮滑项目特点，在应用重复训练法时，主要应用于提高速度和速度耐力，达到 ATP-CP 和提高耐乳酸能力的目的。

（三）变换训练法

变换法是指在变换的条件下进行练习的一种方法。包括变换负荷数据、变换技术参数、变换训练条件与环境等。依据刺激→适应→再刺激→再适应的原理，变换法可提高运动量的适应能力。由于训练负荷变换可使运动员获得不同的时间感、空间感、速度感、用力感等各种运动感觉，这必定有利于运动员技术、战术训练水平的提高。训练环境与条件的变换，可使运动员避免枯燥、单调情绪的产生，提高他们对练习的兴趣与积极性。

变换法多用于改进、巩固技战术阶段。用于改进技术是以降低训练困难度的方式进行的，如降低动作技术参数的难度（减速或缩小幅度）和加大作业条件的难度等。用于巩固技术是以加大难度方式进行的，如提高动作技术参数等。用于技术训练应注意调整对运动员各种感觉器官的刺激，使运动员获得各种感觉能力，以提高他们的应变能力。但要掌握好变换的时机，当运动员对错误动作基本消除后，就应立即按动作技术规格的要求练习，切不可再继续下去，否则就会形成新的错误。

变换法用于身体训练时，是以加大难度方式进行的。速度轮滑训练多是以加快速度或使运动员在无氧债的情况下练习，来提高运动员承受氧债的能力。

为了突破速度障碍，常采用下坡跑、顺风滑、牵引滑（跟滑）等变换的环境与条件进行训练。

（四）间歇训练法

间歇法是在第二次世界大战后使用和完善起来的一种方法。

系统研究间歇法是在 20 世纪 60 年代，法国心脏学家雷因德尔及教练员格希勒，他们是在间歇训练作用——可以使心脏机能提高的立场来研究问题的，他们认为成年人心率在 120 ~ 180 次 / 分范围内，心排血量能保持在最佳水平。而心率过高（高于 180 次 / 分时）会因心舒张期充盈不足使心排血量有所下降，据此，他们提出训练负荷后心率应达到 170 ~ 180 次 / 分，间歇休息心率当恢复到 120 ~ 125 次 / 分便可进行下一次练习。由于处在心率 120 ~ 180 次 / 分的范围内，心排血量都处在最佳水平，采用这一方法，在间歇时肌肉得到休息，而心脏仍处在很高水平，整个训练对心脏功能的增强会有显著的效果。今天，国内外对此做了补充，如优秀运动员心率可达 200 次 / 分，而儿童、少年的心率只控制在 110 ~ 190 次 / 分之间。现在，人们进一步认识到，激烈运动后，心搏量恢复呈波浪形，在运动后 10 秒和 30 秒之间心搏量比运动时有不同程度的升高，此时心搏量的增多现象成为间歇法的主要理论依据。日本学者 1970 年研究，在将要跑 200 米之前，心率为 130 ~ 140 次 / 分，刚刚跑完后为 180 ~ 190 次 / 分，然后再急速下降。而摄氧量，在 75 秒慢跑不完全休息期则比 200 米快跑期高，每搏摄氧量间歇期也高于慢跑期。这说明间歇期和慢跑期都可以给呼吸循环系统较大的负荷，间歇期甚至高于快跑期，可见间歇法的不完全休息可谓"黄金休息"。

间歇法由于是在运动员机体处于尚未完全恢复的状态时就进行下一次练习，所以有助于培养运动员的意志品质。在技术训练中，适当地插入间歇练习，也有助于培养运动员在负有负荷的情况下完成技术的能力，提高技术的实用价值。间歇法主要用于提高耐力能力，使用时的负荷量可控制在半分钟到一分钟的练习时间。

强度不要太大，但也必须有一定强度刺激，心率可控制在 150 ~ 180 次 / 分之间；在此还要说明一点是，那种企图用增加持续时间的办法去弥补强度的不足的做法不易收到良好的训练效果。练习重复次数与组数可适当地增加，特别是组数，应使运动员在完成最后一组练习时感到精疲力竭为好。在使用间歇法时，对训练的间歇时间必须严加控制，总的原则是，使机体处于尚未完全恢复时就进行下一次练习，一般地讲，当心率已恢复到 120 ~ 130 次 / 分时，便可进行下一次练习了。对少年可适当改变一些，如当心率恢复到 110 次 / 分，再进行下一次练习。休息的方式应采用积极性休息为好，通过轻微的活动，使肌肉对毛细血管起按摩作用，促进血液尽快流通。此外，轻微活动机体可以把乳酸作为燃料加以利用。

间歇法用于提高速度耐力。与提高耐力素质相比，其强度大、间歇时间短、负荷数量（距离）少、持续时间（次数与组数）短。这样做的目的在于，使运动员机能处于负乳酸状态下工作，提高机体耐酸能力。逐渐缩短次间间歇时间或逐渐加大强度的办法，能使运动员机体乳酸的积累达到较高值。这两种办法中，前者可使运动员相对地轻松一些，后者则要求运动员要付出更大的代价。

（五）法特莱克法

法特莱克是瑞典语，含义是"速度游戏"，在 20 世纪 40 年代，瑞典运动员用这种练习取得优异成绩。之后，不少国家都采用这种方法。运用法特莱克法必须具备两个条件：

第一，必须具备自然条件，如丘陵、树林、湖泊等空气新鲜、环境优美的地方。

第二，运动员应具有一定自我监督的能力，具有高度训练的自觉性。法特莱克法由于训练环境优美、空气新鲜，所以对调动运动员训练的积极性、推迟疲劳起显著作用。运动员可根据自我感觉调整训练负荷，可使负荷更切合运动员的实际情况，使运动员与教练员配合更为密切。运用法特莱克法时其强度在多数情况下是由运动员自我控制，但教练员必须在训练前对运动员提出一定的要求。法特莱克法主要用于发展运动员的有氧代谢能力，所以训练时间应长一些，一般要安排 1 ~ 2 个小时。

（六）全程训练法

全程训练法也叫比赛法，是指按主项的距离、项目时间或项目的技术及项目的代谢特征进行实践训练。在应用中，它对提高项目速度、负荷强度和技术能力效果最佳，根据速度轮滑的项目特点选用不同的训练手段，这种训练法不可采用过多，只有在要提高项目负荷强度时方可采用；同时，要在运动员体力较好的情况下进行，通过应用可以检验运动员在训练中的机能水平高低，能发现运动训练中存在的不足。

（七）综合训练法

综合训练法在速度轮滑运动训练中应用得最多，它是将几个基本方法加以不同形式的组合运用的一种方法。综合训练法能灵活地调节负荷，集各种训练法的优点，可解决战术与身体训练的综合任务。综合法的组合形式有：

1.重复法＋变择法：如为了纠正某一错误的技术动作，在利用重复法的同时可加入一些变换的附加条件或战术训练内容，会使训练效果更好些。

2.间歇法＋变换法：如在变换练习的同时，严格控制间歇时间，在两次练习间歇时，当心率恢复到 120～130 次／分时，就进行下一次练习，这样可收到更好的训练效果。

3.连续法＋变换法＋重复法：如在连续滑的过程中加上速度的变化，又有多次的重复练习，这是速度轮滑训练中为提高速度、一般耐力等常用的方法之一。

4.连续法＋间歇法＋变换法：如在连续滑的训练中有严格控制间歇时间及配合变换速度的练习，这也是在速度轮滑训练中为提高速度耐力经常采用的一种方法。

（八）循环练习法

循环练习法也属于综合法的一种组织形式，它是根据训练目的，按照一定程序把不同的单个身体练习串联在一起，组成许多练习站，让运动员依次进行练习的方法。循环练习从第二个练习（站）开始，以后每个练习都是在身体遗留下刺激"痕迹"基础上进行的。因此每站练习运动员所承受的负荷都超过了该站的单独练习的负荷，这种方法与间歇训练法一样，有利于提高运动员心血管和呼吸系统的功能水平，同时对肌肉耐力能力的提高也大有好处。此外，也可激发运动员的训练情绪，调动他们参加训练的积极性。运用循环练习的关键在于设计一套科学合理的循环练习，循环练习的设计要依据训练任务与对象安排好以下几个方面的因素。

1.选择训练的练习内容及安排顺序。

2.安排好负荷，要注意：

第一，每个练习次数应以极限练习的 1/2～1/3 为宜。

第二，站与站间休息的时间要控制适当。

第三，循环一周的时间，由站的多少与每站练习的时间而定。

第四，循环周数，视情节而定。

3.循环练习的组成，一般有以下三种形式：

第一，流动式：即一站接一站地练习。特点是练习站较多，循环一周时间长。

第二，轮换式：将全队成员分成若干组，各组在同一时间内练习同一内容，按规定时间一组一组地交换。特点是设的练习站较少，多用于发展力量耐力，可引起练习者的兴趣。

第三，分配式：设立很多个站，多达十几个，让运动员按事先分配的内容练习，然后再进行下一站内容的练习。特点是设站多，可引起运动员的兴趣，但需要教具充足。设计一套循环练习要使用很多次，在使用时可根据情况，把多种练习调整。主要是调整运动负荷，调整方法有：在不减少每站练习次数的情况下，增加循环的周数；在练习次数不变的情况下，增加每站练习的次数；在练习次数不变的情况下，变换循环一周的时间；或每站练习次数，循环周数、循环一周所用时间同时变化。

九、游戏法

游戏法，由于具有竞争性和趣味性，所以可引起练习者的兴趣和竞争意识，其特点具有情绪性、机动性、主动性、创造性、教育性。

在运用时要注意使用的目的性，不可为游戏而游戏，在练习时要创造条件发挥每个人的主动性和创造性，培养他们的应变能力，开发他们的智力及提高战术运用能力。此外，还要加强教育，使他们遵守规则，结束要进行评议与总结。

二、轮滑运动训练手段与范例

（一）速度轮滑训练手段概述

训练手段是指为了达到某一训练目的所采用的身体练习，身体练习是运动训练的基本手段。速度轮滑的训练手段有很多，按训练学理论分类，可将其分为一般性练习、专门性练习、辅助性练习等。

1.一般性训练手段

一般性训练是指在动作结构上与专项动作无相似之处，旨在全面提高运动素质、掌握一般运动技能、发展一般心理素质所选用的身体练习。如跑、跳、投、游泳、各种体操、各种球类运动等，它对运动成绩的提高起着基础与间接的作用，它是任何项目训练都不可能少的训练手段，在运动训练中占有相当重要的地位。

2.专门性训练手段

专门性训练手段是指所选用的练习，在动作结构上、能量供给上、机能特征上、对机体作用上与比赛练习相似的身体练习。专门性训练手段对运动成绩的提高起着直接的作用。

3.比赛练习（专项练习）手段

比赛练习（专项练习）手段是指按比赛的规则要求，按比赛负荷需要完成身体练习。比赛练习对运动成绩的提高起着直接、关键的作用。

4. 辅助性训练手段

辅助性训练手段包括诱导性练习和转移性练习。诱导性练习是指在动作结构上同专项动作相似，而在技术上比专项技术简单的身体练习。转移性练习是指从一个技术练习转入另一个技术练习时，为了消除前一个技术练习的习惯动作所采用的那些过渡的身体练习，或者为了消除运动员紧张的心理状态而采用的身体练习。

（二）运用训练手段的基本要求

运用训练手段必须科学、合理、有效，在运用时应注意到：

第一，首先要明确各种训练手段的作用，根据训练任务和目的，有针对性地选择训练手段。为了达到这一点，教练员应对所选用的手段进行严格地分类，要明确哪些手段是一般性训练手段，哪些手段是专门性、专项性的训练手段。然后再深入研究每一个手段的具体作用。如"两头翘"的练习能发展运动员的腰部力量，可是假如运用不当也可能侧重于发展臀部力量了。又如运动员从高处跳下，用全脚掌着地主要是发展股四头肌力量，假如用前脚掌着地，那将侧重发展运动员的腓肠肌力量。有些动作从表面上看很相似，可是仔细研究一下就有很大的不同。所以教练员在选用训练手段时必须明确其作用，合理使用。

第二，在使用某一训练手段时，还要与负荷的安排结合起来，在某些情况下虽然手段选用恰当，但由于负荷安排得不合理，对负荷参数规定得不科学，也不会收到预想的结果。如同样是跑的训练手段，负荷安排的强度大、持续时间短，可发展速度能力；负荷强度小、持续时间长，则发展耐力能力。同样是纵跳的训练手段，由于负荷安排不同，可能发展爆发力，也可能发展肌肉耐力。所以在准确选用训练手段的同时，必须与其负荷安排联系在一起考虑。

第三，在选用训练手段时，还应考虑到训练对象的特点，同一训练手段对有些运动员可能取得良好的训练效果，可是对另一些运动员也可能不佳，这是因为每个运动员的身体、技术、心理都有差异，所以在手段的选取与运用时都应有所区别。

第四，在使用某一训练手段时，要考虑到由于"技能迁移""素质转移"可能带来的不良影响，在运用时要掌握手段使用的合理顺序、运用的时间及火候等。一堂训练课在安排上也要合理，如果目的在于发展无氧糖酵解的能力，那仅仅让运动员完成糖酵解性质的练习，其效果也不会太好，可在糖酵解练习之前做一些无氧非乳酸性的负荷。又如，在训练课的前部分让运动员做一些有氧性练习，而在课的后一部分做糖酵解性的练习，此时还可能会出现训练效果的副作用，在这种情况下完成课的任务，旨在提高速度耐力的训练是不会奏效的。

第五，在现代训练中，除采用大量的各种身体练习为训练手段以外，随着科技的发展还出现了不少的"现代"训练手段，如利用电刺激发展运动员的力量，利用各种反射仪提高运动员的反应速度等。在有条件的情况下，应力求采用这些较为先进的训练手段，使训练取得事半功倍的效果。

第六，科学地确定一般性训练与专门（专项练习）性的训练比例。科学地确定一般性训练与专门（专项）性的训练比例不仅可以有效地使运动员获得更高的竞技状态，也会起到驾驭竞技状态的作用，从而控制竞技状态的出现。确定一般性训练与专门（专项）性训练比例的原则是，根据不同层次运动员的训练水平、项目特点和不同训练阶段的任务对其比例做出定量的安排，通常，运动员的年龄小，训练水平低，一般训练的比重大，而高水平运动员一般训练的比例则小些。如果说一般性训练对少儿运动员训练起"打基础"作用的话，那么，对高水平运动员来说，一般训练从某种意义上来讲已失去"基础"意义，起着对训练的"补充""调整"的意义。就运动项目而言，需要消耗巨大体能的项目，一般训练的比重就大一些，而那些技能类项目，一般训练的比例就小一些。在全年训练中，准备期的一般训练的比例无疑大些，专门性训练的比例随竞赛期的来临而增大。到赛前训练期，专项训练的比例要显著增大。在实践中，还要仔细观察，全面分析，要根据训练的变化情况及时地调整训练比例。

第七，在选择一般训练的内容时，既要全面，又要符合运动员个人特点、专项的需要，突出重点。对高水平运动员还要注意对他们特点的发挥与利用，在选择训练手段时，一方面要做到"缺啥补啥"，另一方面也注意对他们特长的利用与发挥，使特长再"特长"。这是因为某种能力的提高是有一定限度的，潜力不是无限的，也可能有些运动员的弱点的潜力不大了，训练可能性挖掘"到家了"，而某些特长还可能具有较大的潜在能力，有待训练去挖掘。在训练时，可利用特长去弥补不足，而不可误认为特长差不多了，使其潜在能力没有得到充分的挖掘。正确的做法是，应对运动员各种能力挖掘的可能性做出客观的分析，使其最大限度地得到挖掘。

（三）速度轮滑训练手段

【例】直道模仿侧蹬地

1. 作用

用诱导的方法引导初学者体会和学习侧蹬地动作。

2. 练习方法

重心放在一侧腿上，位于胸下，另一条腿的脚内侧轻擦地面向侧蹬出（伸髋、膝关节）并要伸直，始终保持两脚尖在同一平行线上运动。收腿时要以大腿带动小腿直接向支撑腿收回至并拢。然后再做另一腿的侧蹬动作，两腿反复练习。

3. 教学、训练要点

第一，向侧方向蹬直。

第二，保持基本姿势、重心稳定。

第三，收腿路线准确。

4. 易犯错误、原因及纠正方法

第一，侧后蹬伸，原因是过分展髋造成的，其纠正时可提示练习者用脚跟踩住地面再蹬出。

第二，重心随蹬地腿向侧移动，形成骑重心的错误（重心在两腿之间），其主要原因是蹬地前重心向内偏离支点或重心不稳，在练习初期要求将身体重心落在支撑腿上方，待稳定后再做蹬地动作；动作较为熟练后要强调将重心移至支撑腿的脚外侧，再做蹬地动作。

第三，身体重心或上体随蹬地动作而上下起伏，原因是练习初级阶段支撑腿受蹬地动作的协同作用影响，练习时注意提高固定髋：膝、踝关节的肌力，经常提示并强调蹬地时做团身和向胸下收腿动作要领。

5. 使用方法

该手段是诱导性的分解动作，它与实际蹬地技术差别较大，但适用初学阶段为建立蹬地动作概念和学习简单蹬地动作时使用，当动作基本掌握后，可采取与蹬地技术相近的手段（远固定的肌肉工作形式）进行训练，其效果更佳。

【例】模仿直道收引腿（诱导性分解练习）

1. 作用

供初学者学习速滑直道收引腿的分解动作，纠正和改进运动员收腿动作，也是提高专门性平衡能力及静力性力量耐力的手段。

2. 练习方法

将重心放在一侧腿上（成为支撑腿），另一条腿（成为浮腿）以小腿领先向后方向引出至支撑腿后面的大腿与地面垂直，小腿与地面平行位置，踝关节放松，脚尖自然下垂，前后两腿处在同一纵轴平面上，收腿时屈髋提腿（膝），同时背屈踝关节，小腿迅速前送（向前踢出），脚跟领先着地，两腿并拢，再换另一条腿，反复练习。

3. 易犯错误、原因及纠正方法

第一，向后引腿不到位，原因是动作紧张、不熟练及对正确动作位置的感觉差，练习中可利用触及固定标志物的办法来建立引腿的正确位置感觉。

第二，重心随引腿动作产生上下起伏或同时引起重心不稳的合并错误，原因是受浮腿收引动作协同性干扰或引腿路线偏离身体纵轴线及幅度过大的影响。纠正的方法：保持较低的开始姿势再向后引腿，并有轻度内转膝的动作；收腿时大腿向胸下提送；上体放松。

4. 使用方法

它是初学者的分解教学手段之一，也是提高速度轮滑者专门性力量耐力和改进收引腿技术的重要内容，但要根据训练主要目的安排做工时间。对有一定训练基础的运动员要注意提高前送小腿的速度。

【例】模仿直道滑行（连贯动作的诱导性练习）

1. 作用

用诱导的方法，使初学者体会和学习直道滑行的基本连贯动作及动作路线。

2.动作方法

双手背后互握，一侧腿先做向侧蹬地、收引腿、前送着地、支撑的连续动作后，接另一腿的上述连续动作，两腿交替反复练习。

3.教学、训练要点

第一，保持正确的身体姿势，不可有多余动作。

第二，动作连贯而有节奏。

第三，上体放松，重心平稳。

4.易犯错误、原因及纠正方法

动作不连贯、脱节是由于动作不熟练、紧张所致，用合理地增加练习次数及减少各环节间的停顿时间来纠正上述错误。

5.使用方法

在初级的动作教学中，用诱导的形式，由浅入深地引导，以便形成完整的动作概念和简单的滑行动作。注意：它与速滑技术差别很大（近固定蹬伸），因此在技术训练中要注意配合使用与蹬地技术相近的手段进行练习。

【例】模仿轮滑移动重心

1.作用

学习轮滑移动重心及蹬地开始阶段的动作，改进移重心的技术，纠正滑跑摆肩的动作及蹬地不实的技术等。

2.练习方法

呈侧蹬地姿势，由支撑腿主动向内倾倒同时移动重心开始，用脚内侧蹬地（伸髋、膝）将身体重心推至另一腿上方的垂直位置，反复练习。

3.教学、训练要点

第一，移动中保持头和臀（纵轴线）的同步平行移动。

第二，上体平稳，重心低。

第三，支撑腿主动向内倾倒，压缩蹬地角。

第四，掌握好蹬地时机。

4.使用方法

利用逐渐加大幅度、降低姿势、加快移动速度提高练习难度。配合双臂摆动可作为协调性练习。对有一定支撑能力的和动作较熟练的，可将重心移至支撑脚的外侧。

【例】模仿滑行倾倒

1.作用

学习、体会模仿倾倒的动作，提高轮滑倾倒及蹬地时机的技术。

2. 练习方法

呈两腿并拢的单脚支撑轮滑姿势，浮腿轻微离地面，以臀部发力，向侧顶髋，随着向侧方倾倒，当达到适宜的蹬地角度时，支撑腿以远固定的肌肉工作形式迅速蹬伸，并将体重推向侧方，浮腿始终位于胸下，随着上体的移动，在侧位 2～3 脚远处以全脚掌着地，此时蹬地腿放松收回至并拢，再做另一侧的倾倒，反复练习。

3. 教学、训练要点

第一，以臀部发力（向侧顶髋）。

第二，倾倒时保持鼻、膝、踝三点成一直线。

第三，浮腿始终位于胸下，防止侧跨。

第四，控制蹬地时机不要过早。

4. 易犯错误、原因及纠正方法

第一，向侧跨腿成反支撑，其原因是有恐惧心理或向侧跨步幅度过大，纠正时可在有帮助的条件下如皮筋牵引等，也可以在同伴的帮助下，做不跨步的左右倾倒进行辅助性练习。

第二，翻肩，原因是动作不熟、上体紧张并用肩发力做倾倒而造成的错误。纠正方法是：强调蹬地腿的同侧肩在倾倒时，有下压的动作（保持肩背平行）。

5. 使用方法

从高姿势和小幅度开始练习，待动作熟练后逐渐降低姿势及适当加大幅度。

【例】模仿直道滑行

1. 作用

利用模仿的方式，学习直道滑行的连贯动作和提高直道滑行技术，也是增强专门性力量耐力水平的有效手段。

2. 练习方法

呈单腿支撑的轮滑姿势，浮腿向前摆动（做着地动作），靠近支撑腿后，蹬地腿以臀领先向侧方蹬出，上体平行向侧方移动，当支撑腿与地面形成适宜的蹬地角时，用脚内侧迅速蹬地，浮腿位于胸下随上体平稳地向侧方移动，跨出三脚左右的间隔距离轻擦地面着地。蹬地腿伸直后借助蹬地的反弹力量，以膝关节领先迅速做向内摆腿动作成开始姿势，反复练习。

3. 教学、训练要点

第一，两腿蹬收协调配合。

第二，注意掌握蹬地时机、蹬地角度和蹬伸速度。

第三，注意浮腿前送着地时机及动作。

4.易犯错误、原因及纠正方法

第一，动作分解不连贯，其原因是单脚支撑时间过长，蹬地后腿在侧位停留时间长，协调性差、动作紧张、不熟练。纠正方法：反复练习，逐渐加大难度，缩短启动时间，掌握收腿时间。

第二，身体上下起伏，原因是蹬地角过大及蹬地过早。纠正方法：先体会和练习蹬地角。

第三，收腿缓慢没弹性，原因是浮腿向侧跨步距离过大后蹬地不积极。纠正方法：由小幅度的滑行开始练习，逐渐加大动作幅度，注意提示放松收腿。

5.使用方法

作为技术训练手段时练习的时间不宜过长，要求运动员有模拟的真实感。它也是专门性力量的练习手段之一，即使练习的时间长，也必须保持练习过程中的动作质量。

【例】模仿直道双摆臂（短距离摆臂）

1.作用

初学者学习和掌握摆臂的动作及练习方法，改进并提高运动员短距离滑跑摆臂的技术。

2.练习方法

两手半握拳，左侧臂置于体前，肘关节呈微屈状态，手在腭下。右臂置于体后，肘关节伸直，手臂高于臀，摆臂是双臂贴近躯干，以手领先，前后交替快速摆动。

3.教学、训练要点

第一，摆臂过程中保持正确的滑跑姿势。

第二，注意摆臂的路线方向、位置和时机。

第三，注意摆臂用力特点（加速摆臂的特点）。

4.易犯错误、原因及纠正方法

第一，摆臂动作机械、死板，原因是肩肘关节紧张，连贯性差。纠正方法：首先体会双臂自然下垂的放松摆动，逐渐加快摆速及用力程度。

第二，摆臂时转肩或带动上体起伏，原因是向侧或向上摆臂反应度过大和肩关节紧张而致。纠正方法：保持身体姿势，固定头的位置，强调肩、肘关节放松，双臂靠近躯干（手贴近大腿）向滑行方向摆出，在前后高点要有止动。

5.使用方法

初学者可结合基本姿势进行练习。在与腿部动作配合练习时，要注意腿的蹬伸与摆臂同时开始、同时结束。提高摆动频率及速度时，可利用调节肘关节角度和摆动幅度。由于战术的需要可以调整摆动方向。优秀运动员改进摆臂技术时，最好在完整的技术动作条件下（采用滑跳、滑板等）练习，效果会更佳。

【例】模仿轮滑直道单摆臂（中、长距离）

1. 作用

学习单摆臂的动作，提高中、长距离滑跑的摆臂技术。

2. 练习方法

左臂放松置于背后（腰部），右臂自然前后摆动，手的前高位处在头的下方，后摆时上身与躯干基本平行或手稍超过臀部，摆动时要以手带臂靠近身体，用加速的运动形式前后摆动。

3. 教学、训练要点

第一，有节奏地快速放松摆动。

第二，注意摆动的协调性。

第三，注意摆动的方向和路线。

第四，摆动的频率要快。

4. 易犯错误、原因及纠正方法

第一，后摆过高或侧向摆幅过大，造成肩下沉、扭转等，纠正时采用限制向后摆动的幅度，提示摆到位时的止动动作。

第二，左臂肘部向左突出，原因是手臂的位置偏上而造成背部肌肉紧张。纠正方法，肘关节放松，保持自然弯曲状态靠近身体，将手放在腰部。

5. 使用方法

做单纯的摆臂练习用来纠正某个动作环节的错误，配合完整的动作练习时，其主要是改进动作的协调配合及提高动作的节奏性等等。

【例】模仿弯道双摆臂

1. 作用

使初学者通过练习能够掌握模仿弯道双摆臂的动作，提高短距离弯道滑跑的摆臂技术及协调配合能力。

2. 练习方法

呈弯道滑跑的基本姿势，两臂靠近身体（躯干）同时前后摆动，左臂夹紧并以肘关节屈伸为主、肩关节屈伸动作为辅，前摆至胸下，肘关节弯曲45°角左右，手不超过身体纵轴线，后摆时肘关节基本伸直，手不超过臀位。右臂摆动与直道的摆臂基本相似，但前摆方向要沿着弯道弧线方向摆出，手摆至头的前下方或超过纵轴线，肘关节弯曲成90°～110°角，后摆时要沿前摆路线将臂摆至稍高于臀的位置。

3. 教学、训练要点

第一，注意左臂摆动的方法。

第二，注意两臂的协调配合。

第三，注意摆臂方向、节奏。

4. 易犯错误、原因及纠正方法

第一，左臂摆动幅度过大，原因是受右臂协同干扰和左肩屈伸动作过大，纠正时可先练习左臂单独摆动，提示以肘关节为主的摆动动作。

第二，右臂后摆时向侧幅度过大，造成上体不稳、翻肩、蹬地无力等错误，纠正时利用限制肩关节外展的动作，提示右臂靠近身体摆动。

5. 使用方法

第一，做弯道摆臂练习可利用坡路、倾斜滑板及皮筋牵引等，使身体保持与弯道滑跑姿势基本相同。

第二，初学阶段先做分解的左、右单摆练习，重点是左臂，然后再做配合练习。

第三，配合练习时最好能与其他专门性练习结合起来，更有利于提高摆臂技术的实效性。

【例】模仿弯道蹬地和收腿（诱导性分解练习）

1. 作用

学习和掌握弯道蹬地、收腿的基本动作，提高和改进收腿技术。

2. 练习方法

呈弯道背手滑行的姿势，重心放在左腿上，用脚外侧支撑，两腿并拢，右脚用脚内侧着地，轻擦地面以脚跟用力向侧推出，充分伸直，然后以膝领先，保持小腿与地面的角度，屈膝（折叠）收腿至左脚的前内侧，脚跟着地后用内侧支撑并承担体重。待重心平稳后，以左脚跟用力（领先）向右侧方推出，使膝关节充分伸直，然后以膝关节领先向左提拉收腿至右腿内侧，用脚跟先着地后利用脚掌外侧支撑并承担体重，两腿反复练习。

3. 教学、训练要点

第一，注意蹬伸、收腿动作方法。

第二，注意收腿落地位置和支撑的部位。

第三，保持弯道滑行的基本姿势。

第四，注意左腿的侧蹬冰（蹬地）动作。

4. 易犯错误、原因及纠正方法

第一，左腿向侧蹬不直，原因是髋关节外侧韧带的韧性差。纠正方法：利用提高髋部的专门柔韧性，如左直腿外侧坐等。

第二，收腿时翘臀，原因是腿部无力或向内转肩。纠正时注意提示收腿时脚跟不离地。

第三，蹬伸、收腿脚离开地面，原因是动作紧张或概念不清。纠正方法：收腿放松，并有压膝的动作。

5. 使用方法

第一，它对初学者学习简单的弯道蹬地、收腿动作有诱导性的作用，当每个单一动作能够达到要求后要强调动作的连贯性，或采用连贯性较强的练习。

第二，在坡路上或利用固定物、皮筋牵引及双人练习时，可以降低难度。

【例】直体提腿蹬伸走

1. 作用

提高髋、膝、踝三关节韧带固定能力及伸肌群在退让工作形势下的力量水平。

2. 练习方法

预备，呈提膝站立的姿势，两臂置于背后互握，挺胸抬头开始时重心前移，提踵，摆动腿向前迈出一步的距离，随重心向前移动（身体向前倾倒），摆动腿以全脚掌着地，成速滑单腿支撑的姿势，固定髋、膝、踝三关节角度（不得缓冲），同时蹬地腿变为浮腿，置于支撑腿的正后方（大腿与地面垂直、小腿与地面平行、踝关节放松的状态），做静力支撑（8～10秒钟），然后支撑腿站立呈预备姿势，连续向前做上述走的动作若干次。

3. 教学、训练要点

第一，利用前倒将身体的重量全部落在支撑腿上。

第二，支撑阶段要保持关节角度及平衡。

第三，向前迈出的距离要适中。

第四，蹬地腿要迅速转变为浮腿并放松。

4. 易犯错误、原因及纠正方法

第一，蹬伸缓慢、节奏性差，其原因是摆动腿向前迈出幅度过大、伸肌群无力或动作的节奏错误。纠正方法：开始练习时向前迈出的幅度稍小，待动作熟练后再适当加大幅度，蹬伸时要使身体垂直向上，防止后蹬前串的错误。

第二，摆动腿落地后有缓冲，原因是支撑腿无力、向前迈出步子过大等。纠正方法，适当增加或配合力量练习，此外还要提示达到适当的关节角度后，要有止动动作。

第三，浮腿位置错误、重心不稳，其原因是浮腿紧张、收腿动作不及时、浮腿偏离身体纵轴线。纠正时采用浮腿放松、迅速跟上和提示浮腿位置的方法。

5. 使用方法

一般情况下在平地上练习，为增加负荷也可以在下坡、下台阶或由高处向低处跳下（适当高度）的方式练习。

【例】弯道技术的滑行练习

1. 作用

改进弯道滑行技术，提高弯道滑跑专门性的机能能力。

2. 练习方法

利用轴辘，根据速度需要，在不同的弯道半径上（8～10米），完成连续的弯道动作练习。

3. 教学、训练要点

第一，保持一定的滑速。

第二，防止晚蹬、慢蹬、后蹬及拖滑。

第三，保持身体姿势及弯道滑行的倾斜角度。

第四，注意双腿连续蹬地的技术。

第五，动作连贯，配合协调。

4. 易犯错误、原因及纠正方法

第一，身体倾角大（蹬地腿与地面），其主要原因是速度慢（不能连续蹬地），造成重心不稳及产生多余动作。纠正方法：提高和保持速度，使支撑腿自然形成倾斜角，更有利于练习技术。

第二，左脚下脚开角过大，原因是向内转、向外甩臀、下脚位置偏后、下脚方向不是切线，滑速慢等等。纠正方法：提高或保持滑速、控制上体姿势（头正、肩平）、有向左顶臀的动作，左脚下脚时要靠近右脚，有快速前送动作并以后轮领先着地。

5. 使用方法

第一，一般选择10～15米的半径。具体内容安排要根据训练目的、运动员的训练水平而定。

第二，以改进技术为主的练习，一般时间和距离不要长（1～2分钟左右），采用重复训练的方法。

第三，根据需要，练习可从小半径开始，随着速度的增加逐渐进入规定的跑道。

注意：训练前要对轮子进行检查和经常保养，有利于训练及防止意外事故发生。

【例】平地向前屈膝走

1. 作用

提高专门性的力量耐力（腰、腿部），对初级水平的练习者也有提高支撑及平衡能力的作用。

2. 练习方法

呈轮滑单腿支撑的基本姿势，双手背后互握，重心稍向前移动后，支撑腿屈膝压踝，按伸展髋、膝、踝三关节的先后用力顺序，以加速形式迅速向后蹬伸，同时浮腿向前迈出一大步并用脚跟领先着地，重心迅速跟上并继续向前移动，准备蹬地，另一腿从离开地面后便随身体的移动做向前提拉收腿的动作，连续屈膝走。

3.教学、训练要点

第一，支撑要稳定，三点成一线。

第二，蹬伸迅速、有力。

第三，没有双脚空阶段。

第四，支撑腿要保持轮滑基本姿势的关节角度。

第五，节奏明显，动作连贯。

4.易犯错误、原因及纠正方法

第一，蹬地时重心起伏，原因是蹬地过早形成跳的动作。纠正方法：待重心移至支撑腿的前脚掌后再蹬。同时提示用走的方式而不是跳或跑。

第二，身体姿势过高，支撑腿无力（多在训练的后程出现）。纠正方法：提示、鼓励、说服降低姿势，坚持到底。

第三，腿蹬不直，蹬伸的顺序错误，原因是蹬伸时过早展踝（提脚跟）。纠正方法：蹬伸时随重心向前移动首先完成展髋（屈膝压踝）的动作，控制脚跟离地面。

三、轮滑训练计划制订

训练计划，是指为完成某一个具体训练任务而设计的训练方案，往往教练员的训练意图都要通过设计的训练方案体现出来，这种方案简称教案。

由此可见，作为一个教练员，他不仅要会使用训练手段与方法，更应会制定训练的具体方案，方案制定正确与否必定会影响到训练任务的完成。构成训练方案的主要因素包括，组织的方法、练习的数量、练习的强度、练习的次数、练习组数、次间休息时间、组间休息时间、休息方式、规则（比赛法）、训练条件以及所选用的练习手段。每个因素不仅起着"本质"的作用，它们之间又相互联系、相互作用、相互制约。所以在制定每个训练方案时，除了考虑到合理地规定每个因素的参数外，还要考虑到它们之间的内在联系，使训练方案达到最佳化。

第七章　轮滑在不同运动形式中的应用

第一节　花样轮滑

一、花样轮滑基本练习与教学

花样轮滑比赛项目包括男、女单人滑；男、女双人滑；舞蹈（男、女双人）三项。单人滑包括规定图形和自由滑两部分，其中自由滑又分短节目和长节目两种；双人滑包括短节目和长节目；舞蹈包括规定舞、创编舞和自由舞。

（一）花样轮滑的基础技巧练习

滑行除直线滑行外，还包括弧线滑行。弧线滑行包括前外、前内、后外和后内 4 种，这 4 种弧线构成了花样轮滑千变万化的滑行动作。也就是说，一切花样轮滑动作所滑出的线痕，都离不开这 4 种线痕的基础，所以要想学好花样轮滑，必须认真学习和掌握好这 4 种弧线的滑行方法，这样才能为花样轮滑的学习打下良好的基础。

1. 前外弧线

以左脚滑前外弧线开始，右脚内轫蹬地，左脚外轫滑出，身体稍向左侧倾斜，重心落在左脚上，左臂在前，右臂在后，左髋在前，右腿伸直在左腿后后举，左腿滑行时微屈膝。

滑行中，两肩缓慢左转，右腿由后往前移。滑到圆形弧线一半时，两肩与弧线成垂直位置，右腿靠近滑足，两臂在身体两侧平举。

在滑过弧线一半时，右臂向前，左臂向后，右髋向前，右脚在滑足前。

当滑行速度减慢时，右脚落地滑前外弧线，左脚内轫蹬地，身体向右侧倾斜移至右腿上，左臂在前，右臂在后，右髋在前，左腿伸直在右腿后后举。其他动作与左脚滑前外弧线动作完全相同，只是左右位置互换，身体姿势也随之变换，依次两脚交替反复滑行。

练习方法：

第一，依照上述方法和身体姿势要求，以一脚外轫不间断滑行，另一腿连续蹬地，体会身体重心的位置。

第二，在上述练习的基础上，按照动作完成方法，两腿交替做短弧线外轫滑行，体会全身的协调配合与身体重心的移动特点。

2. 前内弧线

以左脚滑前内弧线开始，用右脚内轫蹬地，身体重心落在左脚，内轫滑出，开始姿势右臂在前，左臂在体侧，右脚伸直后举。

滑过弧线一半时，两臂交换前后位置，右脚移至滑足前面，在滑行速度减慢时，右脚落地以内轫向前滑出，身体右移，重心落在右脚内轫上，左臂在前，右臂在体侧，其他动作除左右变换外与前相同。

练习方法：

第一，先以左脚内轫滑出，右脚连续蹬地做左前内轫滑行，体会重心位置和身体各部位的正确姿势，然后两脚交换进行练习。

第二，在上述练习的基础上，配合身体姿势的变换，做左右脚交替前内轫短弧线滑行，逐渐加长滑行弧线。

3. 后外弧线

以右脚滑后外弧线，可先向右做后压步。左脚内轫蹬地后，右脚外轫落地向后滑弧线，动作开始时，将左脚留在右脚前面，头由右肩上向后看，右臂在后，左臂在前，身体向右倾，滑腿稍屈膝。当滑过弧线一半时，头仍向右看，两臂随身体左转互换前后位置，滑腿逐渐伸直，左脚放到体后。当滑行速度减慢时，做后压步，再进行右后外弧线滑行。

练习方法：

在以后压步开始的后外弧线滑行动作熟练之后，做左右脚交换的后外轫弧线滑行，交换腿的同时，头随身体、手臂的转动而自然转动。反复交替练习。

4. 后内弧线

滑弧线时，右臂在前，左臂在后，身体稍向左倾，头从左肩上向后看。滑过弧线一半时，浮足移至滑腿的侧前方，上体姿势不变。当滑行速度减慢时，再做向左后压步，继续做右后内弧线滑行。

练习方法：

第一，在做后压步的过程中，当右脚以内轫着地做向后弧线滑行时，保持身体姿势不变，尽量延长右后内弧线滑行时间，体会身体重心的位置和滑行时身体的正确姿势。

第二，在单脚后内弧线滑行的基础上，左右脚交替进行后内轫弧线滑行。此时头、上体和手臂应随着两腿交换而进行转动，以保持正确的后内轫弧线滑行的身体姿势。

（二）花样轮滑的自由滑教程

1. 步法

自由滑的步法是在规定图形中的各种弧线、转身等方法上的引申，加上基本滑行技术所组成。当然其技术是图形的主要部分，如弧线、转"3"、双"3"、变轫、括弧、勾手、结环以及它们之间的组合构成。自由滑的步法与规定图形滑法的不同之处，主要表现在自由滑的转尖（转"3"、变轫、括弧和结环等）前后的种种联合上，自由滑转动更加灵活，其技术难度在完成各种步法上得到了完美的发展。当然，自由滑的步法组合可长可短，但必须与所选用的音乐节奏、特点相吻合。

步法在自由滑中的重要之处，还在于它是将所有自由滑动作与动作之间组合成一套完整的自由的桥梁，是表现各种不同的艺术风格的重要手段。因此有人称步法是组成自由滑的四大要素之一。

在完成自由滑的步法时，要注意动作的幅度、身体的姿态以及滑行的圆滑性和流畅性，特别是与所选音乐节奏、风格等特点有一致性。而这些是通过滑行中的身体各部分的表演、特别是通过滑行腿膝关节的弹性与浮足摆动的配合，还有身体的倾斜和肩、臂的交错动作来体现的。

在自由滑的内容中，为了充分展现每个人步法的难度和技巧，将步法作为一个重要内容安排在自由滑的节目中。常见的步法组合有直线步、圆形步和蛇形步。

（1）直线步

一般有两种滑法：沿着场地的纵轴，从一端滑到另一端；另一种是从场地的任意一个角沿着对角线，从一端滑至另一端。

（2）圆形步

尽量利用场地的横轴长度滑一个圆圈，此圆一般安排在场地中央进行滑行，也可以侧重在场地的一端滑一个圆圈。

（3）蛇形步

沿着场地的纵轴滑一个类似驼峰式的曲线。从场地一端尽最大可能地利用场地滑出 S 曲线至另一端。

2. 跳跃

跳跃的种类较多，一般根据起跳方式分为单足跳（用轫起跳）和双足跳（也叫点冰跳，即一脚用轫，另一脚用制动器点地）。

（1）单足跳

单足跳分为向前滑起跳（"3"字跳、一周半跳、3 周半跳等）和向后滑起跳（结环跳、不点冰的勾手跳等）。

（2）双足跳

有兔跳、点冰勾手跳、后外点冰跳、后内点冰跳（包括 1～4 周）等。

跳跃动作：指练习者通过轮滑鞋蹬地，对地面施加力，同时地面给练习者以大小相等、方向相反、作用于一条直线上的反作用力，使练习者腾空跳起，在空中进行位移后，又落回到地面的运动过程。它包括准备起跳、起跳、腾空转体、缓冲落地滑出 4 个技术阶段。

起跳前的准备：快速滑行是练习者起跳水平速度动力的来源，并为获得垂直向上腾起速度、空中转体创造了必要条件。

迅速、合理、有力的起跳，是完成腾空和转体的直接动力。

腾空、转体的正确姿势：要求头要正，躯干要直，当身体腾跳至最高点时，两臂应尽量收紧于胸前，两腿自然伸直成反交叉姿势。

正确的落地滑行是利用落地腿的膝、踝、髋的屈伸合理进行缓冲，圆满完成整个跳跃。

只有了解上述各个技术阶段的内容和作用，才能更好地去学习和掌握跳跃动作，正确地完成跳跃技术。

第一，"3"字跳。这是用前外韧起跳，在空中转体180°，用后外韧落地的半周跳。

起跳前：在快速滑行中做一右后外韧弧线滑行，两臂侧举成左肩、左臂在前，右肩、右臂在后，浮足在后，滑腿微屈，做好起跳准备。

起跳：从右后外换左前外时，上体微向左转，用左脚滑一前外弧线，身体重心迅速移至左外韧，此时左肩、左臂在前，右肩、右臂在后，左腿屈膝，两臂和浮足向后拉紧。起跳时，滑腿深屈（但膝的垂直落点不超过足尖），上体直立，两臂和浮足靠近身体，经下向前摆过垂直部位后，左脚迅速蹬直起跳，使身体向上腾起，同时两臂上摆至水平位置，浮足沿身体纵轴画弧上摆，使身体重心沿滑行方向腾空。

腾空转体：身体腾空后，向逆时针方向转体180°，身体挺直，两脚展开，两臂从体侧自然下落并打开。浮足从上向下伸展，做好落地准备。

落地：用右脚后外韧落地，腿深屈缓冲，左肩、左臂向前，右肩、右臂在体侧。

练习方法：

①不穿轮滑鞋做"3"字跳的模仿练习。

②由逆时针方向向后压步，做右后外滑行，换脚，做左前外屈膝滑行，浮足自然向后摆。

③原地弓步站立开始，模仿起跳，腾空转体，落地。

④原地做完整动作的模仿练习，重点体会正确的落地缓冲技术。

⑤在低速滑行中做"3"字跳。体会动作的全过程，逐渐掌握动作要领后，慢慢加快滑行速度。

注意事项：

①滑行速度与掌握动作的水平相适应，在掌握动作技术后，逐渐加快滑行速度。

②落地缓冲要充分，四轮落地要快，以保证落地时身体的稳定。

③空中转体时，身体保持直立的姿势，两臂摆动要平、齐。

④起跳时，身体不要倒向弧线的圆内，要向滑行方向腾起。

第二，兔跳。它是在向前滑行中，不转体的简单跳跃动作。

完成方法：

身体成直立姿势，两脚平行站立，右肩、右臂在前，左肩、左臂在侧后，右脚制动器后蹬，左脚平韧滑出。右脚前摆动，左脚同时向上起跳，左臂向前摆，右臂后摆。在空中像走步姿势一样。左脚四轮和右脚制动器同时落地，两手恢复起跳前的姿势。右脚制动器触地后立即向后蹬地，用左脚向前滑行。重复上述动作。

练习方法：

不穿轮滑鞋，原地做兔跳的模仿练习；穿好轮滑鞋，由原地起跳，做兔跳动作；在向前滑进中完成兔跳动作；掌握单个兔跳动作后，可在滑进中连续完成兔跳。

第三，后外点冰（即地）一周跳。后外点冰一周跳是以后外滑行腿为支撑腿，用浮足在体后点地起跳，腾空后身体向逆时针方向转体360°，右脚后外韧滑出。

起跳前：快速滑行中，用右脚滑一前内弧线，换右脚滑前内"3"，转"3"后，用右脚滑后外弧线，弧线要直，浮足在后远伸，滑腿深屈，左肩、左臂在前，右肩、右臂在后，上体直立，准备点地起跳。

起跳：两臂下摆，浮足点地，腿尽量伸直。点地后，滑行腿迅速蹬直，身体重心后移至点地脚，点地脚用力撑住跳起，两臂与滑脚摆向起跳方向，使身体向上腾起。

腾空转体：保持身体直立姿势腾空后，两腿并拢，两臂在胸前收紧，迅速向逆时针方向转体360°。

落地：落地时，两臂下落，左肩、左臂在侧前，右肩、右臂和浮足侧后引，用右脚缓冲落地用外韧向后滑出。

练习方法：

①后外弧线滑行中，模仿点地和蹬直滑脚的起跳动作。

②原地做点冰跳转体360°的模仿练习。

③低速滑行中，做后外点冰一周跳，逐渐掌握后加快滑行速度。

注意事项：

后外点地的位置是在起跳弧线延长线的内侧，它有利于获得较大的旋转力矩，同时保证起跳脚的正确用韧。

第四，后内点冰一周跳。是由一只脚内韧向后滑行，由另一只脚点地跳起，身体在空中转体360°，以滑行（起跳脚）后外韧落地滑出的动作。

起跳前：快速滑行中，用右脚滑一较直的后外弧线，左肩、左臂在前，右肩、右臂在后，浮足在后。

起跳：在右后外滑行将要结束时，用左脚滑一前外弧线，左肩、左臂在前，右肩、右臂在后，浮足在后，滑行腿逐渐弯曲，向逆时针方向转体180°，保持原身体姿势，由左前外韧变成左后内韧滑行，浮足向后伸直。两臂经下向上摆，同时浮足腿伸直点地，身体重心由滑脚过渡到点地脚，滑行腿迅速蹬直离地，点地脚最后撑离地面，两肩、两臂摆平，滑脚摆向起跳方向。

腾空转体：身体腾空后，两腿并拢，及时收紧两臂于胸前，迅速向逆时针方向转体360°，眼看旋转方向。

落地：落地时，两臂下落，左肩、左臂向前侧伸直，右肩、右臂和浮足向侧后伸。以右脚屈膝缓冲落地，以外韧向后滑出。

练习方法：

①双脚平行向后滑行，两臂侧举，浮足向后远伸点地，滑腿蹬直，模仿蹬直滑腿和浮足点地的起跳动作配合练习。

②双脚向后滑行，抬起右脚，深屈左腿，两手侧举，右脚向后远伸点地起跳，腾空后保持直体姿势，然后以右脚落地缓冲向后滑行。

③低速滑行中，做完整的后内点冰一周跳练习，待熟练后加快滑行速度。

注意事项：

①右脚点地的位置不能离开滑行弧线太远，以免影响两脚的协调起跳动作。

②起跳时，要注意两腿与两臂的协调用力。

3. 后内、外结环一周跳

（1）后内结环一周跳

后内刃起跳，在空中转体360°，另一只脚后外刃落地。

起跳前：快速滑行中，做较长的右后外弧线滑行，弧线要直。左肩、左臂在前，右肩、右臂在后，或两臂同时在体后，浮足靠近滑行脚，做好左前外刃滑行的准备。

起跳：上体微向左转，用左脚滑前外刃弧线，然后向逆时针方向转体180°滑后内刃弧线，弧线不要过小转体后，左肩、左臂在体前，右肩、右臂在后，滑行腿屈膝，两臂靠近身体向上摆，蹬直滑腿，将身体重心抛向起跳方向。

腾空转体：身体腾空后保持直立姿势，向逆时针方向转体360°，两臂收紧在胸前。落地：落地前右腿自然下垂，两臂打开，左肩、左臂侧前伸，右肩、右臂侧后伸，浮足向侧后引，右脚落地，后外刃滑出。

练习方法：

①转"3"后，应保持较长的左后内弧线滑行，后内弧线直一些，浮足及同侧肩、臂保持在后，滑腿深屈，浮足后摆，体会起跳前左后内滑行的正确身体姿势。

②原地做后内绕环跳的模仿练习，体会四肢与起跳动作的协调配合技术。

③低速滑行中，做后内绕环一周跳，逐渐加快滑行速度到正确速度。

注意事项：

①起跳时，上体不能过分前倾，防止身体重心落后于滑脚。

②起跳前控制好身体平衡，起跳用刃要纯，快速起跳。

③落地缓冲时，落地腿膝部要有弹性，浮足不要向弧线里侧引。

（2）后外结环一周跳

后外结环一周跳以后外刃起跳，在空中转体一周，以起跳脚的后外刃落地。

起跳前：快速滑行中，左脚滑一前内刃弧线，接着右脚滑一前内刃弧线，再以左脚滑一后内刃弧线（其间转体180°），此时左肩、左臂在前，右肩、右臂在后，上体保持直立姿势。

起跳：以右脚滑一后外弧线，右腿屈膝，左肩、左臂在前，右肩、右臂在后，浮腿在前与滑腿交叉，两臂经下向起跳方向上摆，滑脚同时迅速蹬直，使身体腾空。

腾空转体：身体腾空时，浮足随两肩上摆，向逆时针方向转体360°。两臂在胸前收紧。

落地：旋转接近一周时，迅速展开两臂，浮足前伸，绕滑脚摆动向后，滑脚触地，滑腿深屈缓冲，成右后外刃滑出。

练习方法：

①不穿轮滑鞋做原地起跳，转体练习。

②做逆时针右后外刃滑行，深屈滑腿，浮足与滑脚成前交叉，上体直立，左肩、左臂

在前，右肩、右臂在后，做右后外弧线滑行，为起跳做好准备。

③在原地做后外结环的模仿练习。

④在低速滑行中做后外结环跳完整动作。

注意事项：

①起跳时，上体不要过分前倒或向圆内倾倒。

②落地时，浮腿不要引向弧线里侧，滑出的线痕尽量直些。

4. 勾手一周跳

勾手一周跳以后外韧滑行，浮足点地起跳，在空中转体一周，用点地脚后外韧落地滑出的动作。

起跳前：快速滑行中，用左脚滑一较长的后外弧线，左肩、左臂在前，右肩、右臂在后，浮足在后尽量离滑脚远些，上体微前倾，滑行腿深屈。

起跳：左脚用力伸直蹬地，身体重心移至点地脚，用右脚制动器与前轮点地起跳，使身体腾空。

腾空转体：身体腾空后，两腿并拢，保持身体直立姿势，两臂快速收至胸前，沿逆时针方向转体 360°。

落地：落地时，两臂展开，用右脚后外韧落地，深屈滑腿缓冲，浮足摆至体后，左肩、左臂在前，右肩、右臂在侧后方，向后滑出。

练习方法：

①双脚向后滑行，两臂侧举，抬起右脚，深屈滑腿，右脚向后远伸点地起跳，腾空后保持身体直立姿势，再以右脚后外韧缓冲落地向后滑出。

②做完整的勾手跳动作，以双脚落地。

②在低速滑行中，做完整点冰勾手跳的动作，待掌握后逐渐加快滑行速度。

注意事项：

①起跳时，蹬地起跳顺序为滑腿先蹬直，浮足接着点地；滑脚先离地，点地脚后撑离地面。

②点冰脚点地的位置在滑行脚线痕的延长线上，以保证滑脚起跳用韧的准确性。

③起跳时，上体不要过分前倾，腾空时身体保持直立姿势。

5. 一周半跳

一周半跳是唯一向前起跳的周跳，可以说是花样轮滑跳跃中的门槛，很多练花样轮滑的人都是因为完成不了一周半跳，最后放弃练习花样轮滑。一周半跳比较难练，有些选手能跳 2 周，但很难跳好一周半跳。

以左脚起跳为例，左脚前外韧起跳，在空中沿逆时针方向转体一周半，接着用右后外落冰，这是具有代表性的单足跳跃动作。

助滑是用压步或其他任何步法获得滑行速度，然后滑右后外韧，动作要求同"3"字跳。

缓冲：同"3"字跳。

起跳：基本动作与"3"字跳相同，浮足的鞭打动作更充分。下摆时，髋不要有任何转动，两臂与浮足对着滑行方向的正前方摆动，尽量靠近身体，滑足此时承担最大的压力。在上摆时，要抓紧时机向旋转方向预转，大约转过90°，两臂与浮足摆至水平位置，滑足迅速蹬直。

空中：进入空中后，身体重心由起跳足迅速移至浮足，转体半周（在冰面上转体90°，空中转体90°），此时起跳足（左）向浮足收紧，像反直立转的收浮足一样，形成反直立转的姿势。切忌将浮足收向起跳足，成正直立转的姿势（参阅旋转部分）。两臂从平举的位置收至胸前，此时浮足与两臂只能沿旋转的半径方向靠近身体，绝不能向旋转方向有任何用力地企图，否则不但不能增加转速，反而会破坏平衡。在上升阶段应不失时机地收紧四肢，提高转速，头转向旋转方向。

落冰：在下降的最后阶段，迅速展开两臂和浮足，两臂从胸前侧展，浮足从交叉位置抬起大腿，在体前成水平位置，接着小腿从体前进伸，沿旋转圆的切线方向，绕身体的转轴，逐渐远离身体，摆向身体的后方，最后停止身体的转动。轮触冰后、踝、膝、髋做出柔和的缓冲，滑腿深屈，用右后外韧滑出，且应当滑出较大半径的弧线。

由于起跳时在冰面上预转了90°，落冰时，又提前缓冲90°，实际上，一周半跳在空中只旋转了完整的一周（360°），其他的跳跃动作也基本如此。

练习方法：

①助滑准备的练习。.

沿逆时针方向做后压步，起速之后做出右后外滑行的准备姿势，尽量长时间保持这一滑行姿势。

②缓冲练习。

在助滑准备练习的基础上，采用外换外的转体技术，从右后外换左前外屈膝滑行，浮足自然向后摆动，小腿折叠，尽量长时间保持这一滑行姿势（参阅一周半跳）。滑进时，不能扭转身体，肩、髋正对滑行方向。一般运动员在滑进过程中容易转髋，而无法保持这一滑行姿势。两臂后摆要整齐、一致。可以不穿鞋，在地上做此姿势的静止练习，这个姿势俗称"弓箭步"。

另一种练习方法是运动员先原地做出弓箭步的姿势，教练员一手握其浮足，一手扶腰，推着运动员向前滑进，以帮助运动员体会这个动作的正确要领。

第三，起跳练习。

①摆动腿练习。运动员手扶墙或其他支持物，单足站立（左足），做浮足后摆、下摆和上摆的连续动作练习，体会浮足的鞭打技术。后摆时，一定要折叠小腿，做到有脚跟在后踢臀的感觉，像踢足球一样，做出鞭打动作。

②摆臂练习。呈弓箭步的姿势（浮足触冰），做两臂向后摆动、下摆和上摆的练习，上摆至水平位置，两臂同肩宽。

③双足平行站立前滑，然后屈膝，双臂后摆，接着前摆，然后蹬直双足跳起，在空中身体直立，双臂摆至水平位置同肩宽，然后双足落冰。重复练习双足跳。

④完成上述练习之后，可进行蹬摆的配合练习。先做缓冲动作，用上述摆臂和摆浮足

的办法配合滑足蹬直的练习。滑足蹬直时，两臂与浮足恰好摆至水平位置。如果两臂与浮足恰好摆至水平位置，而滑足还没蹬直，是一种错误的配合动作，起跳不但无力，而且容易导致身体失去平衡。滑足蹬直后，身体拉直，跃入空中，在空中不转体，用双足落冰，向前滑行。

⑤同④的练习相同，在空中转体半周，双足落冰，向后滑行。

第四，空中练习。

①做反直立转练习（参阅旋转部分），旋转时，两臂呈前平举，浮足屈膝，大腿抬至水平位置，脚贴近滑足膝（可不穿冰鞋，在地面上做同样的练习）。旋转中，两臂始终前平举（这样可检查是否有预转力），待进入稳定的旋转后，再将两臂收至胸前，加速旋转。

②收臂练习所有的跳跃动作在空中都是从前平举收至胸前，因此，可用拉皮筋的办法，从前平举的姿势收至胸前，增加收臂的力量和体会收臂的要领。

③为提高空中的旋转技术，可做以下几种辅助练习。

A.弹网练习，加入空中的旋转技术和身体的姿势。可做直体向上弹跳、空中旋转和简单动作的模仿。

B.模仿跳练习，不穿冰鞋在地面上做一周半跳的各种技术练习和完整的动作。

C.教练员在运动员身后，双手扶运动员的腰部，待运动员向上跳起时，帮助其扭转腰部，协助其增加在空中的转速，建立高转速的感觉。

D.采用手提式保护吊带，既可保护运动员，又可加深运动员在空中体会正确旋转的感觉。

以上四种辅助练习对所有的跳跃动作都是有益的、有效的。在平时的跳跃动作训练中均可采用。

第五，落冰练习。

①原地做弓箭步，浮足在后伸直触冰，两臂侧平举。稳定后，浮足稍离冰面，呈落冰的姿势。这种落冰姿势是四轮花样溜冰中最常用的一种动作，无论何种跳跃均以此势结束，因此是否掌握这个基本动作，对全套自由滑的质量有着重要的影响。必须对运动员进行专门和严格的训练。

②沿逆时针的方向做后压步，获得速度后，双足向上跳起，用右后外落冰，呈落冰姿势滑出。

注意事项：

①助滑的速度与运动员的技术相适应，尽量在较高的速度下练习，这样容易提高动作的质量。

②缓冲要充分，浮足应采用鞭打技术，这样会形成快速有力的起跳。浮足后摆时，膝先内转。

③起跳的下摆阶段，身体和髋不允许有任何转动，否则会失去平衡，落冰时身体倒向弧线的外侧。上摆时要及时预转，这是提高转速的关键一环。下摆和上摆一定要层次分明，不能混在一起。蹬、摆的配合要协调一致，两臂摆动要平齐。

④在空中，两臂要从前平举状态收至胸前，起跳足向浮足靠近，成反直立转的姿势。两臂在空中千万不能向身体的前方伸出，然后摆向后，也不是直接向后伸出。落冰时，四轮要迅速着冰，以保证落冰的稳定性。

6. 旋转

旋转是花样轮滑自由滑的主要内容之一，它对丰富自由滑的内容、表达音乐的风格和特点、增加整套自由滑的美感有着特殊作用。

（1）旋转的种类

旋转的种类较多，一般分为单独转和联合转。单独转包括：双脚转和单脚转；单脚转包括：直立转、蹲踞转、燕式转及弓身转。它们还可以用正和反两种方式完成。联合转则包括：跳接转、转接转、转跳转及跳转跳等。但是，它们都是以单独转作为基础。因此，掌握好单独转是完成旋转的首要任务。

（2）旋转的基本技术

旋转的基本技术包括：起转前的步法、起转、旋转和结束旋转4个技术阶段。

第一，起转前的步法。

旋转前的最后一步滑行，一般是滑后内轫曲线（其他曲线也可用）。滑行腿富有弹性，滑脚的同侧臂后引，另一臂向前伸，滑脚和浮足微屈，头转向浮足方向。其技术要点是：四肢远离滑脚的支点，保持好肩、髋的稳定及身体姿势的优美，为起转做好准备。

第二，起转。

起转可分为准备旋转的弧线和起转的弧线两个环节。

准备旋转弧线的半径较大，弧线较长。其作用是为旋转积聚动力，并且把身体重心移至另一条腿上。起转弧线的半径很小，弧线短。其作用是保证在原地形成旋转。

起转是旋转动作最复杂的技术阶段。它是练习者从绕圆心的圆运动，转变为绕制动点转动的关键性过渡技术阶段。它要求练习者进入以身体的纵轴旋转时，四肢向外伸展，以增加绕纵轴旋转的转动惯性；当身体平衡地进入旋转时，为了加速旋转，则要求两臂收紧在胸前或浮腿前，以增加绕身体纵轴旋转的角速度。

第三，旋转。

在绕身体纵轴旋转时，脚下的轮在地面上做圆周运动。它要求练习者在伸展四肢、稳定地进入旋转中心后，收紧双臂形成稳定的转轴，加快旋转速度或改变滑行姿势或换足从而完成旋转。

第四，结束旋转。

结束旋转要求展开四肢，达到远离转轴以增加转动惯性、减小旋转速度，停止旋转的效果，此时滑脚深屈膝缓冲，使身体平衡地结束旋转，并以优美的姿势滑出。

7. 双足旋转

双足旋转是用一只脚的前轮和另一只脚的后轮旋转。以向左逆时针旋转为例：用左脚的前轮和右脚的后轮旋转。旋转时，身体保持直立姿势，旋转时身体的重心在两脚的中间。

起转前步法：向左转体进行双脚旋转时，开始以右脚滑一后内韧较长的弧线（弧线半径要大些），左肩、左臂在前，右肩、右臂在后，浮足在滑脚后方的弧线上方，滑行腿膝部微屈。

起转：保持右后内韧滑行姿势。接着左脚以前外韧滑出，并向逆时针方向转"3"字，浮足由后方并拢于滑脚旁着地，左脚用前轮、右脚用后轮着地旋转，两手侧举。

旋转：保持身体直立、两手侧举姿势，平稳地进入绕纵轴旋转后，两臂收拢至胸前，加快旋转速度。

结束：当旋转速度减慢时，以左脚内韧蹬地，两臂向体侧打开，面向正前方，右脚微屈用外韧向后滑出。

练习方法：

①原地双脚站立，以两肩、臂的协调摆动做双脚直立转，体会正确的旋转姿势和两脚用轮的感受。

②低速滑行中，做完整的双脚旋转，重心在两脚中间，脚下用轮要准确。待熟练后，逐渐加快速度。

注意事项：

①开始双足转时，注意身体重心放在两脚中间，不能忽左忽右，否则身体会出现左右摇摆。

②开始做双足转时，为了体会正确的身体重心位置和姿势，可以不收手臂于胸前，做低速旋转，待身体重心位置和姿势准确后，再加速旋转。

8. 单脚直立旋转

单脚直立旋转是用左脚的三个轮子做支点旋转，身体重心落在左前内轮子上。

起转前步法：旋转前先以右脚滑后内弧线，右肩、右臂在后，左肩、左臂在前，浮足在滑行腿线痕的后上方，滑行腿深屈膝，上体直立，肩、髋不动。

起转：左脚滑前外韧弧线，左腿深屈膝，做转"3"字后，浮足由后摆向滑脚旁，脚尖自然伸直，两臂侧平举，上体直立进入旋转。

旋转：浮足从侧摆动至身体的侧前方，开始旋转，重心放在左脚前内轮子上（右后轮，前外轮为辅助轮），左腿由弯曲逐渐伸直。获得稳定的中心后，先收浮足小腿靠近滑脚，大腿与地面平行保持不动，头要正直。两臂经前平举收紧至胸前，加速旋转。

结束：旋转逐渐减慢时，左肩、左臂和浮足从体前展开，右臂侧展，用左脚内韧蹬地，深屈右腿用后外韧滑出，两臂同时侧举，浮足向后远伸，保持优美姿势结束旋转。

练习方法：

①做双足转，转动后身体重心慢慢向左腿移，逐渐抬起右腿，体会单脚支撑直立转的正确用轮及身体姿势。

②做两臂远伸侧平举的单脚直立转，重点体会身体重心落在前内轮子上的准确位置，同时保持正确的单腿旋转姿势。

③在以上动作的基础上做完整单脚直立转练习。

注意事项：

①起转时，浮足摆动的路线与位置要准确，不能上下起浮，以免影响滑脚及重心位置不稳定，造成无法形成旋转中心。

②旋转时，头正且直，先收腿后收臂。

③结束旋转时，要平衡，保持好姿势圆滑地向后滑出。

9. 蹲转

蹲转又称"蹲踞式旋转"，与单脚直立转一样，是用滑脚的前内三个轮子旋转，重心位置相同。

完成方法：起转前步法与单脚直立转完全相同。

起转：左脚滑前外刃弧线，左腿深屈膝，做转"3"字后，浮足由后绕滑脚摆至前方，腿膝部微屈，脚尖外展自然伸直，两臂斜前平举或前平举，上体直立进入旋转。

旋转：起转后，滑腿下蹲，浮足保持起转时的姿势，用脚跟领先向左摆动。旋转时，头要正直，两眼平视，两臂交叉抱于胸前或前伸。

结束：旋转逐渐慢下来，滑腿伸直站起，呈单脚直立旋转姿势，浮足着地，用右后外刃滑出，两臂侧举，左腿向后引，保持优美姿势直到结束。

练习方法：

①原地单腿下蹲，双手握住浮足的踝关节处，模仿蹲转的正确姿势。

②从直立转开始，半蹲转后再直立转，体会下蹲转身体的姿势和重心位置。

③低速滑行做完整的蹲转练习，逐渐加快速度。

10. 燕式转

燕式转是身体成燕式平衡姿势的旋转动作，身体重心放在左脚外侧的后轮上。

完成方法：起转前步法与单脚直立转基本相同。

起转：左脚滑一较短的前外刃弧线，滑腿屈膝，上体前倾与地面平行，以左肩、左臂带动身体向左前外摆，同时浮足向后伸远离滑脚，与地面平行，滑腿伸直，身体重心落在滑脚的外侧后轮上进入旋转。

旋转：身体尽量成反弓形，头和浮足要成水平，浮足脚尖向外侧并伸直。两臂可一前一后或两臂均放在体侧，保持优美的燕式平衡姿势进行旋转。

结束：结束旋转时，浮足放至滑脚侧面，上体抬起成直立姿势，浮足着地以后外刃以优美的姿势滑出。

燕式转的起转动作还可以采用连续转"3"动作作为旋转前的滑动，以增加速度进入旋转。这种滑行移动的技术较为复杂，多为优秀运动员所采用。

练习方法：

①做向前和向后滑行的燕式平衡练习。以滑脚作为支撑滑行腿，要求头和浮足在同一水平面上，并高过腰部。

②进行完整的燕式转练习，重点体会身体的重心位置和起转时的发力动作。

注意事项：

燕式转时，身体和浮足要保持绷紧，以保证稳定的旋转中心。

二、花样轮滑初级规定图形滑行技术

花样轮滑的规定图形是单人花样轮滑的技术基础，它也常常作为单人花样轮滑比赛的一个组成部分。练习者在掌握了一定的滑行技术，尤其是有了一定的弧线滑行技术基础后，就应该开始花样轮滑的规定图形练习了。

花样轮滑的规定图形包括"8"字形、"3"字形、变刃形、双"3"字形、结环形、括弧形、内钩形、外钩形，单脚"8"字形、变刃"3"字形、变刃双"3"字形、变刃结环形、变刃括弧形、单脚"3"字形、双脚"3"字形、单脚结环形和单脚括弧形，共17种图形、69种滑法。在此介绍较基础的"8"字图形的滑法。掌握了这个滑法后，通过进一步练习，其他图形的滑法也就容易学会了。

花样轮滑规定图形的种类和滑行方法虽然有很多，但只是身体姿态和重心控制的方法不同，从基本技术角度审视，它们之间有着相当多的共同点。以下列举各个规定图形的滑行在基本技术上的共同点。

蹬地：指从站立开始，用四轮做一次清楚的蹬地，使人体获得完成图形的滑行速度。蹬地时不得使用制动器。

滑行：指完成图形的滑行过程。

换脚：指在滑行过程中，身体沿图形的线痕移动的同时，进行身体重心的转移、浮足与滑足的交换。一般换脚应在图形的纵轴与横轴的交叉点进行。

转体：指在滑行过程中，为完成规定的图形，身体在图形的纵轴上（双"3"字形除外）沿顺时针或逆时针方向转动180°，以改变滑行的方向和用刃。

变换姿势：指为了完成规定图形，滑行者的头、肩、臂、上体、髋和浮足相对位置的变换。

变刃：指在滑行过程中，为完成规定的图形，随着身体重心和用刃的改变，从一个圆滑到另一个圆的过渡方法。一般变刃应在图形的纵轴与横轴交叉点进行。

（一）向前"8"形滑行

1. 前外"8"字形滑行

预备姿势：背部对着所滑圆的圆心，转头面向滑行方向站立，左脚站在纵轴和横轴的交点上，4只轮子的中心与纵、横轴交点重合。右脚置于左脚后方，两脚跟靠拢，脚尖外展成约90°。左肩、左臂在前，右肩、右臂在后，重心落在两脚中间，右脚的4个轮子压紧地面。

起滑：两膝弯曲，身体稍后倾，重心落在右脚上，四轮压紧地面，用力蹬伸。左脚以外刃沿圆形痕迹滑出。

滑行：保持左肩、左臂在前，右肩、右臂在后，浮足在体后的身体姿势。浮腿膝关节内转，稳定地靠近滑腿，置于图形线痕上，与滑足交叉，随后变换两肩臂的位置成右肩、右臂在前，左肩、左臂在后，滑腿逐渐伸直。

脚滑行结束：以右肩、右臂在前，左肩、左臂在后，浮足（右脚）置于体前的姿势滑至圆的封口处。

换脚：当左脚滑行接近封口时，四轮向圆内滑离圆周，浮足四轮的中心点准确地放到纵、横轴的交点上，用左腿蹬地，右脚沿右前外圆弧线滑出。

2. 前内"8"字形滑行

预备姿势：胸部对着所滑圆的圆心，转头面向滑行方向站立，左脚站在纵轴和横轴的交点上，4 只轮子的中心与纵、横轴交点重合。右脚置于左脚后方，两脚跟靠拢，脚尖外展成约 90°。右肩、右臂在前，左肩、左臂在后，重心落在两脚中间，右脚的 4 个轮子压紧地面。

起滑：两膝弯曲，身体稍后倒，重心落在右脚上，四轮压紧地面，用力蹬伸。左脚以内刃沿圆形痕迹滑出。

滑行：保持右肩、右臂在前，左肩、左臂在后，浮足在体后的身体姿势。浮腿膝关节内转，以大腿带动小腿稳定地靠近滑腿，置于图形的线痕上，与滑足交叉，随后变换两肩臂的位置成左肩、左臂在剪，右肩、右臂在后，滑腿逐渐伸直。

脚滑行结束：以左肩、左肩在前，右肩、右臂在后，浮足（右脚）置于体前的姿势滑至圆的封口处。

换脚：当左脚滑行接近封口时，四轮向圆内滑离圆周，浮足四轮的中心点准确地放到纵、横轴的交点上，用左腿蹬地，右脚沿右前内圆弧线滑出。

练习方法：

第一，原地模仿练习。

第二，依照技术方法和身体姿势要求，以一脚不间断滑行，另一脚连续蹬地，体会身体重心的位置。

第三，在上述练习的基础上，按照动作完成方法，两腿交替滑行，体会全身的协调配合及身体重心的移动规律。

（二）向后"8"形滑行

1. 后外"8"字形滑行

预备姿势：面向左脚所滑行圆的圆心，两脚在纵、横轴交点右侧相距 20 厘米处平行站立。左肩、左臂在前，右肩、右臂在侧。

起滑：起滑时，抬起左脚，右腿弯曲，身体重心落在右腿上，左臂从前向后摆动，右臂经体前向后摆动。右脚四轮压紧地面并以内刃蹬地,同时左脚从前经右脚尖呈两脚内"八"字形落在纵、横轴交点上，以外刃沿圆形痕迹向后滑出。与此同时，重心由右脚移到左脚上，并向圆心方向倾斜身体，两眼从圆内看线痕。

滑行：保持左肩、左臂在后，右肩、右臂在前，浮足在体前的身体姿势。当滑至圆周的一半处时，浮腿以大腿带动小腿由前向后移，身体重心也随之向外移动，左肩、左臂置于体前，右肩、右臂置于体后，并面向圆外。左腿逐渐伸直，滑至封口处。

一脚滑行结束：以左肩、左臂在前，右肩、右臂在后，面向圆外，浮足（右脚）置于体后的姿势滑至圆的封口处。应强调的是，此时因需要后看的缘故，容易造成髋部转动而使滑行线路偏离地面的线痕，所以一定要注意保持髋部的稳定。

换脚：当左脚滑行接近封口时，左脚四轮向圆内滑离圆周，浮足四轮的中心点准确地放到纵、横轴的交点上，用左脚内韧蹬地，右脚沿右后外圆弧线滑出，保持身体向圆心方向倾斜和左肩、左臂在后，右肩、右臂在前，浮足置于体前的姿势。

2. 后内"8"字形滑行

预备姿势：背向左脚所滑行圆的圆心，两脚在纵、横轴交点右侧10～20厘米处平行站立。左肩、左臂在前，右肩、右臂在侧。

起滑：两腿弯曲，右膝内扣，四轮压紧地面，抬起左脚，身体重心落在右腿上，左臂从前向后摆动，右臂经体前向后摆动。右脚四轮压紧地面以内韧蹬地，同时左脚从前经右脚尖呈两脚内"8"字形落在纵、横轴交点上，以内韧沿圆形痕迹向后滑出。与此同时，重心由右脚移到左脚上，并向圆心方向斜身体，两眼从圆内看线痕。

滑行：右脚蹬地后，脚跟转向地面线痕的方向，靠近滑脚抬起，保持左肩、左臂在后，右肩、右臂在前，浮足在体前的身体姿势。当滑至圆周的一半处时，浮腿以大腿带动小腿由前向后移，与滑脚成交叉，身体也随之向内转动，左肩、左臂置于体后，右肩、右臂置于体前，面向圆外。左腿逐渐伸直，滑至封口处。

一脚滑行结束：以左肩、左臂在后，右肩、右臂在前，面向圆内，浮足（右脚）置于体前的姿势滑至圆的封口处，保持好上体和髋部的稳定和滑行方向。

换脚：当左脚滑行接近封口时，左脚四轮向圆内滑离圆周，浮脚四轮的中心点准确地放到纵、横轴的交点上，用左脚内韧蹬地，右脚沿右后内圆弧线滑出，并保持身体向圆心方向倾斜和左肩、左臂在后，右肩、右臂在前，浮足置于体前的姿势。

练习方法：

第一，原地模仿练习。

第二，依照技术方法和身体姿势要求，以一脚不间断滑行，另一脚连续蹬地，体会身体重心的位置。

第三，在上述练习的基础上，按照动作完成方法，两腿交替滑行，体会全身的协调配合及身体重心的移动规律。

第二节 轮 舞

一、轮舞介绍

轮舞（Skates Dance）是轮滑舞蹈的简称，是以轮滑技术为基础，结合音乐舞蹈的一种运动文化，不需要太难的轮滑及舞蹈动作，但却极其考验个人的运动协调能力和音乐舞蹈细胞。它不是欧美流传的风格，是国人独创的轮舞。轮舞的创始者王钦贤不仅创办出世界上第一批轮舞队——DSP 表演队，还带着这批轮舞队到各国演出推广，让大家进一步了解轮舞，并且培养出在中国曾参加过多次表演及获得多种奖项的轮舞表演团体——LKG 轮滑艺人组合。轮舞不受场地和范围的限制，但轮舞的表演场地需要的是轮子与地面摩擦较小，如光滑的水泥场地，大理石、瓷砖等光滑的场地，不能选择地面粗糙的场地，否则很难做一些轮舞动作。此外，轮舞适合在各种场合中表演，众所周知，亚洲最棒的轮舞表演团体是 DSP，他们有着多年的轮舞资历、专业的教练人才、丰富的舞台表演经验，因为这些才造就了 DSP 强大的轮舞口碑。

掌握轮滑的基础技术是轮舞学习的基本条件，只有充分掌握一星级到八星级的动作，才能享受到轮舞的快乐。例如，从基本的律动踏步开始就需要考验轮滑动作，刚接触轮舞的人可以选一首喜欢的音乐，轻松地用脚步踏出拍子，渐渐地用脚步滑出拍子，习惯之后，可以结合更高深的轮滑动作。例如，旋转、跳跃……也可以用平花完成一首音乐，这时你会发现轮舞是以技术串联而成的。轮滑结合音乐律动，可易可难、可轻松可重节奏，富于变化。在舞蹈之中增进轮滑的技术与乐趣，才是轮舞的宗旨。

一般大众把轮舞想象成街舞动作，认为轮舞只是把布鞋换成轮鞋，这是错误的观念。街舞不等于轮舞，这是因为轮舞的动作：一要具备轮滑基础；二要经过特殊编排。而编排的意义在于展现轮滑的轻重缓急，就像看一场冰上花样舞蹈，只是轮舞用直排轮展示，更平易近人也更灵活，不受场地限制，可以小范围地表演，不需要太大的舞台；街头灵感一来就可以快乐地轮滑起舞，非常自由灵活。在此强调的是：学过街舞的人不一定能学好轮舞，这是因为轮舞的基础在于轮滑的技巧，如果轮滑技巧不够，只能说是穿着轮鞋跳街舞而不是轮舞了，穿上轮鞋做任何动作都需要基本功，如果学好轮滑八星级所有动作，更能帮助提高轮舞技术。

轮舞种类分为三种：

第一种为平花轮舞（Smooth Skates）。

这野轮舞比较流畅、简洁。主要是以轮滑鞋性能为主，在轮滑舞蹈上加入轮滑的平花动作元素，结合比较轻巧的音乐。

这种舞蹈比较适合轮舞技术较高的人，因为它经常用到一些比较高难度的平花动作，使其看起来比较有新型的风格。如角标配上平花来回做一些舞蹈动作。

第二种为街头轮舞（Hiphop Skates）。

街头轮舞是将大众比较熟悉的街舞和轮滑结合起来，成为一种舞蹈元素较强、舞台效果丰富的轮舞种类。

街头轮舞适当融入街舞元素，如 Hiphop，Jazz，loping，Free Style 等舞蹈特色配合轮滑编排的舞蹈就成为街头轮舞。这种舞蹈非常具有动作的挑战性，因为其要展现上半身的舞蹈动作以及下半身的轮滑动作。

这种舞蹈是一种新型的舞蹈式样，比较适合大众，相较于平花轮舞，街头轮舞的难度较低。

第三种为力量轮舞（Power Skates）。

从字面上看就知道这种舞蹈需要力量。Power Skates 的动作幅度比较大，看上去有力度也放得开，加些轮滑的地板动作或穿着轮滑鞋也可做一些街舞地板动作，配合节奏感特强的音乐结合 Remix，呈现出的力与美，令人印象非常深刻。

学这种舞蹈要有一定的舞感和轮滑的基础才能跳出它的感觉。这种舞蹈能体现轮舞的很多经典动作。

二、轮舞的编排与教学

如何进行轮舞学习呢？对于初学者来说，最好的方式是通过网络或教学音像观看视频，或由教练领做，从一星级开始练习轮滑基础技术，随着自己的身体语言、踏步、旋转，都能在潜移默化中增进轮滑技巧与身体律动。

观看轮舞教学视频学完一首舞蹈，或在教练带领下学习更多舞蹈，你会发现轮舞的乐趣在于不但能让自己快乐，也可以感染他人，当轮舞表演开始时总是能吸引人们的眼球，结束时总能看到人们敬佩和开心的表情，让轮舞除了具有锻炼身心、休闲娱乐的功能之外，也拥有了社交、增加自信心的优点。

编排轮舞的最基本条件是具备轮滑的基础和懂得音乐的节拍，只要具备这些基本条件就可做些简单的轮舞动作，配合如左右跨步、左右滑行、前后滑行之类的轮舞动作，结合些 Old School、Jazz 的动作，伴上节奏感强的音乐，搭配队形的穿梭变化，基本的轮舞架构就出来了。针对轮舞表演场地做更合适的变化，运动员的滑行技术和对音乐、艺术的爱好与兴趣的一致性，都是轮舞表演成功与否的关键因素。在编排时，表演者要有充分的自由去选择音乐、韵律和节奏，它不受队形的限制，但必须滑行流畅，难度适宜，能表现音乐的特点，这样才能得到观众的好评。

第三节　轮滑球

本节介绍轮滑球的产生、发展，以及轮滑球在我国和国际上的发展状况；轮滑球的场地与器材；轮滑球基本技术；轮滑球基本战术和主要竞赛规则。

轮滑球运动，原称旱冰球运动，是近二三十年来才在我国兴起的体育运动。现在在我国南方，如广州及香港地区仍称为旱冰球，在台湾称为"溜冰曲棍球"，在澳门称为"雪履曲棍球"。

轮滑球比赛是在围栏围起来的平滑场地上进行的。比赛时每队上场 5 人：一名守门员、两名前锋、两名后卫。运动员脚穿轮滑球鞋，手持曲形球棍，在场上滑行、运球、传球、射门，相互争夺、相互进攻与防守，最终以射中球多者为胜。轮滑球比赛速度快，紧张激烈，是培养和锻炼青少年身心健康的一项有益的体育运动。

一、轮滑球的起源与发展

轮滑球分单排轮轮滑球和双排轮轮滑球两种。单排轮轮滑球是脚穿单排轮滑鞋的集体对抗性球类运动；双排轮轮滑球原称轮滑球，又称旱冰球或旱冰曲棍球。这是一种脚穿双排轮滑鞋的集体对抗性球类运动。单、双排轮轮滑球比赛都是在四周用围栏围起来的平滑场地上进行的。比赛时每队上场 5 人：一名守门员、两名前锋、两名后卫。运动员脚穿轮滑鞋，手持冰球杆，在场上滑行、运球、传球、射门，相互争夺、相互进攻与防守，最终以射中对方球门多者为胜。单排轮轮滑球比赛速度快，紧张激烈，既有很高的观赏价值，又是培养和锻炼青少年身心健康的一项有益的体育运动。

1983 年，斯科特·奥尔森成立了专门生产单排轮轮滑鞋和器材的 Roller Blade 公司，使单排轮轮滑运动迅速地在美国、继而在全世界普及起来。由于其性能大大优于双排轮轮滑鞋，因此在大部分领域取代了双排轮轮滑鞋，如在速度轮滑比赛中，运动员已经全部穿单排轮轮滑鞋；虽然双排轮轮滑鞋在花样轮滑比赛中仍占主流，但现在已经出现了单排轮轮滑鞋的花样轮滑比赛。

由于美国及加拿大是冰球运动非常普及的国家，当用冰球鞋做成的轮滑鞋被喜欢打冰球的孩子们使用时，就自然地使轮滑与冰球联系了起来。孩子们拿上冰球杆，穿上轮滑鞋在街道上占一段路，就按照冰球的比赛方法玩了起来。所以，最初的单排轮轮滑球运动的名字叫"街道冰球"（Street Hockey）。

由于该比赛形式的迅速普及和发展，很多国家都有了各种形式的组织。国际轮滑联合会注意到这个新的项目后，即决定将其纳入自己的管理之下，开展国际性的比赛活动，并以冰球规则为基础制定了轮滑球规则。1995 年，国际轮滑联合会举办世界锦标赛，邀请各国代表队参加比赛。

国际冰球联合会知道情况后，认为这个项目除了鞋和地面与冰球不同外，在规则、器材、比赛方法等各方面都是源自冰球项目。因此应该算是冰球运动的范畴，应该由国际冰球联合会来管理这个项目，于是，两个联合会在国际奥委会打官司的同时，还到各国做工作，都希望获得支持由自己来领导和管理这个项目。

在争夺无果的情况下，两个联合会各自办起了世界锦标赛。

国际轮滑联合会（FIRS）从 1995 年开始举办世界锦标赛，每年一次，目前每次有11 ~ 15 个国家参加。

国际冰球联合会（HHF）从 1996 年开始举办世界锦标赛，每年一次，目前每次有 20多个国家参加，分为 A、B 两组和加入 B 组的资格赛。

二、中国轮滑球的发展与现状

我国的轮滑球运动起步较晚，20 世纪 80 年代初期，北京等个别城市的一些轮滑球爱好者，在不知具体规则、没有正式场地和器材的情况下，脚穿简易轮滑鞋，手持冰球杆进行一些轮滑球的练习，因无正式比赛而逐渐消失。后来，改革开放较早的广州市组织了业余轮滑球队，并于 1988 年举办了首届由广州、香港、澳门参加的"希尔顿杯穗港澳旱冰球邀请赛"，这是中国内地首次举行的轮滑球比赛。由于澳门开展轮滑球的历史悠久，该队具有一定的水平，通过比赛和交流，使我们初步了解了规则、比赛方法和器材等。当年年底，吉林省长春市组建了第一支北方轮滑球队，一批年轻的冰球运动员成为轮滑球队员，并接受了正式训练。第二年初又有几个单位相继组队，准备迎接首届全国锦标赛。

1989 年 6 月，第一届全国轮滑球锦标赛在吉林省白河林业局举行，共有 5 个队参赛，比赛结果是白河林业局一队（即长春队）获冠军，哈尔滨体育学院队获亚军。同年 8 月，长春队去澳门参加了第二届穗港澳比赛，并以 3:1 的成绩战胜澳门队，积累了比赛经验，为参加亚洲比赛奠定了基础。9 月，国家体委组织了由长春队和哈尔滨体院队组成的第一支中国轮滑球集训队，迎接 10 月份在我国杭州举行的第三届亚洲轮滑球锦标赛，首次参加国际正式比赛的中国队，以五战全胜的成绩夺得冠军，震惊了亚洲轮滑球界。

1990 年 7 月，全国轮滑球锦标赛在广州举行，参加队及比赛名次是林业体协队（即长春队）、哈尔滨体院队、佳木斯队、广州队、白河林业局队、浙江前卫队。赛后在各队中选拔队员，组建了国家队，于同年 11 月份赴澳门参加了第 29 届世界轮滑球 B 组锦标赛，在有 22 个队参加的世界大赛中，取得了第八名的好成绩，在亚洲 8 个队中位列澳门之后居第二位，并取得了参加 1992 年巴塞罗那奥运会轮滑球表演赛的资格。

1991 年 8 月，全国轮滑球锦标赛在杭州举行，林业体协队获得冠军。12 月份，在澳门举行的第四届亚洲轮滑球锦标赛的轮滑球比赛中，中国队以 5:4 险胜日本队，但不敌拥有多名葡裔高手的澳门队而居第二名。

中国冰球协会于 2003 年派人参观了国际冰联的世界锦标赛，翻译了规则，并于 2004年举办了培训班和首届全国锦标赛，有 6 个队参赛。2005 年再次举办了全国锦标赛，有 7个队参赛。为了区别于轮滑协会将来的比赛项目，冰球协会将该项目译名为"陆地冰球"

中国轮滑协会目前已经翻译了国际轮滑联合会的规则，于 2007 年举办了相关技术培训，现已正式举办了轮滑球全国锦标赛，第一届中国单排轮轮滑球锦标赛在广州增城举行，共有来自全国各地的 13 支男女轮滑球队参赛。之后，每届参赛队伍不断增多，技术、战术水平不断提高。我国单排轮轮滑球代表队连续获得第 12 届、第 13 届亚洲轮滑球锦标赛单排轮冠军。中国单排轮滑球队于 2008 年 7 月在德国杜塞尔多夫参加了国际轮滑联合会第十四届世界单排轮滑球锦标赛暨国家队世界杯赛，取得国家队世界杯铜牌、世界锦标赛第十一名的成绩。这是中国轮滑协会首次派队参加该项目的世界锦标赛。

纵观我国轮滑球运动近 30 年来的发展，刚刚开展的前几年，均为业余队，自筹资金开展活动，因此水平不高，发展也受到很大限制。20 世纪 90 年代的参赛队仅有五六支队伍，其中由原冰球运动员改项组成的轮滑球队占有绝对优势，如长春队、哈尔滨体院队、佳木斯队。而由业余爱好者或速滑、花样轮滑运动员组成的专项队伍，因受到工作多、训练时间少、基本功不够的限制而处于下游。近年来，由于轮滑运动的普遍开展，我国的轮滑球运动也得到了快速发展，通过系统的训练，我国轮滑球的技术、战术水平得到很大提高。通过参加亚洲、世界轮滑锦标赛的轮滑球比赛，中国队了解和学习到了世界先进的单排轮滑球技术战术，积累了比赛经验，对今后提高我国单排轮滑球技术战术水平起到了促进作用。

三、轮滑球的场地与器材

（一）场地

轮滑球场地的地面平坦、光滑，四周围有 1 米高的围栏，围栏柱和横梁可用铁管制作，中间焊有粗铁丝网，靠近地面的 20 厘米处，须按规则用 2 厘米厚的木板围成挡板。围栏也可用木制或其他合适材料做成光滑平面的挡板。

标准比赛场地长 40 米，宽 20 米。规则允许的场地大小：单排轮场地长为 40 ~ 61 米，宽为 20 ~ 30 米；双排轮场地长为 34 ~ 44 米，宽为 17 ~ 22 米。场地四角圆弧半径为 1 米；场地上画有中线、回场线、禁区、罚球点等。

（二）球门

球门用圆铁管焊接而成，从内侧丈量尺寸如下：高 105 厘米，宽 170 厘米，顶部深度 35 厘米，底部深度 92 厘米。球门正面的横梁和立柱必须用直径 9 厘米的圆铁管制成，并涂成可发荧光的橙色。球门外面罩一非金属网，该网必须结实，可挡住球强有力的打击，球门内要悬挂垂网，垂网为白色，悬挂于门内 35 厘米处。垂网宽 165 厘米，高 110 厘米，下部自由垂地，该网用以防止球反弹出门外。两个球门应相对放置于球场两端的中央。

（三）球杆

球杆是木制的，形状与曲棍球棍相同，但杆头两面都是平面，两面都可击球。杆头最宽处应能从 5 厘米直径的圆环中穿过。全杆长不超过 115 厘米，不得短于 90 厘米，重量不可超过 500 克，外面可用有色胶带或布缠绕。

（四）球和护具

球：圆形，颜色单一（黑即全黑，灰即全灰）。用软木做芯，外包硬橡胶。圆周长 23 厘米，重 150 克。球的弹性越小越好，因此比赛时一般用冷冻过的球。

运动员护具：护膝，护腿，护身，手套。

守门员护具：包括上衣（即护胸、护肩、护臂连在一起的上身护具），头盔面罩，护身，护腿，手套。

单排轮轮滑球器材：全部使用冰球器材，轮滑球鞋和球除外。

四、轮滑球的基本技术

轮滑球技术分为滑行技术、杆上技术和守门员技术。

（一）滑行技术

滑行技术是指运动员穿着合适的轮滑鞋在场地上自如滑行的专项技术，这是轮滑球技术中最基础的技术，只有掌握了基本的滑行技术，才能掌握高超球技，才能够在球场上自如地传球、运球、接球、射门。由于轮滑球运动员在场上必须灵活多变，因此要求滑行技术相应具有前后、左右的对称性。滑行技术包括基本姿势、起动、滑行、急停、转身、跳跃、转弯等内容。

1. 基本姿势

双脚分开站立，与肩同宽，两膝前弓，重心稍后移，上体前倾，成半蹲、半坐姿势。双手于腹前横握球杆，球杆的弯头基本接近地面，抬头，两眼平视前方。

2. 起动

起动是由静止状态变为滑行状态或由慢滑变为快滑的统称。

（1）正向起动

身体重心前移，膝踝关节继续前屈，迅速上提重心，形成两脚的制动轮姿势，然后一只脚后蹬，另一只脚前迈，快速有力蹬地，蹬跑 2 ~ 3 步，同时双手握杆，双臂协调配合。简单说就是后蹬地跑 2 ~ 3 步。

（2）侧向起动

常用于由静止状态变为滑行状态的起动。身体重心落在一只脚上，呈侧立姿势；一只脚用轮子的制动轮蹬地，然后大腿带动小腿，迅速使身体转向前进方向；再换支撑腿侧蹬，两脚交替形成侧向蹬地起动姿势。

3. 直线滑行

直线滑行技术相对比较简单，向前滑行的动作要领同速度轮滑的滑行，向后滑行的动作要领同花样轮滑的后滑。

4. 转弯

转弯是场上许多灵活多变动作的基础，是竞赛中的常用技术。转弯有惯性转弯和压步转弯。

（1）惯性转弯

惯性转弯是滑行中利用惯性，身体重心向一侧倾斜，使身体顺势改变方向，达到转弯的目的。其特点是：由于具有一定惯性，可以做半径很小的转弯，使动作迅速、突然、灵活，战术运用多变。

（2）压步转弯

压步转弯是通过蹬地动作保持滑行速度，通过左右压步来改变转弯滑行方向。其滑进方向多变，是运球时常采用的方法。转弯时身体重心向将要转变方向倾斜，外侧脚侧蹬后，大腿带动小腿做前交叉步，同时支撑腿向后侧方蹬地，维持滑行速度。

5. 转身

转身滑行是身体由向前滑转为向后滑的一个衔接动作。通过转身，运动者的身体转体180°，但滑行方向始终向前。

（1）平稳顺势转身

在惯性滑进过程中，转身前身体稍直立，浮足外转180°放在滑脚附近，成为支撑腿，身体迅速跟着转体180°，继续滑进。实际上就是保持滑行方法不变，改变滑进方向的过程。

（2）提起重心转身

转身前的惯性滑行中，身体重心较低，双脚支撑滑行。转体时，双脚用力下压蹬地，重心提起的同时，身体沿纵轴方向转体180°，双膝前弓，双腿微屈落地缓冲，保持身体平衡。

6. 急停

（1）侧急停

保持双脚支撑滑行姿势，提重心的同时，转体90°，内肩稍高，然后用力下坐，身体重心落在两腿上，形成肩对滑行方向，用双脚的轮子横向摩擦地面达到减速目的。采用此法必须注意场地是否光滑，否则极易摔倒。

（2）后急停

后急停就是滑行中突然180°后转身，用双脚制动轮落地，同时屈膝，上体前倾，用制动轮摩擦地面停止。此法也可以用于倒滑中的急停。

7. 跳跃

跳跃技术虽然用得不多，但在激烈的比赛中，如躲闪、越过障碍等也是不可缺少的。

（1）单足跳跃

用一只脚的制动轮向后蹬地，另一只脚前跨，同时展体伸臂，近似于跳远动作，双脚落地时膝关节微屈缓冲。

（2）双足跳跃

双脚支撑身体，双膝前弓稍下蹲。双脚同时用力蹬地，使身体向上腾空，腾空过程中双腿始终微屈，落地缓冲。

（二）杆上技术

杆上技术是轮滑球技术的重要组成部分，是能否进球的关键。包括运球、传接球、射门等技术。掌握杆上技术，首先要学会握杆。握杆时用有力且灵活的手握杆的下端，另一只手握杆的上端 1/3 ~ 1/4 处，力求自如。

1. 运球

运球即是带球滑行，可采用拨球、推球、拉拍过人、倒滑运球等动作。

（1）拨球

采用滑行姿势，眼睛紧盯球，双手握紧球杆，肩和上臂放松，协调用力，通过腕关节的翻转拨球，用拍面控制球，杆轫接触球时要稍倾斜，扣住球。

（2）推球

推球是推着球滑行，可以单手推球，也可以双手推球，还可以将球推出一段距离后再追上球。

2. 传接球

传接球是完成进攻、战术配合等的重要技术，其关键在于掌握好传接球的时机。

注意事项：首先多传短球，力量不宜过大；其次，控制好传球方向。

（1）传球

第一，正拍传球。先确定传球目标，用拍面中部扣住球侧身，肩对目标，拍从外侧向内侧扫，重心随之移动。如果同伴在前方，则先把球拨到体侧，用上手向后拉，下手前推将球传出。

第二，反拍传球。将球拨到反拍，传球时两手相向移动，用腕的力量使球旋转离拍。

（2）接球

动作要领：看准来球，调整好位置，杆轫对准来球，并与来球方向垂直。球将到时，用腕和前臂的力量击球，停住球。

注意事项：力量不宜过大，以防止球弹出去，同时也不能站在原地等球。

3. 射门

射门技术是决定比赛胜负的关键技术。

（1）扫射

肩或胸对准球门，将球拨到脚下前方或体侧，用拍面的后半部分控制住球，寻找机会，用拍顺地面扫球。

（2）反拍射门

反拍射门是威力最大的一种射门技术。射门时两脚前后站立，将球拨到后脚，重心落在后脚，用反拍控制球，持杆下面手一侧的肩对着球门，上体后转挥拍将球击出。

（3）击球

击球时，先将球推出一段距离，看准目标，再将球拍举起超过肩，用力挥拍击球。

（4）拉射

肩对球门，先将球拉到后脚一侧，用杆韧扣住球，身体重心由后向前移动，两手拉杆向前推射球，加速后上手做向回扣球的动作，使球经杆韧弯部滚到尖部飞出。

（5）弹射

弹射时下手握拍位置比拉射低，两腕向后翻转，球拍先向后摆30厘米左右，拍面平行于地面，加速向前挥拍，触球瞬间用力屈腕击球，使球从拍面离拍飞行。

（6）带球射门

带球射门时重心始终落在后脚，球则始终在前脚附近，两腕突然翻转，向上挥拍，使球从对方守门员的头上飞入球门。

4. 鱼跃截球

当对方绕过防守方时，防守方向进攻方鱼跃，从对方拍下将球扫掉。

5. 勾球

防守方一条腿下蹲，同时伸拍，拍面平行放在地上，向内侧扫球或外侧击球。

（三）守门员技术

比赛时若想取得胜利，就要多得分，少失分，少失分的关键在于守门员。守门员是一个队的心脏，因此守门员的职责非常重要，守门员技术的好坏对比赛的胜负起着关键的作用。

（1）守门员的条件

第一，守门员必须要有自信心和兴趣，有顽强的意志和坚忍不拔的精神，善于集中注意力，头脑冷静，认真，有韧性。

第二，灵敏性好，反应快。守门员必须具备快而准的分析和判断能力，且应变能力强，动作快而准确并协调，能适应场上千变万化的情况，及时阻挡对手隐蔽、突然和快速的射门。

第三，速度力量好。守门员穿戴相当于其他队员 4 ~ 5 倍的笨重护具，要做快速动作，需要很好的爆发力和绝对力量。另外，长时间处于超低蹲姿也要求守门员有很好的耐力。

（2）守门员的基本姿势和移动

第一，蹲姿。轮滑球守门员普遍采用低姿蹲踞式。双腿并拢（护腿并拢），深蹲，脚跟（后轮）抬起，只用前轮和制动胶三点着地。抬头平视，上体放松抬起，两臂放松垂于体侧，握杆手将杆横于脚前。

第二，移动。第一，侧跳。基本蹲姿，用双脚脚尖（制动胶和前轮）同时蹬地向侧跳。每个跳步约 10 ~ 20 厘米，跳跃和落地均保持基本蹲姿不变。第二，侧滑。向右移时，右脚尖外转，用四轮着地，左脚用脚尖（制动胶和前轮）向左侧蹬地，右脚向右滑出一步，然后提起脚跟使制动胶着地，同时右脚迅速收回，与左脚并拢成基本蹲姿。向左移时动作相同，方向相反。

（3）挡球

第一，四角的防守。球门的四个角是守门员最难防守的位置。对方常在1、2号门角上得分，特别是1号角。防守两个底角时要使用球杆、脚、护膝和手套；防守两个上角时，要使用手套和整个身体。守门员应该尽可能多地运用身体部位进行防守。

第二，半分退挡球。来球较低并偏向侧面时，守门员身体稍前倾并转向来球方向，一脚蹬地使重心向来球一侧移动，来球一侧的腿向侧踢出，后脚蹬地后呈跪姿。

第三，侧倒挡球。对付晃门及远侧地面球可用此动作。侧倒时重心放在前腿上，后腿压在前腿上面，一手在上准备防高球。

第四，挡高球。当球射向握杆手一侧时，用握杆手的手背将球挡出。射向非握杆手一侧时，用非握杆手的手掌（掌心面）将球挡出。

第五，杆挡球及处理球。当球贴地面射向两侧下角时，也可用球杆贴地面将球挡住或打出。当防守做出第一个动作（用手或腿）将球挡落于门前时，要尽快用杆将球扫向两侧门线后，以防对方补射或混乱中将球碰入自己球门。

守门员的日常练习如下：

练习1：经常练习基本蹲姿，练出较好的蹲踞耐力。同时要在门前多练侧跳和侧滑的移动。快速、灵活的移动是守门员的重要基础之一，同时要练习背对球门的方位感。

练习2：练习各种挡球动作，要做到起动快、复归原位快。反复练习。可由一人面对守门员用手势或用口令指挥，守门员听口令或看手势后迅速按指挥的方向做出防守动作。

练习3：一人连续射门，守门员练习挡球。可连续射向某一部位，让守门员连续练习某一动作。

练习4：一人或多人连续带球晃门，训练守门员判断和应变能力及挡球技术。

（四）易犯的错误及纠正方法

1.滑行技术

（1）基本姿势

易犯错误：①膝关节前屈不够；②上体过于直立，前倾不够；③握杆动作不标准，球杆弯部朝上；④目光斜视。

原因：对基本姿势要领理解不深。

纠正方法：①原地反复练习；②动作顺序从头到杆、到双脚位置，认真体会领悟；③慢滑中强化动作要领。

（2）起动

易犯错误：①上体不向起跑方向投射；②起跑步幅过大或过小，不均匀；③两臂配合不协调；④两眼不看前进方向。

原因：动作协调性差。

纠正方法：①原地用制动轮踏步走练习；②用制动轮连续跑练习；③听信号起跑练习。

（3）直线滑行

易犯错误：①向前滑行侧蹬不充分；②向前滑行不会利用体重蹬地，倚着重心滑；③两臂配合不协调；④向后滑行时臀部不敢大胆后坐，两眼不看前进方向。

原因：单支撑能力差，腿部力量不够。

纠正方法：①做单脚支撑滑行练习；②单脚支撑蹬地练习；③单脚支撑，另一只脚向前侧方画弧侧蹬倒滑练习。

（4）转弯

易犯错误：①转弯时身体重心内倾不够；②支撑腿不会及时侧蹬，形成跛足。

原因：主要是由于腿部力量不够，蹬地动作不熟练。

纠正方法：①做单脚支撑、单脚侧蹬滑行练习；②单脚支撑蹬地，侧蹬收腿练习；③做"8"字转弯滑练习。

（5）转身

易犯错误：①转身前降速；②转身前的预备姿势不正确。

原因：主要是由于速度快而产生惧怕心理。

纠正方法：①原地转身练习；②慢速滑行转身练习；③加强心理素质的训练。

（6）急停

易犯错误：①急停转体角度不够；②急停时身体重心不向反向倾倒，形成反支撑。原因：动作要领不清。

纠正方法：①原地急停练习；②向前走步式急停练习；③慢滑急停练习。

（7）跳跃

易犯错误：①起跳时摆动腿跟不上；②落地缓冲不好，造成伤病。

原因：动作不协调。

纠正方法：①原地练习；②地面放一横杆练习。

2. 杆上技术

（1）运球

①拨球

易犯错误：滑行方向与拨球方向不一致。手腕不翻转。只是低头看球不看路，动作僵硬。

原因：动作不协调、不连贯。

纠正方法：多练。

②推球

易犯错误：推球力量过大。

原因：控制能力差。

纠正方法：定位准确性推球练习。

（2）传球

易犯错误：①传球方向控制不准；②传球时机不好。

原因：动作的熟练程度不够及反应慢。

纠正方法：多练，加强反应练习。

（3）接球

易犯错误：用拍面的弯曲部位接球，使球失控弹出。

原因：控制拍的能力差。

纠正方法：多练。

（4）射门

易犯错误：准确性差，拍的方向控制不好。

原因：心理压力过大，操之过急，造成动作变形。

纠正方法：多做原地射门练习。

五、轮滑球的基本战术

（一）个人战术

1. 接应与跑位

接应与跑位是完成个人战术和全队战术的关键，教练员必须加强运动员在这方面的训练。

跑动接应的队员，首先要观察运球队员是否有意传球，再根据本队的路线和对方的站位，跑到空当接应。在跑动时要主动，突然利用速度差和变向摆脱对方紧逼。

跑位有直跑接应、斜跑接应，有跟进接应和跑到第二空当接应等。跑到第二空当接应是第一名队员跑动接应，引诱站位联防的队员离开其防守位置，第二名队员跟随第一名接应队员跑动，传球队员不传给第一名接应队员，而传给背后跑位接应的队员。

2. 盯人

盯人分紧逼盯人和松动盯人。紧逼盯人即站好有利位置，贴近对方，不给其接球摆脱的机会。松动盯人是根据球所在的位置，同对方保持一定的距离，以便随时断截。一般是对离球较近、守区门前的队员采取紧逼策略；对离球或离门较远，在边角的队员则采用松动盯人策略。

3. 假动作

假动作是用来隐蔽自己真正目的的一种虚晃动作。假动作大致可分为无球和有球假动作。

（1）无球假动作

无球假动作可分为以下两种。

①速度差假动作：为了摆脱对方紧逼，可先减速滑行，引诱对方放慢速度，然后突然加速，跑向空位接球，或加速后突然急停。

②变相假动作：为了摆脱对方紧逼，接应队员可先向一侧跑几步，突然急停，再向另一侧起速、接球。

（2）有球假动作

有球假动作有以下几类。

①运球过人假动作。

②射门假动作。

③抢截球假动作：当对方运球过人或传球时，先佯作从其反手一侧抢球，迫使对方向正手侧拨球，此时突然用杆和身体阻截其正手侧。

（二）进攻战术

进攻战术是指参赛队在比赛中，为了突破对方的防守，把球攻入对方球门所采取的有效方法和手段。防守队一旦获得球权就立即转为进攻，不可提前，也不可拖延。

1. 进攻战术应坚守的原则

第一，要根据本队队员的特点和比赛对象制订本队的进攻阵形。

第二，每一名队员都应接受在各个位置上的训练（守门员除外），并要求他们能胜任在各个位置上的比赛。

第三，场上六名队员都要参与进攻。

第四，进攻时阵形在扩大，并向纵深发展，充分利用场地。但要有一名队员处在防守位置，以免对方反击时措手不及。

第五，任何进攻战术都要立足于形成二打一的优势，最后在有利射门区结束进攻。

第六，通过巧妙地传、接球，把控制球权作为主要任务。

第七，通过积极的滑跑，快速传球，频繁地射门，给对方以接连不断的威胁。最好是连续攻门三次得分。

训练课前，教练员可在休息室里讲解上述原则，使全队了如指掌。

各区的阵形都不能脱离这些原则。

2. 进攻阵形及打法

进攻阵形及打法包括守区出球、中区进攻、攻区进攻和以多打少等。

（1）守区出球

守区出球是进攻队把球传出自己守区的方法，该方法与本队的防守阵形有关，可以根据本队队员的年龄和能力而选用不同的阵形。一支优秀的球队要有几种方法，并根据场上赛况的变化，相应地做出战术上的变化。以下介绍守区出球的三种阵形和打法。

第一，快攻。

①如图 7-1 所示，对方将球打入攻区，本队守门员截球后，传给跑回蓝线内接应的右锋，右锋再传给中锋、左锋或左卫、右卫，随后保护进攻。

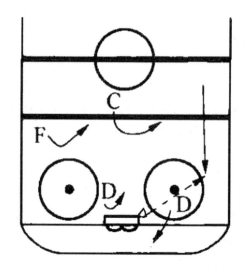

图 7-1

关键要素：守门员是进攻的组织者之一；守门员要熟练掌握球和传球技术；接一传的队员要控制好球，快传给跑向空当的第三名队员；在心理上全队要意识到快攻是最好的出守区方法，要以迅雷不及掩耳之势，出其不意地快速反击，时刻保持"向前""快攻"的意识。

②如图 7-2 所示。右卫得球后，传给交叉跑位的中锋，中锋再传给右锋或左锋。

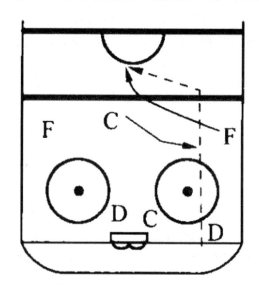

图 7-2

关键要素：快速控制好球，快速传球；每个前锋都快从前场回来，摆脱对方后卫队员的防守，找适当时机跑到空当接球；每个接应队员要注意轮滑球并接好球。

第二，半控制出守区，当遇到对方顽强阻截，无法快攻时，用半控制出守区比较稳妥。

①传切接应如图 7-3。左卫抢到球后，绕门摆脱对方，传给争球圈限制线上的左锋，

然后从门后滑出，接左锋回传。中锋和右锋也在同一条线上接应，后卫也可以将球漏给中锋和右锋接。

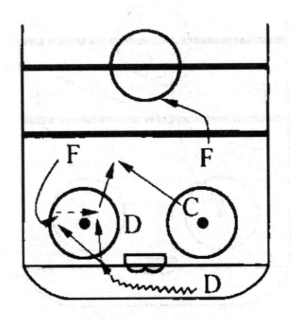

图 7-3

关键要素：有二三名队员同时接应二传；二传队员不要运球，因为传球能加快进攻速度；右锋在左锋没接好球前，不要跑到空位等球。

②如图 7-4 所示，利用底板反弹转移，当后卫不能运球通过门后时，可利用界墙反弹传给左卫。左卫将球传给前锋出守区。

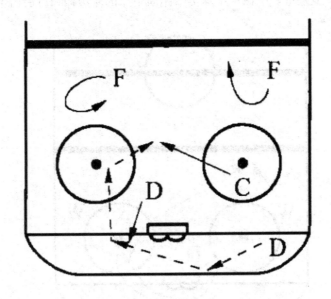

图 7-4

关键要素：不要顺板墙根传，这种球不易接；中锋在适当时机跑入空当。

③如图 7-5 所示，右卫抢到球后，准备传给蓝线外横跑的左锋。如左锋被盯住不便传球时，可将球传给后卫，然后右锋跑到空当上接应。

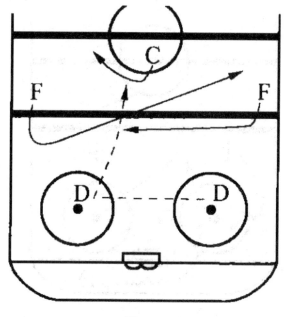

图 7-5

关键要素：右卫必须快速传球给左卫，避免过多盘带；中锋离开中路，为两边锋闪开通道。

第三，控制出守区。

①如图 7-6 所示，右卫抢到球后，因没人接应，将球运往门后。中锋迂回到门后接球，向界墙角运球，右卫跟进。中锋可将球传给跑向中路的左边锋，可后留给右卫，可自己运出守区。

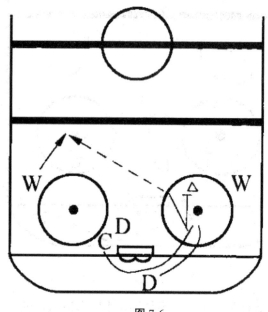

图 7-6

关键要素：控制出守区多用于以多打少；中锋深入底线接应，运球时要加速，把对方速度带起来，再后留给右卫。并掩护后卫运球。

②如图7-7所示，右卫到门后控制球，中锋和左卫站在蓝线上，两边锋在红线两边板墙附近。右锋传球给中锋，中锋传球给跑到攻区蓝线中路的左锋或传给插上助攻的左卫。

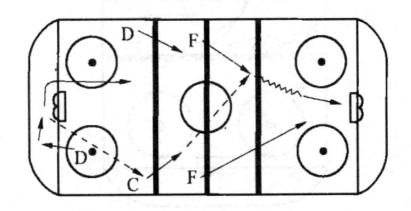

图 7-7

关键要素：中锋接球后运出蓝线；左锋在适当时机跑动；传完球后快跟上，以免脱节。

（2）中区进攻

中区进攻包括三种：

第一，出守区之后的进攻。

突破守区之后，要尽快地推进，形成二打一、三打二的有利局面。特别是无球队员要全力以赴向前跑动接应，把对方回追队员远甩在后面，以便争取更多地以多打少的时间。

①传切二过一。进攻队突破蓝线后，以二打一通过中区。左锋传给突前的右锋，然后快速直跑接回传球。运球突破攻区蓝线后，从一侧逼近左锋门前，可以射门。如果防守后卫移动过来不能射门，就横传给左锋打快拍。

关键要素：传完球要跑动接应；多打少，传球要巧妙，找对方球杆下和两韧间空隙传，以减少失误；以最高速度通过中区。

②突分二打一。左锋运球滑向防守后卫，引诱对方上来抢球，然后分球给右锋，突破打门。

③交叉二打一。右锋传球给横切的左锋，左锋运球向右侧。右锋换位跑向左侧。当防守后卫阻截运球的左锋时，左锋后留球给交叉的右锋，并给右锋作前掩护射门。左锋也可假后留，绕过对方自己射门。

④三打二进入中区。中锋将球传给右边，右边突破攻区蓝线，后留球给中锋，或横传给插向门前的左边锋射门。

第二，防守反击：在中区截断对方球时组织反攻。

①如图7-8所示，右锋回传球给右卫，右卫传球给突破到中路空当的左锋，中锋同左锋换位，右锋侧掩护左锋进入攻区。

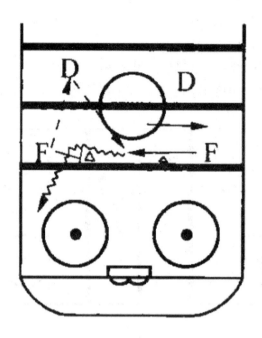

图 7-8

②如图 7-9 所示，中锋回传球给右卫，右卫因左锋被盯住，转而将球转移给左卫，左卫将球传给跑向中路空当的右锋进入蓝线。

关键要素：远侧的边锋总是突破到中路接应；近侧的边锋要离开边线，给接应的边锋闪开通道；从防守截断球后，全队立即转入进攻。

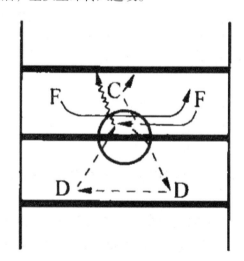

图 7-9

第三，争球之后进攻：每次争球都是重要的，所以要力争每一个球。

以上反攻方法，均可用于争球之后进攻。另外可以利用后卫助攻，以及打入攻区。

①如图 7-10 所示，中锋争球给后卫，然后滑回。和后卫平行推进，二打一过对方后卫，将球传给插上的左卫，左卫进入蓝线。

关键要素：中锋主动接应后卫；左卫适时插上助攻。

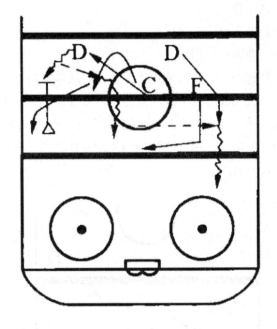

图 7-10

②如图 7-11 所示，右卫将球打入左底板，球反弹到边板争球圈附近，右锋快滑进攻区挡住对方后卫，中锋跟进取球组织进攻。

关键要素：中锋和后卫看到边锋受阻不便接球时，毫不犹豫将球打入攻区，以免越位；边锋不要事先站到蓝线上接球，要迂回起速，随球一同进入攻区，以便保持速度，超越对方后卫。

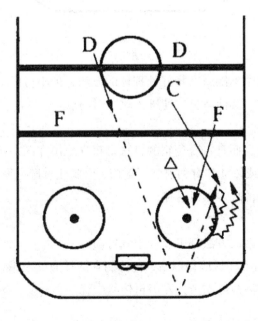

图 7-11

（3）攻区进攻要点

第一，进攻的目的是得分。

第二，运球或空切到最易得分的射门区。

第三，突然、巧妙、准确地射门。

第四，安排一名队员遮挡对方守门员视线，另一名队员补射反弹球。

第五，控制球权，造成局部二打一的局面，向门前发展，快传狠射。

刚进入攻区时的进攻如图 7-12 所示，中锋传球给右锋，如右锋不能逼近球门，有五种选择：射门、传球给中锋射门、传球给切到门前的左锋射门、传球给蓝线射门点左卫击球，或利用板墙回传给右卫射门。

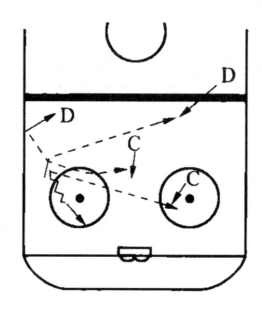

图 7-12

关键要素：右锋到争球圈就选择好处理球的方法，但不可停下来，或者减速，这样只能传球，不利于控制球；其他队员快速进入攻区射门点。

（4）多打少战术

多打少战术最简单，而且符合逻辑的打法是正常地出守区，快速地通过中区，迅速有组织地进入攻区，运球或传球到有利射门区射门，但要注意避免因为多人而减缓进攻速度。有一些专门用于多打少的战术可以遵循。

第一，出守区。

前面讲的控制出守区的方法都可以用于五打四。

如图 7-13 所示，右卫在板墙得球后，传给回守区接应的左锋，左锋迂回向中路运球，可以传给右锋，也可以后留给左卫，左卫再传给中锋。

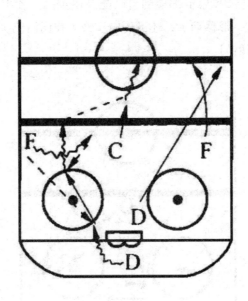

图 7-13

第二，中区进攻。

如图7-14所示，后卫将球传给中锋出守区，中锋运球，左锋在蓝线横切并掩护防守队员，为左卫插上扫清道路，中锋将球传给左卫，从边线插上进入攻区。

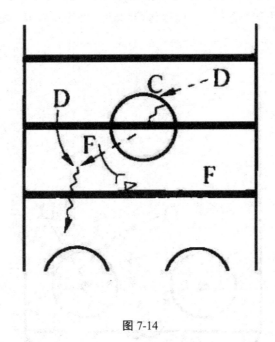

图 7-14

第三，攻区进攻。

在攻区四打三的关键是控制球权，然后传给后卫击球，前锋垫球，挡守门员视线和补拍，一般来说横传、快射是破门的最好手段。

①如图 7-15 所示，前锋和后卫都换到自己能打快拍的位置上去。右卫传球给右锋，右锋传球给中锋（在门前一带移动），还可传给左锋（在门右侧），可以传给滑向通道的后卫，前锋和后卫也可以射门。

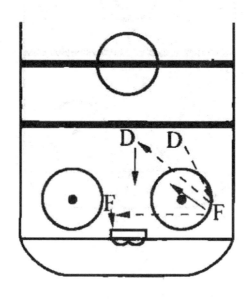

图 7-15

②换位跟进打门（图 7-16）。在上图基础上，右后卫传球后立即插上接应，引诱对方边锋随他移动。右锋假传球给右卫，而回传给移动过来的左后卫，如对方不跟，也可传给右卫打门。

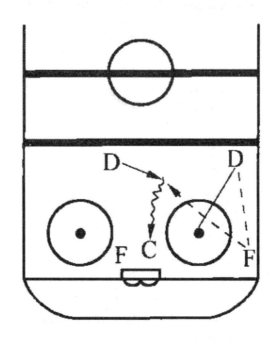

图 7-16

③如图 7-17 所示，中锋传给右锋，然后滑向对方防守后卫挡住他，作前掩护，让右锋运球返到门前。这时右锋有 3 种选择：射门、传给左锋、传给两个后卫射门。

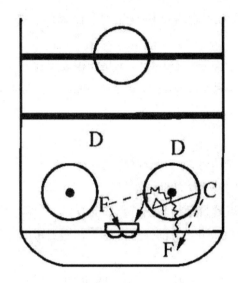

图 7-17

④图 7-18 所示是上图边角掩护的变化。右边锋运球绕门后从另侧返上，左锋挡住对方后卫，右锋射门。

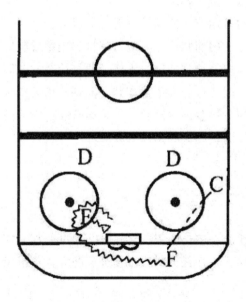

图 7-18

（六）防守战术

1. 防守战术的概念

防守战术是指防守队为了夺得球权或保护自己球门不被对方攻破所采取的手段和措施。

某队一失去球权就处于防守状态，防守不是积极地退让，也不意味着等待进攻，它是有阵形的积极抢截方法。运动员要掌握好滑行、冲撞、杆枪球等技巧，才能很好地进行各区域的防守。

2. 防守的一般原则

第一，根据本队的情况和对方的特点制定防守战术。

第二，全体队员必须明确本队的防守战术。

第三，上场队员必须清楚自己的防守特点和弱点。

第四，场上队员都要参加防守，前锋帮助后卫，后卫帮助守门员，形成一个完整的防守体系。

第五，运动员应熟练掌握盯人技术，避免冲撞时撞空而漏入。

第六，失去球权后，离球最近的队员果断上去阻截，其他队员迅速盯守离自己最近的队员，从攻区进行积极抢截，延缓对方进攻速度。

第七，在守区，阵形相应缩小。

第八，在局部最好形成二抢一的优势。

第九，不间断地干扰对方运球，使其没有射门的机会。

第十，避免在门前争夺。门前紧迫时，应将球打到边角或制造死球。

第十一，尽可能去抢有可能抢到的球，不要随便打给对方，而应组织进攻。

第十二，门前只有一人时，这个人不得离开门前到边角去纠缠。

第十三，在多打少或对方控制出守区时，不采用盯人防守，而用联防。

第十四，交换防守对象时，两人必须达到默契。

3. 防守阵形打法

下面介绍四种防守阵形。

（1）前场阻截

在前场阻截时要倍加小心，防止偷袭。要根据攻队的实力、本队防守能力、比赛时间、比分等选用防守战术。全队不论在任何时候都要强调防守，不可以疏忽。

（2）中区防守

中区防守的天然堤坝是守区蓝线。如果有前锋回追对方控球队员，后卫必须坚守在蓝线上，决不可弃阵后退。

（3）守区防守

只要攻方控制球权，防守队就必须保持在防守位置上。在遇到一对一、一对二、二对三时，不可用身体冲撞，而应等同队队员追回时，再紧逼盯人或冲撞对方。但不可退离球门太近，到射门有利区时就应停止退守，防止对方近射得分。

（4）以少防多

第一，挑选上场队员。

以少打多的运动员应具备以下条件：

①前锋：优秀的阻截能手。前锋应是滑行能力强的队员，头脑清晰，判断能力强，亦是争球能手。

②后卫：一对一防守能力强。后卫一般要求体力强壮，将对方从门前逼离；能像守门员一样封、挡球；反应快，分析能力强，空间感好。

第二，"三打四"防守。

"三打四"分为：守区防守、中区和攻区防守。

①守区防守。

当对方控制球时，最常用的是"方形"。四名队员用方形来保护球门，当球门向门前发展时，方形缩小。当球被对方控制时，方形扩大。方形防守最薄弱的地方是门前，球在底线由对角边锋来防守门前。常出现的错误有：防守方形太大，对方能顺利地将球传入门前通道射门；某个队员因跪挡球，暂时失去比赛能力；防守队员盲目地随球移动，不坚守方形。

如果守队能保持好方形，一般不易被攻破。在守区抢到球后，方形因战局转变而瓦解。这时守队有两件事必须完成：一是运球或击球出守区解围；二是制造死球。

防守队员少打多在守区决不可带球过人，另外在底线向外打死球也易被对方后卫断球。在守区内挤死球是好办法。最佳方法是挑高球解围。

②在中区和攻区防守。

守队把球打到攻区底线后，有两种阻截阵形可用：第一种，T形阵。如第一名前锋向前阻截，迫使对方传球。第二个前锋阻截对方接应队员，然后第一名队员撤回到中间防守；第二种，紧逼阻截。在同控制进攻能力弱的队比赛时，采用紧逼策略，能打乱对方的阵脚。此时两名前锋靠近一侧，紧逼对方控球队员，一名后卫靠边板压蓝线，另一名后卫防守在蓝线和红线之间的中路。

在少打多时，上场队员要顽强滑跑，奋勇拼搏。

在攻区和中区抢到球后，本队没有危险的情况下，尽量拖延时间，掌握球权。可以不进攻，往回传球，"戏弄"对方，使双方"望球兴叹"。在有危险时，守方队员则不要往回运球和传球，当机立断把球打入攻区底线。如果守方在攻区得球，可以射门。

第八章　滑板运动的基本知识

第一节　滑板运动概述

滑板运动是轮滑运动项目之一，是运动员脚踩滑动的器材，在不同地形、地面及特定设施上，在音乐的旋律下，完成各种复杂的滑行、跳跃、旋转、翻腾等高难动作的技巧性运动。滑板运动的动作，极其敏捷而协调、高难而惊险，具有很强的趣味性、刺激性和吸引力，深受广大青少年所喜爱。

一、滑板运动的起源与发展

（一）滑板运动的起源

滑板运动是一项移植的项目。在 19 世纪 50 年代，美国人利用一块普通木板或价格昂贵的轻木制成的冲浪板在惊涛骇浪中寻找乐趣。到 50 年代中期，模压聚氨酯泡沫和玻璃纤维取代了木制冲浪板。这些新型冲浪板的机动性和耐用性使得冲浪运动在 50 年代末大为流行。

滑板运动是冲浪运动在陆地上的延伸。在 19 世纪 60 年代，美国南加利福尼亚州海滩社区的居民，为了克服冲浪运动受地理和气候条件制约的弊端，保留冲浪运动的特性，模仿冲浪板的形状，制成了"滑板"的板面，并将轮子装于板下，发明了世界上第一块滑板，从此诞生了今天风靡全球的滑板运动。

（二）滑板运动的发展过程

滑板运动随着滑板的变革，运动技术得到不断的发展。世界上第一块滑板的诞生，便拉开了滑板运动的帷幕。第一块滑板是由一块 50 厘米 ×10 厘米 ×5 厘米的木板固定在轮滑的铁轮子上。就是这个简单的运动器材，给滑板运动爱好者带来了如同冲浪运动所能得到的乐趣及心理感受，强烈地吸引了广大青少年爱好者。但是，由于当时滑板的板体笨重、缺乏弹性、轮向机构不灵活、铁轮子太滑等缺点，所以这个时期技术发展缓慢，进步较慢，只能完成较简单的直线滑行和缓慢转弯动作，多属于以娱乐消遣为目的的一般活动。

进入 20 世纪 60 年代（1962 年），工业技术的发展，促进了滑板器材的改进。笨重粗糙的第一代滑板，制约了滑板运动技术的发展，滑板运动爱好者经过反复研究与实践，制成了由橡木多层板压制而成的 15 厘米 × 60 厘米的板面，在板面下设置转向架，用塑料轮子取代了铁轮子，从滑板的工艺、质量来说，这是一次质的飞跃。滑板器材的改进，推动着滑板运动技术的发展，创造出各种曲线滑行、急剧转弯、跳跃、旋转等难新动作，吸引着更多的青少年参加滑板运动。但是，随着滑板运动技术水平的提高，第二代滑板性能的欠缺也逐渐暴露出来。由于塑料轮子的附着摩擦较小，故在滑板急转弯时容易失控；另外，因为塑料轮子的弹性较低，严重影响跳跃技术的发展。因此，滑板的性能又成为提高运动技术水平的主要障碍。

进入 70 年代后，随着科学技术的迅猛发展，滑板运动爱好者又研制成聚氨酯材料的轮子，这种轮子柔韧性强、耐磨，而且富有弹性，大大地推动了滑板运动技术的新发展。70 年代中期，不仅滑板运动的技术有了新发展，而且滑板运动已向着社会化方向发展。美国出现了许多专门研制滑板的滑板制造公司，它们在研制成聚氨酯轮子的基础上，又对滑板的板材、板形进行了系统的改革和研制。就板材而言，它经历了硬塑料、铝合金、玻璃纤维和碳素纤维的换代，但其性能都不理想，最后选择了寒带木材——加拿大的糖枫木为原料，这种木材重量轻、密度大、抗击性能好，压合成 12 层、9 层和现在的 7 层板面。板材重量的减轻，无疑又为滑板运动的技术发展创造了有利条件。经过反复研究，筛选出优质的板材后，又对板形和板的结构方面进行研究。它们根据力学原理，本着为运动员变板活动提供方便的目的，先将原来的平板面改制成板尾翘起的板形，随后又研制成了板头、板尾都翘起的新版形；板形的变革有利于技术的创新。在板面上设置脚窝，将转向架由弯头式改为直插式，轮子硬度加大，直径缩小，更有利于滑板运动技术的发展与提高。总之，由于滑板板材、板形、结构的不断改进和质量的提高，滑板运动创造出许多新的滑行技巧和难新动作。从滑行技巧来看，不仅能在不同的地形上滑行和完成各种"旋转、刹车、跳跃障碍"等动作，而且由于滑板速度的提高和重心的降低，滑板手创造出冲上垂直壁、转体及翻腾等高难动作。场地由原来模拟冲浪的波形场地，开发出圆底游泳池的形式，从而有了特殊的滑板运动方式，即从臀窝滑板到其后的半管式（U 型池）滑板运动，并举行了各种比赛。随着滑板运动的日趋发展，从器材、场地、音乐和服装等方面都不带有其他运动项目的痕迹，成为独具特色的一项体育运动。

（三）国际滑板运动的简况

滑板运动始源于美国，深受广大青少年的喜爱。20 世纪 70 ~ 80 年代，美国首先成立了滑板运动协会——全美滑板协会（NSA）。在各大城市马路和校园，到处都可见到滑板运动爱好者的身影。美国从 70 年代起就组织了全国性滑板运动比赛，在 1978 年全美滑板运动锦标赛上，青年魄落塔夺得了冠军，于是美国滑板制造商乔治·魄翱以魄翱·魄落塔（Powell Peralta）作为其滑板的商标，以此来推销其滑板并推动滑板运动的发展。

在美国，有着众多滑板制造公司，为了进一步推动滑板运动的发展和推销其各自商品，这些公司相继组织了职业滑板队。其中著名的有白骨滑板队、西风滑板队、八球滑板队等。其队员均由欧美著名滑板好手组成。最著名的有托尼·豪克、史蒂夫·卡勃莱罗、兰斯蒙顿、丹尼·威、弗兰克·西尔。尤为突出的是托尼·豪克和史蒂夫·卡勃莱罗。豪克9岁开始从事滑板运动，15岁夺得全美滑板运动冠军，并曾先后8次获得金奖滑板运动冠军，连续6年被评为美国滑板运动协会最佳排名的职业运动员。卡勃莱罗在世界U型坡道比赛中，创造出腾空高度超出上沿3.35米的最好成绩，这一成绩被列为"吉尼斯"世界纪录。

1981年美国滑板运动协会和欧洲滑板运动协会在前西德联合举办了第一届世界杯滑板运动比赛。从此，正式将滑板运动推上了世界竞技体育舞台。

（四）我国滑板运动的兴起

20世纪80年代末，滑板运动传入我国。最早引入这个项目的是北京体育学院（目前的北京体育大学）。当时参加滑板活动的不过是几名日本留学生和澳门的学生。几乎在北京体育学院悄悄进行这个项目训练的同时，另一股热衷于滑板运动的力量在深圳、广州和北京的马路上诞生，据说其启迪和影响来自一部叫作《危险之至》的美国惊险故事片。在这部影片中，人们在关注男女主人公命运的同时，更注意他脚下那块出神入化般的滑板，滑板运动爱好者从"危险之至"中开了眼界。此后世界著名的美国白骨滑板队来华表演，在华夏大地上引起了不小的震动。滑板运动从此在我国悄然兴起，并形成燎原之势。仅北京就有上万青少年参加滑板运动。人们可在公主坟、柳荫公园等处看到聚集的滑板运动爱好者，至于街头巷尾的"零散部队"，则是数不胜数。继北京柳荫公园开业的一处可供上千人训练和娱乐的滑板场之后，又在天津长虹公园内组建了一个被命名为"哪吒"的滑板俱乐部，修建了完全以美国正规训练场地为模式的滑板场。除了北京、天津、鞍山、哈尔滨等城市外，兰州也兴起了滑板运动热。作为先行者，北京的祥云滑板队已成为中国滑板运动爱好者中的佼佼者。在十多名队员中，已人人掌握了一"绝技"，他们带动着我国滑板运动的开展与提高。

滑板运动在我国经历了诸如"超牌杯九龙杯"之类的小型地方性比赛后，1993年8月终于在北京首都体育馆外滑板场，举行了首届全国滑板运动比赛，有11个队52名好手参赛。结果，北京体育学院的赵劲松获得成年组冠军，哈尔滨的刘大力获少年组规定动作的金牌，祥云滑板队的赵森获得少年组自选动作的金牌。

（五）滑板运动的前景

随着滑板运动技术的发展，运动用具及器材将无法适应滑板运动的需要，势必出现新的技术革命。

人们应用现代科技，研制新型的滑板和滑板器材。滑板的板形、板材、转向装置的变化，将使滑板更灵活，更便于人们操作。滑板器材将由更先进的材料制成。它柔韧，具有很大的硬度，表面光滑而且耐用。这不仅能加快运动速度，而且不易受硬性伤害。选手们利用滑板和滑板器材充分发挥人体运动的潜在能力。

滑板不仅适用于水泥、马路、胶合板及合成塑料等材料上的运动，而且还适用于冰上、雪上。它势必被人们所接受、被社会所承认。目前单板滑雪已被列为奥运会的表演项目。

二、滑板运动的特点

滑板运动除具有一般体育运动项目的特性外，还具有其自身的娱乐性和竞技性、选择性及惊险性的特点。

（一）娱乐性与竞技性

滑板运动自它诞生之日起，就是以其在活动中寻求乐趣为主要特征的一项运动。滑板运动爱好者在音乐的伴奏下，驾驭着滑板在不同地形的地面上完成各种不同的动作或克服形形色色的障碍后体验到无穷的乐趣，是滑板运动的一种特殊享受。同时，滑板运动员在竞赛和表演时以纯熟而高超的技艺，完成各种高难、惊险而优美的动作，如脚带滑板、忽上忽下、忽左忽右、跳跃障碍、翻腾转体等等，不仅使观赏者大饱眼福，赞叹神往，同时还获得了一种"美"的享受。

随着滑板运动技术的发展，滑板运动爱好者已不满足于娱乐消遣之活动，而追求在竞技场上展示自己的高超技艺，因此原本主要供人们健身娱乐的滑板运动又增添了竞技的特点。

（二）选择性和实用性

滑板运动是一种选择性较强的体育运动项目。其场地坚硬，运动速度快，动作比较复杂惊险等，它不同于男女老幼均可参加的体操、武术、舞蹈等其他项目，从事运动的对象主要是青少年，故称之为"青春运动"。

参加体育运动主要是为了健身和竞技，而参加滑板运动除了上述两个目的外，还有一个特殊的实用性。国外一些滑板爱好者在掌握了一般滑板运动技巧后，到近距离的市场购物，上学常常蹬上滑板自由自在地往来。他们风趣地说，"滑板作为交通工具既不耗油，又便于保管，节约了费用，又锻炼了身体，是一种经济实惠的交通工具。"它是滑板运动的独具特点之一。

（三）刺激性

青少年是在生理上处于生长发育时期，在心理上也是最富于探索、冒险、好胜的时期。他们朝气蓬勃，如同初生牛犊不怕虎一样，乐于在冒险的活动中寻找乐趣。

滑板运动恰能满足青少年的这种心理。因为滑板运动爱好者是在特殊的用具上和特定的器材上高速滑行穿跳不同障碍，完成各种转体、跳跃、翻腾等不同的动作。尤其是在 U 型池中完成凌空转体或翻腾动作，更是扣人心弦，所以参与者与观赏者同时能感受到"危险之至"的心理体验，故又称它为"勇敢者的运动"。

三、滑板运动的内容与分类

（一）比赛项目

滑板运动虽然是新兴的体育运动项目，但是其发展迅速，目前国际上正式比赛的项目有以下几种：

1. 障碍跑

在跑道上尽可能快地越过各种障碍。

2.（花样赛）半管式

即在 U 型坡道上表演的跳跃、空翻、转体等技巧。

3. 自选动作

在规定的时间内充分利用滑板的各个部位完成规则规定的各种动作或创新的灵活、多变的技巧动作。

4. 速滑对抗赛

在跑道上进行速度的比赛。

（二）动作内容

滑板运动的内容丰富多样，为了便于教学、训练，根据当前国内外已出现的动作，归纳总结大体分为以下几类：

1. 障碍滑板

（1）陆地动作滑行、刹车、跳跃、倒板

（2）特定器材上的动作、搭、探、卡、骑、腾起

2. 花样滑板

（1）滑行类动作

（2）卡类动作

（3）骑类动作

（4）起板类动作

（5）腾起类动作

3. 自选滑板

（1）起板跳上板动作

（2）滚板跳上板动作

（3）翻板类动作

（4）各种跳上板动作

（5）旋转动作

（三）滑板运动分类

根据滑板运动的特点和运动形式，可分为马路式、下坡式、半管式、自由式、游戏式五种。

（1）马路式（street style）

马路式因其在马路上进行滑板运动而得名，其也是滑板运动的诞生地。它是滑板运动的最基本形式。马路式包括在水泥、沥青面的人行道上，台阶上以及一切可利用的天然障碍和人工障碍上进行滑板运动。它既可以娱乐消遣为首的进行自由滑行和滑板游戏，又可根据规则要求进行滑板运动竞赛。所以说，它是滑板运动的最基本的方式。

（2）下坡式（downhill）

下坡式是在盘山公路上或在专门设置的场地上进行的一种滑板运动。其特点是婉转高速。它类似近年东西方流行的单板滑雪，它除了利用滑板滑行外，还可以用手的附加支撑做转弯或侧撑滑行。也可设置简易绕标，在下滑中完成大小回转动作。最快时可达60～70公里，它主要用于竞技比赛。

（3）半管式（half-pipe）

半管式是在特定的场地上进行的滑板运动，半管式又称为"U型坡道"或"U型池"，因此其场地像半个庞大的管子，故称其为半管式。其特点是：飞荡起落、惊险刺激。由于滑板手是由半管一侧上端起滑的，处于高位能和低阻力，使滑板速度迅速发挥，所以滑板手能完成空中飞腾转体、空翻等惊险动作。它主要用于表演和比赛。

（4）自由式（free style）

自由式即自选动作比赛。它必须按照规则或规程的要求，自由选择不同难度的动作组合进行表演、比赛。它不需要较大的场地、较多的设备，只需要一小块水泥或沥青面的空地，利用手、脚使滑板巧妙地变化、花样翻新。它要求滑板手具有较强的灵活性、创造性，可充分发挥滑板者的聪明才智，利用滑板可提供的一切潜力进行表演。如：旋转，倒立，两轮滑，单轮滑，手、脚翻板。

（5）游戏式（game style）

借助于滑板进行的各种娱乐活动。如：滑板跳水、滑板冰球。

第二节　滑板运动器材设备与场地

滑板运动是在马路上诞生的，练习时不受场地、设备的限制，是娱乐性、刺激性很强的运动。但随着滑板用具的改进，人们不满足于地面上的活动，便创造出各种障碍（赛道）。各种赛道的出现加速了滑板运动的发展，促进了运动技术水平的提高。滑板运动集滑雪、轮滑、体操于一身。场地简可街头巷尾、马路校园，繁可修有复杂地形的专用场地。

一、滑板用具

用具即"滑板"。滑板英文为"skate boards"，它是由板面、轮滑转向桥、轮、轴承构成。目前有一头翘和两头翘滑板。以一头翘滑板为例。

（一）滑板各部位名称

（1）板头：一头翘滑板，宽而尖、非翘的一端为板头。

（2）板尾：一头翘滑板较窄圆滑并翘起的一端为板尾。

（3）轮滑转向桥：与板底连接的金属架，呈三角形。

（4）轮：与地面接触，使滑板滑动的部件。

（5）轴，桥与轮之间较细的部分，插入轮中，起固定轮的作用。

（6）肋：两桥之间的板面。

（二）滑板用具附件

用具附件又称为保护附件，主要作用是保护滑板，降低滑板的磨损程度。

（1）头骨：即板前部的保护件。

（2）颌骨：板前下部件的保护件。

（3）肋骨：板肋底部的保护件。

（4）尾骨：板尾底部的保护件。

二、滑板器材设备

目前我国滑板运动竞赛有障碍赛、"半管式"竞赛，以障碍赛为主。

（一）障碍赛滑板运动

（1）跳台

跳台是障碍赛的一种特定障碍，分大跳台、中跳台、小跳台。在各种跳台上可完成腾起蹲转 180°、360°，腾起探板、腾起展腹；滑上转体 180° 滑下、滑上单脚探板滑下等动作。这些特定器材是由木制框架和胶合板坡面构成的带有弧度的坡道。

①小跳台：上沿与地面距离 40 厘米，坡道宽 60 厘米。

②中跳台：中跳台上沿与地面距离 60 厘米，坡道宽 128 厘米，底架长 170 厘米。

③大跳台：大跳台上沿与地面距离 80 厘米，坡道宽 85 厘米，底架长 170 厘米。

（2）斜板

斜板是障碍赛的一种特定障碍。在斜板上主要做各种滑行、小跳等动作。如，滑上带板跳下，滑上蹲跳转体 180° 滑下，滑上跳倒板等 7 种动作。斜板是由木制框架和胶合板坡面构成。滑行的坡道是斜面。上沿与地面距离 120 厘米，坡面宽 230 厘米，架底长 250 厘米。

（3）出发台

出发台是由木制框架和胶合板坡面构成。坡道带有弧度。上沿与地面距离 90 厘米，坡道宽 150 厘米，台面宽 40 厘米，底架长 180 厘米。在出发台上可做各种滑上、下轴动作。如：滑上卡前轴下、滑上卡轴跳转 180° 下等动作。

（4）双肋杠（钢轨）

双肋杠是由两个圆形铁管与起固定作用的支架构成。长不得少于 300 厘米（但也不宜过长），支架高 20 厘米。在双肋杠（铁轨）上可做各种骑的动作，如正骑肋、反骑肋、骑轴、骑板头、骑板尾等。

（5）垂直壁

垂直壁是由木制框架和胶合板制成。上沿与地面的距离 170 厘米，壁宽 180 厘米，底长 105 厘米。在垂直壁上可做滑上滑下、自由滑板的手撑地滑上转体 180° 滑下动作。

（6）山形坡道

山形坡道是由木制框架和胶合板制成的两个三角形和两个带有弧度的坡道，山顶与地面距离 60 厘米，坡面宽 120 厘米，底长 160 厘米。外形似山，故称"山形坡道"。在山形坡道上可从一侧坡面腾起做各种动作下落到另一坡面。如起板跳上板下落在另一坡面、蹲腾起下落至另一坡面、单臂手倒立下落等动作。

（7）金字塔

金字塔是由木制框架和胶合板制成的两个长方体与四个斜坡道。上面长方体长 365 厘米，顶宽 245 厘米，下面长方体底长 685 厘米，底宽 460 厘米，上端与地面距离 60 厘米。在金字塔上可设模拟手扶梯。金字塔动作主要是各种跳上跳下动作。如蹲跳上、360° 倒板上、带板跳上、剪脚、倒板等跳下动作。模拟手扶梯上可做骑肋动作、骑轴动作、带板跳跃动作。

（二）花样滑板运动

花样滑板运动的特定器材是"半管式"（U 型池），它是由木制底座、支架、横梁和胶合板坡道构成。在上沿镶上角铁，上沿与地面距离 320 厘米，坡道宽 490 厘米，底长 900 厘米，上沿台面 120 厘米。在半管型坡道上主要完成各种翻腾和旋转等动作。

三、滑板运动场地设施

滑板运动场馆是开展此项运动的保证，是培养人才的重要条件。本节介绍对滑板场馆的要求、场地的布置、安全。

（一）对滑板场馆的要求

（1）馆址的选择

根据实际出发，选择阳光充足、环境幽静的地方。由于滑板运动是在一定的速度下才能发挥其特点，因此滑板馆长 60 米左右、宽 40 米左右。

（2）馆内设备

馆内应有足够的照明光线，分布要均匀，不能出现复印。地面最好是胶合板、密度板等具有一定硬度、光滑的地面。如没有条件，水泥、沥青地面也可，但应具有一定的硬度、表面光滑。器材是多层胶合板、玻璃钢、密度板等，要求有一定硬度、厚度、韧度，能承受滑板选手数次跳跃、腾空飞起后人、板的冲击。滑板器材的颜色为木色。

滑板馆内的温度。冬季应保持在 12 ~ 15℃之间，暖气的安装不暴露在墙外，并与地面有一定的距离。馆内光线充足，窗户要大，通风良好。附属房间应设：第一，更衣室；第二，卫生间；第三，淋浴室；第四，管理室。

（二）对滑板场的要求

（1）场址的选择。根据实际出发，选择阳光充足、环境幽静的地方。由于滑板运动是在一定速度下才能发挥其特点，因此滑板场长 60 米左右、宽 40 米左右。

（2）设备。根据条件可自制器材，若场地固定，可自制水泥器材（半管式赛道不适合），场地与赛道表面应光滑，具有一定硬度，要注意器材的防雨。对滑板场的要求应根据当地的具体条件、情况而定，同时应因地制宜。设备有：第一，金字塔；第二，半管和碗；第三，模拟手扶样；第四，扶手；第五，起跳台；第六，不同坡度和弧度的坡差；第七，垂直壁。

（2）滑板场地的布置

滑板运动器材的布置，将影响滑板性能的发挥，滑板者的兴趣、情感、信心和主动能力，并将影响裁判的视线及选手的分数。那么如何布置器材？场地器材的布置应根据实际情况而定。若训练水平较低，比赛规模小，可选用分体使用单个设备及器材。摆放时可根据场地的方向而定。若训练水平较高，比赛规模较大，器材设备较好的情况下，采用连体设备。

四、滑板的挑选与保养

（一）滑板的挑选

如何挑选滑板是广大滑板爱好者面临的第一个问题。挑选的滑板是否合适，将影响滑板者的兴趣和学习滑板的信心。目前我国市场有三种滑板。第一种是玩具滑板。这种滑板抗阻性能差，板质差，板面尾部没有凹型，轮子是没有弹性的塑料轮子。它不能学习滑板的技术动作，只能暂时得到心理满足，价格在 50 ~ 100 元之间。第二种是美国进口的魄翱滑板。板面是抗阻性能好、重量轻的加拿大糖枫，采用美国斯蒂文森专刊的凹型板尾和绍尔公司发明的、魄翱公司享有专利的跨越大障碍物的聚氨酯轮。这种滑板性能好，能跳跃各种障碍，完成各种技巧性动作，但价格较高，在 400 ~ 600 元之间。第三种是我国金超滑板，金超滑板是我国知名度较高的滑板，它的性能接近国际水平，被国内同行认可，被滑板爱好者所接受，为中档价格。

滑板的速度、超过障碍的能力主要决定于轮子的硬度与反弹。如果所有其他因素都相等，轮子越硬，其速度越快，附着摩擦力也越小；硬度越低，反弹越高。比如，硬度 80A 的轮子，最大反弹到 80%；硬度 88A，最高反弹下降到 73%；硬度到 98A，最高反弹只能达 64%。绍尔 A 硬度指度范围为 0 ~ 100，越高越硬。但是绍尔 A 硬度指度范围在 93 以上不按比例分布，而是按某种指数级数分布。高反弹还是高硬度，如何选择？因为轮子的速度是硬度和反弹这两个主要变量函数，因此在为某一种特定表面选择轮子的时候，选择合适的反弹和硬度的最佳配合，是至关重要的。一般来讲，在光滑的表面（半管坡道）上滑行，为取得速度和高度，应选择较硬的轮子（90A 以上），在较粗糙的表面（马路）上应选择较软的轮子（85A 或 85A 以下）。这样我们可根据自己所需，选择板面、轮子。

（二）滑板的保养

（1）防止滑板粘水，尽量不要使滑板沾水，若进水可能使轴承生锈，影响滑板的运行。

（2）定期保养

每隔一个半月，要保养轴承一次。保养时，用活扳手卸下螺母和垫片，取下轮子，撬下轴承，清洗后加一薄层黄油装复。略给轴承一定的间隙使其灵活运转。

（3）定期检查

定期检查各螺栓的松紧，及时上紧松动的螺栓。

（4）板上加保护附件

为了减少板面的磨损，可在板上加保护附件，安装在板头；颂骨安装在板头的两侧；肋骨安装在板底部两侧；尾骨安装在板尾底部。但加保护附件后的滑板较重，做动作时感到较沉。

（三）练习滑板时的注意事项

滑板运动的特点决定了滑板运动具有一定的危险性。当滑板传入我国初始，我国选手不了解滑板性能、技术原理，一切从摔打开始，起步艰难。摔打与滑板运动共存。至今无论是初手还是具有高超技艺的滑板手，都不可避免摔跤、跌倒。那么怎样摔跤？在摔跤中如何有效地保护自己？下面介绍滑板运动的基本安全措施，供滑板爱好者参考。

1. 护具

是滑板运动安全措施之一。护具包括：头盔、护肘、护手、护膝、护颈、手掌。

（1）护手

是滑板运动最常用的护具之一。运动中摔跤、跌倒常用手撑地面，腕部易损伤。由于护手的长度至前臂的 1/3 处，可起到保护腕关节作用，是滑板者，特别是初学者的必备护具。

（2）护肘

护肘是保护肘关节的护具。由于滑板场馆地面坚硬，摔倒时肘关节与地面接触，出现擦伤和挫伤。护肘起到保护肘关节的作用。

（3）护膝

护膝是保护膝关节的护具。

（4）头盔

头盔是滑板运动常用护具之一，它类似摩托车帽，表面光滑、坚硬。由于滑板在运行过程中速度快，易出危险，佩戴头盔能起到保护头部的作用。

（5）护颈

是滑板运动使用最少的又较重要的护具。主要用于带板跳跃类动作。练习带板跳跃动作时，脚空中踢出位移的技术难以掌握，着陆时胫骨经常撞击板头，疼痛难忍，严重时可失去学习滑板的勇气。因此初学带板跳跃类动作时应戴护颈。

（6）手掌

手掌类似鸭掌，是种手托。它由硬材质制成，耐磨。在速度增板运动中可用手撑地，以手为支撑，脚可来回滑动。护具可根据项目特点选配。障碍滑板通常佩戴护手、护肘；花样滑板通常佩戴头盔、护膝、护肘。

在滑板运动中，我们常看到滑板者不配戴任何护具在急速滑行、穿越障碍。这是由于戴上护具使皮肤与空气接触减少，感到闷热，减少了滑板者舒畅与刺激的感受和心理体验。他们往往忽视了安全，在突发情况下会出现意想不到的后果，为了安全，请滑板者佩戴护具，只有在保证安全的情况下，才能从事自己所喜爱的滑板运动。

2. 自我保护

自我保护是防止运动损伤的重要方法之一。掌握自我保护的方法可减少滑板者的紧张心理，避免硬性损伤，自我保护能力随着运动技术水平的提高而提高。初学者自我保护能力相对较弱，技术水平较高的选手相对自我保护能力较强。下面介绍几种常用的自我保护方法。

（1）利用惯性

滑板运动速度快，地面坚硬，若出现危险时应保持头脑清醒、冷静。迅速采取措施，做出相应的反应。出现危险时可顺势下蹲，避免反关节撑地、落地（直臂、直膝）手撑地后顺势滚动；速度快、冲击力大时，首先保持肌肉紧张、含胸、低头，保护头部、颈部及易损伤的部位直接着地，减少损伤部位与程度。

（2）及时停止练习

身体不适、滑行中出现行人或与其他滑板者相遇，以及器材破损等情况应及时刹车，或从滑板上跳下，但不要一脚在板上，一脚在地面上，这样易损伤髋、膝关节。

（3）改变身体姿势

动作过程中，由于技术不正确，若按正确技术完成动作，将出现危险，此时应及时改变身体姿势，以确保安全，如腾起展腹。由于腾起的高度不够，若继续完成展腹动作将出现危险，为了安全将展腹改变成蹲的姿势。

（4）改变动作

运动技术水平较高的选手才具备此能力。它主要用于表演、比赛。在比赛中为了掩盖动作失败，打破原有的、固定的动作连接，改变后面动作，给人一种原有编排感。

（四）服装

每一项目的服装，都是为了便于项目自身的运动而设计，为了适应滑板运动的需要，充分活动身体、保护身体，特设计滑板短衣、短裤、滑板鞋。要求在比赛时穿滑板服装。滑板短衣是由棉线织成的圆领宽松半袖衣。它柔软、吸汗、遮光，可加速人体与外界空气的交流。

滑板短裤是由粗布制成的过膝宽大短裤。它便于运动、遮光能力强、不贴身，使身体所出的汗迅速散发。滑板短裤独特、美观、耐用。同时，滑板手在摔倒时，可利用服装来缓冲对地面的冲击力。

滑板鞋是高帮粗布胶鞋。鞋的前外侧挂有粗纹胶。高帮起保护踝关节的作用，胶鞋轻便，容易控制滑板；挂胶可满足技术的要求，而且耐磨。

第三节　滑板运动各项技术与练习

一、障碍滑板

（一）陆地动作

1. 滑行

在各种地形的地面上移动为滑行。它包括直线滑行、曲线滑行。

（1）直线滑行

滑板在地面上移动，所留下的痕迹呈一直线。

第一，单脚蹬地滑行。

单脚蹬地滑行通常是各种动作的起滑，使滑板产生向前运动的速度，以便完成各种动作。

完成方法：以左脚在板上为例。左脚踩在板上前桥稍后，脚尖稍内扣，半蹲，重心在支撑腿上，头向前看，胸正对膝关节，右脚在板上脚侧的地面上。蹬地时足跟先着地，过渡到前脚掌，前脚掌用力蹬地，脚蹬地后附着在支撑腿的侧方。

练习提示：重心始终保持在支撑腿上；蹬地脚在板上脚的侧前方蹬地；蹬离地面后保持较长时间的单腿支撑，再进行第二次蹬地。

第二，脚分立后轮滑行。

完成方法：利用单脚蹬地滑行所产生的速度，一脚踩在板上前桥稍后，另一脚踩在板尾后翘，重心在两脚之间，膝关节微屈。借助于向前滑行速度，前腿逐渐掎起，随之重心后移并加大膝关节的弯曲，前轮慢慢抬起。臂自然抬起，来维持平衡。

练习提示：重心后移，前腿逐渐抬起；重心后移的同时加深膝关节弯曲，随之降低重心；单脚蹬地滑行的速度应快，借助它的速度来体会动作。

第三，脚分立前轮滑行。

完成方法：借助于单脚蹬地滑行，一脚踩在板上前桥稍前，另一脚踩在板尾后翘，重心在两脚之间，膝关节微屈，肩对滑行方向。重心逐渐前移，后轮抬起，调整重心，两臂在体侧维持平衡，利用前轮向前滑行。

练习提示，重心逐渐前移时上体稍后，逐渐加深膝关节弯曲。它要求滑板者具有较强的身体控制能力。

第四，脚分立减速滑行。

减速滑行是滑行时利用后轮、板尾对地面的摩擦，在地面上移动，使运动速度减慢的动作。

完成方法：脚位与脚分立后轮滑行相同，肩对滑行方向，臂自然分开，借助于向前滑行速度，前腿逐渐抬起，随之重心后移，板尾着地，向前滑行的速度逐渐减慢。滑行的速度取决于板与地面摩擦力的大小。

练习提示，后脚用力不要过大，若用力过大会使运动停止；重心应逐渐降低。

易出现错误：用力不均匀，不是用力过猛，就是用力过小；重心调整不好。

（2）曲线滑行

曲线滑行是指滑板在地面上的移动，运动轨迹呈曲线。曲线滑行所采用的开始姿势是滑板运动基本姿势。即一脚踩板上前桥，另一脚踩板尾后翘，膝关节微屈，重心在两脚之间。

第一，扭动滑行。

扭动滑行是滑板运动的基础动作之一。它是利用身体的扭转，使滑板向前移动的动作。运动轨迹呈"V"字形。

完成方法：以左脚在前、右脚在后为例。采用滑板基本姿势侧对滑行方向站立，膝关节向左扭转，随之重心逐渐后移，胸转向正对滑行方向。重心继续后移，左脚蹬地使板头抬起，偏离直线方向，向"V"字形的第一斜线方向移动，胸逐渐转向正对板头方向。重心继续后移超出支撑面，随着向前滑行的速度，移动下支撑点。使重心逐渐恢复并接近支撑面，随之重心降低，上体向脚尖方向（左）转，此时上体与下肢呈扭动姿势，上体右移超出支撑面范围，左脚向后蹬地，使板头抬起，向"V"字形另一斜线方向移动，重心继续前移逐渐转向肩对滑行方向。移动下支撑点，使重心逐渐接近支撑面，随之重心降低，膝关节扭转，重心后移，上体逐渐转向胸对滑行方向，开始第二次扭动滑行。

滑行时应利用上体姿势的变化和膝关节扭转来加大运动幅度。也就是说，动作幅度的大小决定于膝关节的扭转和上体方向的变化。

练习提示：膝关节始终保持微屈，注意重心的移动，蹬地脚应充分蹬地。

易出现错误，膝关节没有扭转，上体没有方向变化，只是靠脚蹬地的力量完成动作；重心移动不明显。

练习方法：陆地模仿，重点练习膝关节扭转、上体的转动、重心移动与脚蹬动配合；板上练习；陆地模仿与上板配合练习。

第二，"S"形滑行。

"S"形滑行是曲线滑行的一种，它的最大特点是四轮不离开地面，运动时主要通过身体重心的移动和身体的扭转，利用阻力矩来完成动作，运动轨迹呈"S"形。

完成方法：以左脚在前、右脚在后为例。采用滑板基本姿势站住，借助于向前滑行的速度，膝关节向左扭转，重心后移，胸逐渐转向正对滑行方向。板头偏离直线方向，重心继续后移使之远离滑板，胸逐渐转向板头方向，并继续向左转动。利用移动下支撑面，使重心逐渐接近支撑面，随之降低重心，身体向脚尖方向移动。上体向右回转逐渐转向肩对滑行方向，重心远离支撑面，膝关节向左扭转，准备进行第二个"S"形曲线滑行。滑行时，膝关节弯曲大于扭动滑行。

练习提示：膝关节的扭转与上体转动的配合，重心的移动。

易出现错误：只前后移重心；上体与膝关节没有动作，运动轨迹呈"J"形。

第三，转体180°滑行。

转体180°滑行是曲线滑行的一种。可单独作为一个动作，也可连续转体180°滑行。

完成方法：以右脚在前为例。采用滑板基本姿势侧对滑行方向站立，借助于滑行速度加大膝关节弯曲接近半蹲。脚用力向下踩板蹬地，重心后移并移至板外，右脚向后平拉，左脚向前平推，身体带动板向右转动180°，转动时轮不离开地面。

练习提示：重心移动到支撑面范围之外；脚蹬地，脚的动作是一脚前推，同时一脚回拉动作；上体带动板转动。

易出现错误：以后轮为支点，板头抬起转动；重心不后移或重心后移不够。

练习方法：陆地模仿、上板练习。

2. 刹车

刹车是利用特定技术，减慢运动速度，使运动停止。

（1）单脚拖地刹车

完成方法：在运动中要使运动停止，可采用单脚拖地刹车。首先将一脚踩在板上前桥，脚尖对板头方向，另一脚下板至板上脚侧前的地面上，上体稍前倾，膝关节弯曲，重心随之移到地面的腿上。板继续向前移动，使板上脚移至板尾后翘。板上脚向下踩板，板尾拖地，上体逐渐抬起，使板尾与地面接触，运动停止。

练习提示：一脚下板脚着地时，随之移重心。

练习方法：单脚蹬地滑行、上板结合单脚拖地刹车。

（2）板尾拖地刹车

完成方法：脚位与脚分立后轮滑行相同，重心后移，前腿逐渐上抬，板尾拖地，板尾脚用力下踩，利用板与地面的摩擦使运动停止。可用于成套动作的结束。

练习提示：重心后移，同时重心下降；重心应保持平稳，不要突然停止运动。

练习方法：首先掌握脚分立后轮滑行，才可进行刹车的练习。

（3）转体180°刹车（转身刹车）

凡练习转体动作，我们会遇到方向问题，在练习转体动作时，板头向脚尖的方向转动为正向转体，板头向足跟方向转动为反向转体。动作中不指明方向时为正向。

转体180°刹车是运用板尾与地面的摩擦，身体带动板转体180°使运动停止的动作。运动轨迹呈"q"形。

完成方法：一脚踩板上前桥稍后，另一脚的足跟踩板尾后翘（前脚掌在板外），侧向站立膝关节微屈，肩对滑行方向。利用向前滑行的速度，身体前倾（向脚尖方向）。前腿逐渐抬起，重心后移，板头翘起，板尾拖地，板尾和后脚的前脚掌着地，身体带动板转体180°，使运动停止。转体时上体保持正直。

练习提示：重心前倾同时移至板尾腿上膝关节弯曲，转体时上体带动板转动。

练习方法：陆地模仿；在转体方向置标志物，使练习者主动看标志物，上体带动板转体，运用信号，教练在运动员要转体时喊口令或喊动作要点，使练习者按技术要求练习。

3. 急停

急停是运用特定技术使运动急剧停止的动作。

（1）转体90°急停（侧滑急停）

完成方法：以反向转体90°急停为例。左脚踩板上前桥稍前，右一脚踩板尾后翘，膝关节微屈，肩对滑行方向。向前滑行时迅速下蹲，脚用力踩板，臀部后坐、重心后移，上体稍前倾。左脚向后，右脚向前猛然平拉与平推，身体带动板快速转体90°。利用轮与地面的摩擦使运动急剧停止。重心后移越大，急停越快。转体90°急停包括两种方式：正向急停（板头转向足尖方向）、反向急停（板头转向足跟方向）。

练习提示：两腿迅速下蹲，脚用力踩板，重心后移、臀部后坐；一脚平推、一脚平拉；上体带动板转动。

练习方法：陆地模仿、上板练习、利用信号或标志物。

（2）跳转180°急停

完成方法：跳转180°急停又称为小跳急停。以右脚在前为例。右脚踩板中，左脚足跟踩板尾后翘，重心在两脚之间，膝关节微屈。向前滑行时身体前倾，重心后移，右腿上抬，使板头翘起，向上跳起，左脚前脚掌向后拨板，上体带动下肢转体180°，使运动急剧停止。

练习提示：动作快速完成，幅度不易过大。

4. 跳跃

跳跃类动作分为一般跳跃和带板跳跃两大类。障碍滑板通常运用带板跳跃。

（1）一般跳跃

第一，跳转180°。

跳转是借助于滑行速度，人在板上跳起绕纵轴转体180°或180°以上的动作。

完成方法：两脚一前一后站立于板中，膝关节微屈侧对滑行方向。逐渐转向胸对滑行方向，两脚蹬板向上跳起，上体姿势不变，下肢迅速转动180°，落板时顺势屈膝。

练习提示：跳转的速度要快，动作幅度不易过大，跳起脚稍离板即可。转动时上体保持正直，胸对滑行方向。

练习方法，跳转动作简单，可直接在板上练习，

第二，冲板。

冲板是板向前移动时人从地上跳上板，并使板加速滑行的动作。

完成方法：首先施力于板，使滑板向前移动，人在地面上向前跑动。向前跑动时，身体保持正直，目视前方，跑动到板后1/3处时，外侧脚在板的侧面蹬地，向上跳起，脚略领先于身体，重心稍后，两脚同时落在板中。练习时身体要保持正直，若身体前倾，跳起落板，脚给板一个向后作用力，同时板给身体一个反作用力，使人体向前摔倒。若身体过

仰，脚给板一个向前的力，同时板给人体一个向后的反作用力，人体便向后摔倒。因此练习时注意重心的位置。

练习提示：身体保持正直，脚略领先，重心稍后，落板时顺势屈膝。

练习方法：陆地模仿、慢速跑动跳上板、正常速度跳上板。

第三，穿越。

穿越是滑行中板从障碍物下穿过，人跳起越过障碍后落在板上的动作。当遇到与地面有一定距离的障碍时，采用穿越动作。穿越障碍时可根据障碍的高低，采用不同的开始姿势、蹬地力量和空中身体姿势。障碍物较高可采用深蹲的开始姿势。跳起时身体稍前倾，空中身体姿势使大腿尽量靠近胸部。障碍物较低时，采用膝关节微屈的开始姿势。向上跳起时身体保持正直，跳起后大腿自然上抬。

完成方法：基本姿势站立，遇到障碍时，转向胸对滑行方向，下蹲向上跳起，大腿上抬，人体从障碍上越过，板从障碍下穿过，越过障碍物后，腿逐渐下伸，落板时顺势加深膝关节的弯曲。

第四，蹲跳。

蹲跳是跳跃类动作的基础动作。主要在斜板、出发台和花样滑板上练习。利用蹲的姿势可进行各种动作。

完成方法：基本姿势站立，借助于滑板速度下蹲，手在体前或体后握板，重心在两脚之间，用力向下踩板，向上跳起，重心逐渐升高，手提板，大腿尽量上抬靠近胸部。伸膝，着陆时顺势加深屈膝。

练习提示，腿蹬伸后快速上提，大腿尽量靠近胸部；向上起跳时配合摆臂。

练习方法，原地蹲跳、滑行蹲跳。

（2）带板跳跃类动作

带板跳是障碍运动的最基础、最重要的技术之一。带板跳是用脚带动板跳起，使人、板腾空的动作，带板跳跃类动作通常采用的脚位是，一脚踩板中，一脚的前脚掌踩板尾后翘下蹲，下蹲的深度与动作难度相关，动作难度大，蹲的深度就大；动作难小、蹲的深度浅。带板跳可单独作为一个动作，也可作为连接动作。如：带板跳倒板、带板跳转体180°、带板跳滚板、带板跳绕脚等等。

第一，带板跳。

完成方法：带板跳采用带板跳类动作的通常站位方法。板尾脚的前脚掌用力踩板，并逐渐蹬伸，随之重心上升，同时臂上摆，前腿迅速上提，板头翘起，板尾触地，前脚内翻。后腿继续蹬伸，重心逐渐上升。

①腾空阶段

带板升空：前腿与臂快速上摆，后腿蹬伸，尽量向前上方跳起，用前脚的前外侧将板带向空中。准备平拉，板升空后，腿继续上提，准备将前脚移过前桥，将板拉平。平拉移位：前脚的前外侧触板腿向前踢出，使板与人体一起向前运动，将前脚滑过前桥，双腿呈蹲式，使板尾部上升，直至板与地面平行状态。移位下压：前脚至板上前桥，随之腿下压，逐渐伸膝。

②下降着陆

腿下伸，板与人体逐渐下降，着陆时顺势加深膝关节的弯曲，前脚着板过渡到全脚，来缓冲着陆时的冲击力。

练习提示：后腿的蹬伸要充分，前腿尽量上提，蹬地、摆臂、摆腿应协调配合；前脚内翻，用脚的前外侧带板并使板向前移位，前腿向前踢出；落地时屈膝缓冲，前脚掌着板过渡到全脚掌。

易出现错误：向前上方跳得不够，空中没有前踢腿动作，落地时脚脱板。

练习方法：陆地模仿、原地板上练习、模仿与板上练习相结合、滑行练习带板跳动作。

第二，反向带板跳。

反向带板跳是向前滑行向相反的方向做动作，也称为前滑后跳。技术与带板跳相同。

第三，带板跳转。

带板跳转是用脚带板向上跳起，转体 90°、180°、360°、540°、720° 以上的动作，也可带板转体跳跃障碍。带板跳转可正向转体，也可反向转体。下面以反身带板跳转 180° 为例。

反身带板跳转 180°：

完成方法：以右脚在前为例，带板跳站位姿势深蹲，左脚的前脚掌用力踩板，腿逐渐蹬伸，右腿上提，右脚内翻，右脚的前外侧触板，大腿迅速上提。板头翘起，板尾着地，臂上摆。重心后移，上体稍后仰，上体带动下肢向右转动。左脚继续蹬伸并蹬离地面，上体带动板向右转体 180°。右腿前踢使板平拉，重心前移，两脚分别至两桥板面的上方，两腿下压向下伸膝。前轮先着陆，再过渡到后轮，着陆时顺势缓冲。

练习提示：蹬地腿应充分蹬伸。脚蹬离板面的同时上体带动下肢转体。

5. 倒板

倒板是障碍滑板的基础动作和重要技术动作之一。倒板是利用脚或手使板沿水平方向转动 180° 或 180° 以上的动作。它可分为脚倒板和手倒板两大类。手倒板主要是腾起、起板以及跳起后用手使板沿水平方向转动。倒板可单独成为一个动作，也可与其他动作组合成新动作。如：带板跳倒板、带板跳倒板转体等动作。在下面的动作介绍中，凡用脚带板的动作，我们不特别指明。如果是手倒板，则加以指明。

（1）走步倒板

走步倒板是用上体带动板，使板沿水平方向转动 180°，形似走步。走步倒板通常连续完成。

完成方法：左脚踩板上前桥稍前，右脚踩板尾后翘，侧向站立，肩对滑行方向。重心前移，身体转向胸对滑行方向。重心继续向左脚方向移动，并移至左腿上，后轮抬起，以左脚为支点，上体带动板向左转体 180°，右肩对滑行方向，后轮着地（完成一步）。重心可继续前移，逐渐转向胸对滑行方向，以右脚为支点，上体带动板向右转 180°，即第二步，也可称为一个完整的走步倒板。

练习提示，转体时应以上体带动板转动；上体与腿的动作不要脱节，身体看似一整体；重心的移动始终向前。练习时易出现停顿，转体时上体保持正直。

练习方法：陆地模仿、上板练习。

（2）滚动倒板

滚动倒板是用上体带动板，使板沿水平方向转动360°，形似一物体在一平面上滚动。

完成方法：以左脚在前为例。左脚踩板上前桥稍前，右脚踩板尾后翘，膝关节微屈，肩对滑行方向。首先重心前移，随之胸转向对滑行方向，重心移至左脚，右脚轮抬起，以左脚为支点，上体带动下肢转体180°，重心继续前移至右脚，背部逐渐转向对滑行方向，上体带动下肢继续向左转180°，完成一个滚动倒板。

练习提示：转体时以上体带动下肢（板）转动，重心随之前移，不要停顿。

易出现错误：一个滚动倒板动作出现分解；转体时上体扭转，上体与下肢不是一整体；重心不移，或前移不够，出现停顿。

（3）扭动倒板

扭动倒板是利用髋关节的扭转，使板沿水平方向转180°的动作。

完成方法：以右脚在前为例。左脚踩板中，足尖正对滑行方向，右脚脚尖内扣（与滑行方向垂直）踩板头，左臂在前，右臂在侧，胸对滑行方向，膝关节微屈。重心稍靠近左脚。重心前移，右臂后摆，右髋对滑行方向。以右脚为支点，左脚轮微抬，利用髋关节的扭转使板右转180°，转体时两臂自然摆动。转体时速度快、动作小。

易出现错误：髋的扭转慢。

（4）跳倒板

跳倒板是跳起脚使板沿水平方向转180°或180°以上的动作。可分为正向跳倒板和反向跳倒板。前脚向前踢出，使板头向脚尖的方向转动为正向跳倒板。前脚向后踢出，使板头向足跟方向转动为反向跳倒板。不指明方向时均为正向。跳倒板动作有180°跳倒板、360°跳倒板、720°跳倒板、带板跳倒板等。

第一，180°跳倒板。

完成方法：以左脚在前为例。左脚踩板头，右脚踩板尾，脚尖侧对滑行方向，膝关节微屈，重心在两脚之间。用力踩板，重心稍前移，后轮微离开地面，右脚向后踢出，随之左腿蹬板面，左脚向前平踢，使板沿水平方向转180°。两脚自然分开落在板上，着板时顺势屈膝，使板沿水平方向转180°。两脚自然分开落在板上，着板时顺势屈膝。

练习提示：脚踢出时应平踢，加大板与脚的摩擦；动作迅速、果断。

练习方法：陆地练习、板上练习。

第二，带板跳倒板180°。

完成方法：以左脚在前为例。带板跳脚位深蹲，右脚用力踩板，同时，左腿上提，脚前外侧触板。臂上摆，板头翘起，板尾着地。臂继续上摆，右脚充分蹬伸，并蹬离地面，同时左腿上提，脚的前外侧带板进入腾空阶段。大腿尽量上抬靠近胸部，右脚在板尾内侧向前推板，使板沿水平方向转动180°，身体随之前移，进入下降阶段，腿逐渐下伸，脚分别置板上前后桥的上方，继续下伸，着陆时顺势加深膝关节的弯曲。

练习提示：后脚充分蹬地，前腿上抬结合摆臂；前腿向上带板同时后脚至板尾内侧；空中大腿尽量上抬靠近胸部，逐渐伸膝；落地时顺势屈膝缓冲。

练习方法：掌握带板跳和跳倒板的基础上陆地模仿练习、原地板上练习、滑行练习。

6. 滚板

滚板是利用手或脚拨板，使板沿纵向滚动 360° 或 360° 以上的动作。它包括前滚板和后滚板，前滚板是脚拨板后，板沿纵向向外滚动；后滚板是脚拨板后，板沿纵向向内滚动。板的滚动通常以 360° 为一周。滚板可做在板上直接跳起的滚板动作也可利用带板跳做滚板动作，如：带板跳前滚板、带板跳后滚板、反向带板跳滚板、带板跳脚勾板滚板、带板跳倒板滚板、带板跳脚蹬板勾板滚板。下面介绍带板跳前滚板。

带板跳前滚板一周：

完成方法：以左脚在前为例。采用带板跳站位深蹲，右脚用力踩板，腿逐渐蹬伸，左腿上提，右脚蹬离地面，左脚内翻，左脚前外侧触板，同时向上带板，左腿迅速向前踢出，用脚的前外侧拨板，使板向外翻滚一周。同时右腿上抬，重心上升，两腿尽量靠近胸部，逐渐伸膝，板着陆时顺势屈膝。

练习提示：蹬地腿充分蹬伸；左腿上提接近最高点时，用脚的前外侧迅速向前拨板；空中大腿上抬；着地时顺势缓冲。

练习方法：模仿练习、原地练习。

7. 绕

绕是利用脚或手使板沿横向转动。绕脚包括前绕脚和后绕脚。前绕脚是板围绕脚向滑行方向转动，后绕脚是板围绕脚向滑行的反方向转动。绕脚可直接跳起做绕脚动作，也可做带板跳绕脚动作，利用带板跳绕脚可跳跃各种障碍。如带板跳前绕脚、带板跳后绕脚、倒板 180° 绕脚等动作。

带板跳前绕脚一周：

完成方法：带板跳脚位深蹲。后脚用力踩板，腿逐渐蹬伸，前腿上提，脚内翻，臂上摆，板头翘起，板尾着地。后脚蹬伸并蹬离板面，前腿上提向上带板，进入腾空阶段。前脚由内向外绕，使板由脚内侧经脚背、脚外侧至脚掌，两腿上提，尽量靠近胸部，绕脚一周时两腿逐渐下伸，脚至板上前后桥的上方，腿继续下伸，着陆时顺势加深膝关节的弯曲。

练习方法：将板悬挂稍倾斜，高度略高于膝关节，练习者一腿站立，绕板脚在板上，进行脚绕板练习；陆地模仿；上板原地练习；滑行练习。

（二）特定器材上的动作

1. 大跳台

上：由地面或特定器材较低的部位移动到较高的部位。

下：由特定器材较高的部位移动到较低的部位或地面。

滑上滑下是障碍滑板特定器材最基本的技术。用于斜板、各种跳台、金字塔。它包括两种方式：蹲立滑上滑下和站立滑上滑下。蹲立滑上滑下用于蹲跳类动作和腾起类动作。站立滑上滑下用于除了以上两类动作外的其他动作。如滑上转体180°下（转身下）、滑上倒板下、滑上带板跳等动作。

（1）站立滑上滑下

完成方法：右脚单脚蹬地向前滑行，使板产生向前移动的速度，右脚侧向落在板上后桥稍后，左脚调整位转向侧对滑行方向，踩在板上前桥，膝关节弯曲。向前滑行接近器材时脚向下踩板，重心逐渐向后（右脚方向）移动，两腿向上带板上滑时重心继续后移。当板头接近器材的上沿时，顺势滑下。重心向左脚方向移动，当接近地面时加深膝关节的弯曲。

（2）蹲立滑上滑下

完成方法：左脚脚尖正对滑行方向，左脚踩在前桥板面稍后，右脚蹬地向前滑行，使板产生向前移动的速度，脚位调整到左脚踩前桥板面上稍前，右脚踩板尾后翘稍前，脚尖侧对滑行方向深蹲向前滑行。当接近器材时左手在体后握板，脚向下踩板，两腿向上带板，重心逐渐向右脚方向移动滑上器材。上滑时重心继续后移，当板头接近器材的上沿时重心向左脚方向移动顺势滑下。

（3）滑上卡轴下

卡，凡是由轴卡在特定器材上为卡。卡轴分为卡前轴、卡后轴、卡双轴。

完成方法：单脚蹬地起滑，基本脚位站立。左脚在前，右脚在后，当滑至接近器材时，脚向下踩板，逐渐转向胸对滑行方向，重心逐渐后（右）移，两腿上提上滑。当板头接近器材上沿时，前腿稍抬，前轴卡在器材上沿，前腿上抬使板头抬起，重心逐渐前（左脚方向）移滑下，上体逐渐转向肩对滑行方向。着陆时顺势屈膝。

（4）滑上探板下

探板是使板超越器材或身体。

完成方法：单脚蹬地起滑，左脚在前、右脚在后的基本脚位站立。采用站立滑上的技术上滑。头转向滑行方向。板滑至器材上沿时重心继续后移，后脚用力踩板使板继续向前滑动，板向前探出，板中至器材上沿。重心稍前移（左脚方向），板下滑，头逐渐转向滑行方向。重心继续后（左脚方向）移，着陆时顺势屈膝。

（5）滑上搭前轴转体180°滑下（转身下）

搭：用板头轻轻落在器材为搭。

完成方法：单脚蹬地起滑，右脚在前、左脚在后的基本脚位站立。头逐渐转向滑行方向，利用站立滑上技术上滑。当板头接近器材上沿时，头逐渐回转肩对滑行方向。前腿上抬使板头抬起，前轴轻轻搭在器材上沿，上体向左转动，前腿上抬，以后轮为支点，上体带动板转体180°，重心逐渐后（左脚方向）移，下滑时逐渐转向肩对滑行方向，着陆时顺势屈膝。

2. 斜板

在斜板上可完成陆地上各种动作。如：滑上倒板下、滑上180°跳倒板下、滑上带板跳下、滑上带板跳转等动作。滑上滑下时通常采用站立式滑上滑下技术。

（1）滑上转体 180° 滑下（滑上转身下）

完成方法：单脚蹬地起滑，左脚在前，右脚在后，基本脚位站立。利用站立滑上技术上滑，头转向面对滑行方向，上滑至板头接近器材上沿时，上体向右转动，前腿上抬使板头翘起，以后轮为支点。上体带动板向右转体 180°，下滑，重心逐渐后移，上体逐渐转向肩对滑行方向，着陆时顺势屈膝。

（2）滑上蹲跳下

完成方法：单脚蹬地起滑，采用蹲立滑上的技术上滑。滑至板头接近器材上沿时，脚向下踩板并向上跳起，重心上提。大腿尽量靠近胸部，手向上提板。下降时重心前移（内板尾脚）落至坡面，采用滑下技术下滑。逐渐转向肩对滑行方向。

（3）滑上蹲跳 180° 下

完成方法：单脚蹬地起滑，利用蹲立技术滑上，当滑至一定高度时两脚用力踩板并向上跳起，重心上提，上体带动板向左（向右）转体 180°。随之重心后移落至斜板的坡面上，顺势加深膝关节的弯曲（采用下滑技术滑至地面）。

3. 小跳台

在小跳台上主要完成各种腾起动作。腾起：利用跳台或 U 型坡道使身体腾空为腾起。

（1）蹲腾起

完成方法：单脚蹬地起滑，采用蹲立滑上技术，左脚在前，右脚在后，采用蹲立滑行的技术上滑。当板头接近器材上沿时，两脚用力蹬地向上跳起，两腿上提，身体向上腾起，腾起时重心上升，大腿尽量靠近胸部，左手向上提板到最高点时进入下降阶段逐渐伸眯。着陆瞬时顺势屈膝手离板。

（2）腾起展腹

利用特定的器材，使身体腾起，空中腹部展开的动作。

完成方法：一手在体后握板，采用蹲立滑上技术滑上器材。当板头接近器材上沿时两脚蹬板向上跳起，重心上提，腾起后右臂上摆，小腿尽量后屈，展腹，到达腾起的最高点时腹部充分展开进入下降阶段，大腿迅速收至胸前，下降时逐渐伸膝，着陆时顺势加深膝关节弯曲。在展腹时空中停留时间稍长。

（3）腾起转体 180°

利用特定的器材，使身体腾起，身体带动板转体的动作。

完成方法：左脚在前，右脚在后的基本脚位，利用蹲立滑上技术滑上器材。当滑板滑至器材的上沿时，两脚用力蹬板向上跳起，两腿尽量上抬，身体腾起，身体带动板向右转体 180°，身体在空中呈深蹲的姿势，进入下降阶段，逐渐伸膝。板着陆时顺势屈膝手离板。

（4）腾起手倒板 180°

完成方法：以右脚在前下蹲为例，利用蹲立滑上的技术上滑，左手在体前外侧握板。滑至板头接近器板上沿时，脚用力踩板并向上跳起，身体腾空，两腿尽量上抬，左手快速使板沿水平方向转动 180°，脚分别至桥上板面，下降时逐渐伸膝，着陆时顺势屈膝。

4. 出发台

（1）蹲跳转体 90° 卡轴，跳转 90° 下

完成方法：单脚蹬地起滑，基本脚位蹲立，手在体后握板，采用蹲立滑上的技术上滑，当板头接近器材上沿时，脚向下踩板，用力蹬地向上跳起。身体带动板正向（反向）转体 90°，轴卡在器材的上沿。向上跳起身体带动板转 90°，重心后移滑下，滑下时重心逐渐上升，着陆瞬间加深关节的弯曲。

（2）带板跳踩板下

完成方法：单脚蹬地起滑，右脚在前，左脚在后，带板跳板脚位蹲立，利用站立滑上技术上滑。接近器材上沿时，左脚用力踩板并逐渐蹬伸，同时，右脚内翻前腿上提，臂上摆。左脚蹬离地面的同时前腿快速上提向上带板，进入腾空阶段。大腿上抬尽量靠近胸部，右手在体后握板，右脚向下踩板，右脚下板低于左脚下板，重心稍向右脚处移，进入下降阶段后逐渐向下伸膝，板下落出发台地面时顺势屈膝，利用滑下技术滑至地面。

（3）带板跳卡轴跳下

完成方法：带板跳脚位站立。采用站立滑上技术上滑。当板头接近器材上沿时，后脚踩板，前脚内翻。前腿上提，同时重心前移，臂上摆，后脚蹬离地面向上跳起，前腿向上带板。前脚移位至桥上板面，后轴下落卡在器材上沿。随之跳起下落台面。采用滑下技术下滑，着陆时顺势屈膝。

5. 双肋杠（钢轨、模拟手扶楼梯）

在双肋杠上可完成各种骑的动作。骑：利用滑板各部在钢轨、手扶梯、双肋杠等器材上，横向或纵向移动。骑包括骑肋、骑轴、骑板头、骑板尾。骑可分为两类：正骑和反骑。滑板在器材上移动时，面向滑行方向做骑的动作为正骑，反之为反骑。从地面跳上器材有两种起跳方式：一是后脚用力踩板、前腿上抬，使板头翘起，板尾着地利用板尾的反弹跳上器材；二是带板跳跳上器材。起跳方式的选择可根据器材与地面的距离。与地面距离较大时，采用带板跳的方式。跳上器材时，可从器材的一端跳上或从器材侧面跳上。从器材下落至地面有两种方法：一是从器材的另一端下落至地面，二是从器材侧方下落至地面。

（1）骑肋

第一，骑肋。

骑肋是利用滑板肋部在特定器材上，板横向移动的动作，它包括正骑肋和反骑肋，如果不特意指明为正骑肋。

完成方法：右脚在前的基本脚位站立，借助于向前滑行速度侧向滑行背对器材下蹲。选用第一种起跳方式，起跳时重心稍后移，身体带动板转 90°。板的肋部搭在器材上，膝关节微屈，身体保持正直向前滑行。滑至器材的另一端时，重心稍下降，两脚蹬地向上跳起，使板向左转 90°，板头对滑行方向，下降时逐渐伸膝，着陆瞬间加深膝关节的弯曲。

第二，反骑肋。

完成方法：以左脚在前为例。基本脚位站立，侧向滑行胸对器材下蹲向前滑行。采用第一种起跳方式，重心稍前向上跳起，身体带动板右转 90°，板的肋部搭在器材上，膝关

节弯曲，背对滑行方向。滑至器材另一端时，以肋部为支点，两脚向下踩板向上跳起，同时身体带动板转动使板转90°，板头对滑行方向下落，并逐渐伸膝。着陆时顺势屈膝。

第三，转体180°反骑肋。

完成方法：右脚踩板头，左脚踩板中，正对器材的一端向前滑行，右脚用力踩板，左腿上抬后轮抬起，以前轮为支点，左脚内翻臂上摆，身体带动板向右转动右脚蹬离地面，身体转板右转180°面向滑行方向。左脚向前上方带板，上体带动板右转90°（运用反骑肋技术）背向滑行方向，板的肋部落至器材，向前滑动。滑至器材的另一端时脚向下踩板，向上跳起，身体带动板转90°下落至地面。

（2）骑板头（板尾）

完成方法：右脚在前侧向，胸（背）对器材向前滑行下蹲，重心稍前，选用一种起跳方式跳起，身体带动板转90°，板头（板尾）落在器材上，正或反骑板头（板尾），以板头（板尾）为支点，向上跳起，转体90°跳下。板着陆时顺势加深膝关节的弯曲。

（3）骑轴：利用滑板的轴在特定器材上纵向移动为骑轴。

第一，骑轴。

完成方法：带板跳脚位站立，板的一端正对器材方向向前滑行，下蹲，利用带板跳方式重心稍后跳上器材，两轴接触器材向前滑行。滑行时膝关节微屈，重心稍后。向前滑动至器材另一端时，前腿上抬，板头抬起（或后腿上抬，板尾抬起）脚蹬板从器材上跳下，下落至地面，下落时逐渐伸膝。板着陆时顺势加深膝关节弯曲。

第二，骑后轴。

骑后轴是利用后轴在器材上滑行。

完成方法：板的一头对器材向前滑行，采用带板跳方式跳上器材。重心稍后，后轮落至器材上向前滑行。滑行中身体重心极为重要身体重心过前，前轮着地身体重心过后，板尾触器材还易摔倒。因此在练习中注意控制身体重心。滑至器材另一端时，后脚向下一踩板前腿上抬带板下落。骑后轴还可做双轮滑骑后轴动作，开始到结束始终是双轮滑行，这更需要身体的调控能力。

6. 金字塔

金字塔是由四个斜面坡道和两个长方体基、塔顶构成。因此在塔上可做跳上、跳下，可在同一坡道上跳上跳下，也可在一坡道上跳起落在相邻的坡道上。

（1）带板跳开脚下（以右脚在前为例）

完成方法：以右脚在前、左脚在后的基本脚位站立，在金字塔面上向前滑行，调整到带板跳脚位深蹲，左脚用力踩板，右腿上抬，板尾触地，左脚蹬离地面，右脚内翻向上带板，上体含胸、左手在体前握板。左腿向侧举起，身体向前移动，腿收回至板上进入下降阶段，逐渐伸膝落至坡道上，顺势屈膝。

（2）带板跳手滚板360°、转体180°滑下

完成方法，在塔面上向前滑行，右脚在前带板跳脚位蹲立。左脚用力踩板，腿逐渐蹬伸，同时右腿上提脚内翻，臂上摆。左脚蹬地并向上跳起，前腿向上带板，右手握板头，大腿

尽量上抬靠近胸部，右手向上提板，手滚板360°。同时身体带动下脚转体180°。左脚在前、右脚在后分别落至桥上板面，下降逐渐伸膝，板着坡面时顺势屈膝。

7. 垂直壁

在垂直壁主要完成滑行动作技术。它是花样滑板的基础，掌握垂直壁的滑行有利于花样滑板的学习。

完成方法：单脚蹬地起滑，基本脚位蹲立。滑至接近器材时脚用力向下踩板，同时两腿上带，上滑时重心稍后移，胸逐渐转向对滑行方向，臂上摆带动身体向上移动。大腿上抬尽量靠近胸部上滑。顺势下滑，重心后移。

二、花样滑板

花样滑板是滑板运动竞赛项目之一。它是在特定的器材（U型坡道上）进行运动。包括滑行类动作、卡类动作、骑类动作、起板类动作和腾起类动作，但主要以卡类动作和腾起类动作为主。

（一）滑行

滑行是花样滑板最基本的技术。起滑时通常站在U池的台面，从上向下滑行，使人体获得较大的速度。滑行的方式有两种：一是半蹲滑行；二是深蹲滑行。利用何种滑行方式取决于具体的动作。起滑时通常站在"U池"的台面上，板尾搭在池边。从上向下滑行，使人体获得较大的速度。

完成方法：板尾搭在池边，侧向站立，眼看滑行方向，左脚踩板尾，膝关节微屈；重心在左脚上。右脚抬起，脚踩在前桥板面上；右脚向下，踩板随之深蹲下滑。下滑时重心稍后，下滑接近池底时重心逐渐上升，滑至池底呈半蹲姿势。进入上滑阶段，上滑时重心稍后移，臂上摆。身体逐渐抬起，重心逐渐升高。上滑接近"U池"上沿时大腿上抬尽量靠近胸部，重心降低。随下滑，重心稍后移。

（二）卡类动作

在"U池"上可做各种卡类动作，下面仅介绍一种。

蹲跳转体90°卡轴跳转90°：

完成方法：左脚在前、右脚在后的基本脚位深蹲，重心后移上滑。接近器材上滑时，左手在体后握板，重心稍前倾，两腿向上跳起，抬手提板。脚蹬离地面后身体带动板左转90°，随之两脚蹬地向上跳起，身体带动板转90°，前轴卡在"U池"的上沿。重心稍后移下滑，下滑时逐渐伸膝。

（三）腾起类动作

腾起类动作是花样滑板比赛中独具特色的动作，滑板者腾起后凌空翻转、翻腾，难度较大，需要较强的身体控制能力和空中感觉，具有较强的观赏性和刺激性。滑板者腾起后可做腾起展腹，开脚，倒板，腾起转体360°、540°、720°甚至更多，下面介绍动作。

腾起转体 180° 下：

完成方法：右脚在前、左脚在后的基本脚位，利用"U 池"的下滑技术下滑，上滑时重心后移，上滑接近"U 池"的上沿时右手在体后握板，身体向足尖方向倾。利用上滑的速度两脚蹬地向上跳起，身体腾起后带动板向左转体 180°。转体时两腿尽量靠近胸部完成转体时逐渐向下伸膝，重心稍后，落至坡面时顺势屈膝，下滑时重心逐渐升高。

三、自选滑板

（一）起板跳上板

起板跳上板是指使板抬起再跳上板的动作。起板的方式有两种：一是利用板尾的反弹，手提板使板抬起；二是一脚在板上，另一脚在板下，下蹲，手提板，使板抬起。起板跳上板动作可原地起板后跳上板，也可跑动起板跳上板，起板后可做各种动作，如转体、手倒板等动作，但最终以跳上板为结束。手提板的方式有手握板头、手握板侧。可单手或双手提板。

（1）起板跳上板

完成动作：侧向站立，右脚踩板中，左脚踩板尾后翘，膝关节微屈，左脚用力猛然踩板，使板尾突然着地，同时右腿上抬，脚内翻，脚外侧触板，并向前上方带板，同时右手握板头。左脚落于地面，逐渐蹬伸向上跳起。右手向上提板，两腿上抬尽量靠近胸部，身体呈分腿蹲的姿势，脚分别置桥上板面的上方，逐渐伸膝，板着陆时顺势屈膝。

（2）起板跑动手倒板 180° 跳上板

完成方法：开始姿势侧向站立，右脚踩前桥板面上，左脚踩后桥板面上，胸对滑行方向下蹲，右脚下落至地面，右手在体前掌心向内握板并向前上方提板，左腿上抬，右腿逐渐蹬伸，左脚离板下落，右脚向前跑动。跑动 3 步同时右手倒板 180°。左腿蹬地向前上方跳起，右腿向前上方摆动，大腿尽量靠近胸部，同时右手回收两脚分别落在前后桥板面上。腿逐渐下伸，着陆时顺势加深膝关节的弯曲。

（3）手后撑起板转体 180° 跳上板

完成方法：左脚踩板中，右脚踩板尾后翘下蹲。左手在体后握板，右脚下落至地面，右手后撑地面，重心后移至支撑臂上，左手向上提板，右脚逐渐蹬伸，上体带动板向右转动，左腿大腿上抬，脚继续蹬伸并蹬离地面，身体带板转 180°。右脚蹬地后大腿尽量上抬靠近胸部，脚分别落置前后桥板面上。逐渐伸膝，着地时顺势屈膝。

（二）滚板跳上板

（1）手滚板跳上板

完成方法：两脚前脚掌踩板尾后翘，使板头翘起，一手扶板头，下蹲，脚用力踩板，逐渐伸膝，重心升高，向上跳起，同时手拨板使板翻滚。身体进入腾空状态。大腿上抬尽量靠近胸部，板滚动一周。当板面向上时，逐渐伸膝。着陆时加深膝关节的弯曲，降低重心。手滚板可滚板 360°、720° 甚至更高。

（2）脚勾板滚板

完成方法：右脚踩板尾后翘，使板头抬起，左脚在板下勾板。下蹲右脚用力向下踩板，右腿逐渐伸膝，左腿上提，同时臂上摆，右向上跳起的瞬间左脚勾板使板向前翻滚，两腿上抬，尽量靠近胸部，当板翻滚至板面向上时（一周至两周）腿逐渐下伸，左脚在前桥板面的上方，右脚落在后桥的板面上的上方，着陆时顺势屈膝。

（3）一脚踩轴骑板滚板跳上板

完成方法：左脚踩板尾后翘，板头抬起，右手握板头，右脚脚尖点地。右腿向后摆动，左脚下蹲，用力踩板，右腿向前上方摆动，右手用力撑板头，左脚向上跳起踩轴，板尾支撑地面，右腿靠近左腿向外绕两踝夹板，手握板头，左脚用力向下踩轴，腿逐渐蹬伸，右膝大腿上提，重心稍左移，左脚跳起，腿尽力上抬，同时，手拨板使板翻滚一周，腿逐渐下伸，板着陆时顺势加深屈膝，重心降低。

（三）翻板

翻板是利用手或脚，使板翻转 90° 及 90° 以上的动作。板翻 360° 为一周。

（1）手倒立手翻板两周跳上板

完成方法：侧向站立，下蹲两手在同一方向撑板，一腿向后上方摆动，另一脚蹬地，在板上成手倒立，两手推板的同时翻板，使板翻转两周，两脚下落随之至地面跳起，分别落至两桥的板面上。

（2）脚翻板一周

完成方法：正向站立，两脚分开平行站立于板中。左脚踩板边，右脚足跟踩板，足弓靠板边，下蹲，重心向左移并移至板外，左腿逐渐踢伸并蹬离地面。右脚翻板使板滚动一周，两腿上抬，下降时逐渐伸膝，着陆时顺势加深膝关节的弯曲度。

（四）各种跳上板的动作

（1）剪脚跳

完成方法：基本姿势站立后深蹲，板尾脚用力踩板并逐渐蹬伸，板头脚上，板头翘起，同时手握板头，后脚蹬离地面向上蹬起，同时手提板。大腿尽量上抬靠近胸部。一腿向前踢，另一腿向后踢，两腿迅速分开，腿迅速收回至板上，逐渐伸腿下落至板上。

练习提示：向上跳起后大腿迅速上抬后小腿分别向前、后踢出。练习方法：陆地练习、上板练习。

（2）蹲跳手倒板 180°

完成方法：滑板基本脚位深蹲。手在体后握板，后脚用力踩板，逐渐蹬伸，同时前腿上板头翘起，后脚用力下蹬向上跳起，上体含胸，大腿上提靠近胸部，手迅速倒板 180°。逐渐伸膝，板着陆时顺势屈膝。

练习提示：向上跳起时含胸，后脚充分蹬地，注意手倒板的时机。练习方法：原地后脚踩扳手握板头向上跳起，滑行蹲跳手倒板练习。

（3）踩后轴手倒立翻板跳上板

完成方法：板尾撑地，右脚踩下轴，左腿附着在右腿侧。左手握板头，右手撑上轴，左腿后摆，右脚蹬轴，右腿并于左腿侧成倒立姿势。脚下落时，手用力向下推，并快速翻板，迅速收腿至板面上方。下落时身体相前倾，着陆时顺势屈膝。

（4）踩后轴夹板小跳跳上板

完成方法：右脚踩板尾，使板尾着地，板头翘起，左手握板头，左腿在右腿侧，右脚弯曲向上跳起使板的一端着地，左脚踩后轴，右脚上抬，右腿靠近左腿，向外绕，脚踩板面夹板，同时转90°，夹板向上两次小跳。两手扶板头，右腿上提在左脚侧，左脚向上踩轴，向上跳起同时手翻板，使板面向上，大腿上抬，两脚分别落在桥上板面的位置。

（5）脚勾板绕脚一周跳上板

完成方法，右脚踩板尾后翘，板尾着地，使板头抬起，左脚在板下勾板，右脚下蹲，逐渐蹬伸，左腿上抬，右脚向上跳起，同时迅速上抬，右脚从内向外绕，使板从脚内侧经脚背、脚外侧绕至脚掌，绕脚一周。两腿逐渐伸膝下落，着陆时顺势缓冲。

（五）旋 转

身体带动板绕纵轴转动360°或360°以上的动作。旋转可分为原地旋转和滑行旋转，在旋转时可运用各种姿势完成动作。下面以滑行蹲转540°为例。

旋转的脚位包括两种：一种是一脚在板上，另一腿附着在支撑腿的侧方；另一种是两脚均在板上。

滑行蹲转540°：

完成方法：以左脚在前为例。左侧踩板上前桥稍前，右脚踩板上后桥稍后，向前滑行、下蹲。右手握板中、左脚下落，身体带动板旋转540°。左腿附着在右腿的侧方。

第九章 运动的健身功能与运动营养

第一节 运动的健身原理

一、运动健身的基本原理

体育运动如一剂"灵丹妙药",其秘诀便是了解药性、掌握配方,把握好"火候"。只有遵循科学的原理与方法,才能达到健身的目的。体育运动的基本健身原理如下:

(一)专门性原理

身体运动的本质是刺激。因此,特定的刺激,必然引起特定的适应性变化。因为机体对每一种刺激引起反应都是专门的、特有的,刺激不同,所引起的生理效应也不同。因此,在锻炼时要根据不同要求和不同部位,采取不同的锻炼方法、手段、时间和负荷。

(二)超负荷原理

身体素质、健康状况和形体的改善,在某种程度上要有一定的负荷并不断地增长。这就要求运动负荷不断超过原有负荷,即超负荷。这就是说,在可能的范围内运动负荷必须足够,运动频度必须足够,以便机体对所完成的特定活动产生最大的适应性变化,以达到结构与机能的重组。

(三)可逆性原理

身体素质、健康状况通过练习可以增强,然而停止练习则可消退,这种现象叫可逆性。各种生理机能指标均有其特定的增长消退规律。为保持身体机能状况良好,就须坚持锻炼的经常性。

(四)代谢守恒原理

能量是人赖以生存的原动力,有生命就有能量代谢。能量的代谢根据生命活动分为同化和异化两个过程。人体生长过程中在形态和生理功能上都发生了一系列变化,各器官发育逐渐异化成两个过程。作为广大参与健身活动的年轻人群体来说,进入青春发育期后,在形态和生理功能上都发生了一系列变化,各器官发育逐渐成熟,因而,应尽可能地做到能量代谢同化与异化的相对平衡,即在饮食中减少或增加能量的摄取,增加或减少运动量,以保证机能与形体的正常和优化。

（五）个体化原理

每一个人都是一个独立的个体，选择运动方式要根据个人的习惯、爱好和有效性。从肌肉、神经刺激和应激程度来说，同样的运动方式对不同的人来说，运动效果是不同的，对他人有效的，对你就不一定起作用。因而，要选择适合自己的运动方式以便达到最佳运动效果。

二、运动健身原理

新的时代、新的时尚，把现代人爱美的本性推向了大众生活的前台。追求自身的完美，塑造完美的形象，创造优美的环境，净化人们的心灵，营造和谐的社会，练就健康的体魄，已成为现代生活发展的主流。生产、生活日益现代化，人们从事体力劳动的时间越来越少，而精神压力则越来越大。对美的追求、对心理和身体健康的追求使得运动的锻炼与休闲日渐成为人们的需要。在本节，我们将从运动的生理机理、运动的健康心理机制和运动的社会机理三方面对运动的健身原理进行阐述。

（一）运动的生理机理

生命在于运动，人体的各种器官、系统几乎都遵循"用进废退"的原则。因此要保持健康的身体，就必须坚持不懈地进行锻炼。各种健身运动、娱乐休闲活动都是现代运动的体现。那么运动究竟能对人体的各种器官、系统产生何种作用呢？

1. 时尚运动对运动系统的作用

人体有 206 块骨头，分为颅骨、躯干骨和四肢骨三部分。它们组成了人体的支架。这些骨骼末端借助软骨、韧带连接起来，肌肉则附着在骨骼上面，是使骨、关节运动的动力器官。全身骨骼肌有 600 多块，总重约占人体重量的 40%。另外，心脏、血管、胃肠道、膀胱、子宫等器官的管壁也主要由肌肉组成。

经常进行益智运动时，由于体内新陈代谢加强，血液循环加快，血液流量增加，运动器官就可以获得充足的营养物质。据测定，一平方毫米横断面的肌肉里约有 4000 根毛细血管，安静时仅开放 30 ~ 200 根，而运动时开放的数目可增加 20 ~ 50 倍。可见，体育运动能够有力地增加肌肉和其他器官的新陈代谢。

经常进行健身、健美运动可使肌糖原和肌红蛋白的贮备量增加。肌纤维增粗，肌肉横断面增大，肌肉变得粗壮、结实，收缩力量加强。在神经系统的调节下，肌肉的工作更加准确、协调、有力，而且灵活、迅速、耐久，工作效率明显提高。

经常进行形体类运动使骨的血液循环改善、骨膜密度增厚。这可延缓骨质疏松等老化过程，提高骨骼的抗折、压、扭、拉的能力。同时使关节囊、韧带和肌腱增厚，伸展度增加，关节的活动幅度加大，关节的灵活性、稳定性提高，从而能防治关节炎、关节强直等。

经常进行塑体类运动能防止身体过胖或过瘦，使体形匀称协调。因为运动时，肌肉中的糖原氧化产热而消耗加快。中等运动 5～10 分钟后，肌肉中的糖原和血液中的葡萄糖不够消耗了，继续运动时就需要动用肌肉中的脂肪，使其氧化分解为血液中的脂肪酸，继而转化成糖分以供消耗。据介绍，在强度不太大，以有氧代谢为主的健身类运动中，大约有 70% 的能量是氧化脂肪提供的。所以，经常进行健身、塑体类运动能消耗体内多余的脂肪和降低血脂，使肌肉粗壮有力，体形匀称。相反，不常运动的人，肌肉中的糖分消耗不了就会转化成脂肪积存在体内使人发胖。这里要弄清楚，肥胖和健壮是两回事，健壮的人不是胖，肥胖的人不是壮。过分肥胖时脂肪不仅沉积在皮下，而且在内脏器官周围沉积，如心脏、胃肠等，严重者可导致内脏活动受限制，从而引发生理功能障碍。据统计，肥胖者患胆结石的比体重正常者多 4 倍，患肾结石的多 6 倍，患冠心病的多 5 倍，患糖尿病的多 10 倍，因此，运动控制体重是保持身体健康的一条重要原则。

运动能有力地促进新陈代谢，消耗大量能量，减少脂肪沉积。如 60 公斤体重的人跑5000 米，约能消耗 1617 焦耳热量。在饭食不增加的情况下，每消耗 16800 焦耳热量，就可以使体内脂肪约减少 0.5 公斤。而对于消化吸收功能较差，体重不足的虚弱者，适当进行健身长跑等运动的锻炼，则能改善胃肠功能，增加食欲，促进食物的消化和吸收，有助于适当增加体重。

2. 运动对神经系统的作用

神经系统包括中枢神经系统和周围神经系统。中枢神经分为脑和脊髓两部分，脊髓在椎管内是脑的延续部分。脑在颅腔内，分为端脑、脑干、小脑等部分。端脑占脑的绝大部分，最表浅的一层叫大脑皮层，又称大脑皮质，深层的白质为髓质。大脑皮层是中枢神经系统最高部位，是人体一切活动的司令部，皮层下神经系统的各个部分都受它控制。人的一切活动都是在神经系统的调节下进行的，相反，各种活动都会对神经系统产生相应的影响，使其机能得到锻炼。特别是各种休闲、娱乐类的运动对神经系统的锻炼作用比任何学习、工作、劳动都更全面。坚持运动类锻炼，可使输往大脑的血液增加，脑功能的衰退过程就会减慢。对大脑的血液供应充分，就能保持脑细胞的活力，提高脑神经活动的强度、灵敏性和均衡性，从而能改变用脑过度造成的兴奋和抑制过程不协调现象，使人感到轻松、精神振作。所以，健身、休闲、娱乐类运动锻炼易于消除脑力劳动后的紧张情绪，防治神经衰弱。

据介绍，运动锻炼能促使神经细胞较多地分泌一种叫内啡肽的生化物质。内啡肽能镇痛，能调节人体的呼吸、循环、内分泌、体温等生理活动，并对人的情绪、行为等生理活动产生积极影响。所以经常进行运动锻炼的人，神经系统的兴奋性、灵活性加强，对外界刺激的反应更迅速、准确，体内各器官系统的活动更协调。如经常参加保龄球运动的人，在激烈的比赛中拿好球后，眼睛一看球瓶，就能根据自己所处的位置，协调好上肢、手指乃至全身各运动器官的动作和力量，并且掌握得非常精确，球投出去十有八九能够命中。这是他们通过千万次的训练，把神经和运动系统的功能训练得非常灵敏的结果。再如，健美操练习者的各个组合动作，准确到位、协调大方。乒乓球运动者的判断、移动、攻击要在一瞬间完成。这些都反映了运动锻炼能促进动作协调。运动锻炼对神经系统功能训练的效果，是任何活动所不能比拟的。

3. 运动对循环系统的作用

循环系统由心脏、血管和淋巴管组成。心脏和血管连接着，血管组成身体的运输线，血液流动其中。心脏是动力器官，正是由于心脏的收缩，推动血液在血管中奔流不息。人吃进的食物经过胃肠消化吸收后的养料和从肺吸进的氧气，是依靠血液循环输送到全身各组织细胞的，各组织细胞的代谢废物，大部分也是由血液运送到排泄器官的，所以心脏是人体健康的关键性器官。但心脏对缺血最敏感，心脏重量虽约占体重的 0.4%，需血量却占全身需血量的 4% ~ 5%，比其他内脏器官多 10 倍，中等体力活动时约多 20 倍，高强度体力活动时需血更多。如果心脏的血液供应不足，即使程度不大，也会影响心脏功能，而心脏功能的强弱直接影响全身血液循环和组织细胞的新陈代谢。所以，要保持良好的体质，就得坚持体育活动。而运动对血液循环系统有以下明显的作用。

人在安静情况下，参加循环的血液只占总量的 55% ~ 75%，其余贮存于肝、脾、腹腔、静脉等处。运动时肌肉对氧和养料的需要量成倍增加，安静时贮存的血液会大部分或全部进入循环。运动内容大多是中等强度的运动，中等强度运动时，血液循环身体一周的时间可由安静时的 21 ~ 24 秒降到 10 ~ 15 秒，肌肉中毛细血管开放的数目可增加 20 ~ 25 倍。所以经常从事体育锻炼特别是运动的人，血管弹性较好，血压较低，如果长期坚持锻炼，可使因年龄增长而出现的血管硬化现象减慢。运动时由于肌肉不断收缩和放松，就促使静脉血液回流加快，有利于心脏工作。

心搏频率和心排血量能随着运动强度的增加而增加。健身长跑时，心搏频率可由安静时的每分钟 60 次左右增至运动时的 140 次左右。同时，每分钟血液输出量可由安静时的 5 升左右，增至运动时的 20 升左右。长期健身可导致心脏心肌中的毛细血管大量新生，心肌纤维增粗，因而心脏肥大，心脏重量增加（不运动者一般为 0.25 ~ 0.3 公斤，长跑运动员可增至 0.5 公斤），心容量增大（一般人为 765 ~ 785 毫升，长跑运动员可达 1015 ~ 1027 毫升）。

由于心肌纤维增粗，心肌收缩力加强，安静时的心输出量，可由不锻炼时的每搏 50 ~ 70 毫升提高到 100 毫升左右，运动时可达 150 ~ 200 毫升。

心脏每搏输出量增加了，心搏频率就会减少。安静时的心搏频率，不运动者一般每分钟为 70 ~ 80 次，坚持中等强度运动的人为 50 ~ 60 次，马拉松运动员可减少到 36 ~ 40 次。运动员的心搏频率低，表明其心脏功能强，即其心脏收缩慢而有力，每搏输出量多，能用较少的收缩次数完成所需的输出任务，收缩与舒张的间隙长，则心脏每次收缩后就有较长时间的休息，为心脏提供了很大的储备力量，能适应大运动量的需要和胜任繁重的任务。相反，如果心脏功能弱，每搏输出血液少，不能满足全身需要，则需增加收缩次数来维持一定的输出量。结果是心搏快而无力，心脏长期处于疲劳状态，必然导致病变。平常运动较少的人如果进行跑步运动，跑不了多远就上气不接下气了，再跑就会出现脸发白，唇发紫，胸闷，头昏等症状。这是因为其心脏收缩力量弱，每搏输出量少，就像压力小的自来水，只能送到三、四层，五、六层就打不上去了。

经常进行运动锻炼的人，血液中的红细胞、白细胞和血红蛋白增加。红细胞和血红蛋白增加可提高运送氧气的能力，白细胞有吞噬细菌和异物的作用，白细胞增加可增强身体抵抗疾病的能力。

以上说明，运动与否对身体尤其对心脏功能的好坏是有很大影响的。而心脏功能的强弱是身体健康的最重要的标志。所以1972年联合国"世界卫生日"用"您的心脏就是您的健康"的口号，提醒人们注意保护好自己的心脏。

4. 运动对呼吸系统的作用

人体进行生命活动所消耗的能量来源于人体内的能源物质。能源物质变成能量需要有一个氧化过程。所以，人体必须不断地从外界吸进氧气，并把氧化后所产生的二氧化碳排出体外。这种气体的交换过程，就叫呼吸。鼻、喉、气管、支气管是负责呼吸的管道，肺是进行气体交换的场所。

成年人的肺泡总数约有7.5亿个，但在人体安静时，参加气体交换的肺泡还不到50%。如果一个人不经常进行体育活动，则其肺泡有一半左右经常处于相对关闭状态。这就会发生两个问题：一是肺泡开放少，吸进氧气就少。而氧是生命之气，是人的第一粮食，是组织细胞代谢的最主要的燃料。氧气供应不足，组织细胞会发生一系列的代谢障碍：肌肉内储氧量降低会发生肌肉萎缩，血管长期缺氧会使血管壁上的黏多糖代谢紊乱而导致血管硬化，心肌缺氧时会使心搏无力，出现心律失常、心绞痛。需氧最多的大脑尤其不能缺氧，越来越多的资料说明，组织细胞供氧不足也是导致癌症的一个重要因素。二是经常不开放的肺泡，抵抗力就降低，病菌得以滋生。肺结核病就常常是先从活动少的肺尖处发生的。

运动对肺功能的增强作用是显著的。如慢速的健身跑，可以使吸入肺的氧气量比人安静时增加10倍左右。剧烈的极限运动时，肺通气量（每分钟呼出或吸入肺内的气体总量）可达安静时的20多倍。经过经常性的运动锻炼会使呼吸肌（主要是膈肌和肋间外肌）发达，肺活量（深吸气全力吸气后，再尽全力呼出的气体总量）增加，一般健康成年人的呼吸差为6～8厘米，肺活量3500毫升左右，而经常进行体育锻炼人的呼吸差为9～16厘米，肺活量为4000～5000毫升，以至更多（游泳运动员可达9000毫升）。肺活量增加后，安静时的呼吸频率会减少。呼吸频率一般人每分钟14～16次，经常进行运动锻炼的人可减少到8～12次，呼吸变成深而慢。深而慢的呼吸能够显著地提高肺泡通气量（指吸入呼吸道的气体中能够到达肺泡进行气体交换的部分），又能够使呼吸器官得到较多的休息时间，不会因为一般的活动而发生气喘，能适应剧烈运动时的需要。

一个人的呼吸系统功能强，呼吸充分，新陈代谢旺盛，对周围环境变化的适应性和抵抗疾病的能力就强，进而能延缓机体的衰退老化过程。坚持长跑锻炼的60～70岁的老年人，肺活量比不锻炼的同龄人大20%～30%，其呼吸功能和40～50岁的人差不多，参加游泳、潜水等运动者肺活量比同龄人大3～4倍。总之，通过运动锻炼可以提高呼吸器官的供氧能力和组织细胞的用氧能力，这对任何年龄、体质的人都是不可忽视的。

5.运动对消化系统的作用

消化系统由消化管和与消化管相连通的消化腺组成。消化管起自口腔，延续为咽、食道、胃、小肠、大肠，终于肛门。消化腺分泌消化液。消化腺和消化管相配合，构成了人体内高效率的食品加工管道系统。

我们吃进的各种主、副食品，花色品种繁多。从生物学意义上看，人体所需的不外乎是蛋白质、脂肪、糖（碳水化合物）和维生素、矿物质、水等六类营养物质。食物中的蛋白质、脂肪、糖大多是复杂的有机化合物，分子较大，不能直接被人体吸收利用。所谓消化，就是使这三大营养物质在消化管消融，由大变小的过程，蛋白质要分解成氨基酸，脂肪要分解成脂肪酸和甘油，糖要分解成葡萄糖，才能通过消化管的上皮细胞吸收到血液和淋巴管中，以供全身各组织细胞利用。

进行运动特别是健身、塑体、休闲、极限类运动时呼吸加深，使膈肌升降的幅度加大并带动腹肌活动。这对胃肠道起着按摩作用，促进胃肠道的蠕动，提高消化吸收能力。并且运动能改善神经系统对消化系统的调节功能，因而对防治胃肠神经官能症、消化道溃疡、胃下垂、便秘等都有积极的作用。

（二）运动的健康心理机制

社会的发展，科技的进步，经济的繁荣，文化的发展，给人们带来了众多的利益。但作为事物的另一方面，现代社会运转节奏的加快，竞争加剧，信息量加载，城市拥挤和噪音程度加大，其结果是导致出现心理障碍的可能性增多。发展和进步给人类带来了繁荣，也给人类带来了某些冲突和烦恼。影响健康的因素在增长，疾病产生的因素也在增长。在现代社会，什么是真正意义上的健康呢？世界卫生组织的定义是这样的——健康是一种在身体上、精神上的完美状态以及良好的适应能力，而不仅仅是没有疾病和衰弱的状态。很显然，这里面包含了心理因素。也就是说，一个健康的人，他的心理也应该是健康的。

时尚的健身活动不但能让人拥有健美的身材和健康的身体，它还具有培养良好情绪和健康心态的功能。从心理学角度上来说，它能满足人们各种各样的心理需要，实现心理的平衡。

1.运动是获得心理健康的需要

（1）运动是人类心理能量释放的需要

人类总是通过能量释放从紧张走向放松，从不平衡走向平衡。但问题是，并非所有的能量都能直接释放（如攻击性等），它会遇到来自社会的各种禁忌和压力。于是聪明的人类采取了一种心理能量间接释放的方式，运动便是这样一种策略，越是竞争激烈的项目，如保龄球、拳击、跆拳道、高尔夫球等，人们就越是趋之若鹜——无论是竞争者或是旁观者，都是通过某种能量的释放而得到新的心理平衡。

（2）运动是人们寻求心理刺激的需要

进入现代社会，人们的分工越来越细。如一个劳动者可能只负责某一生产工序，长期做一个动作，长年累月，其枯燥、乏味、单调可想而知。因此，寻找刺激成为现代人普遍的心理需要。刺激就像生命之盐，太咸了固然不好，太淡了生命就没了味道，而时尚体育恰恰就是这样一种浓淡相宜的"盐"，无论是参加时尚体育活动还是观看时尚体育比赛，人们都能感受到这种良性的心理刺激。

（3）运动是自我实现间接的需要

自我实现就是充分开拓自身固有的潜能，走向自己力所能及的高度。然而在日常生活中，许多人由于低层次的需要没有满足，因此，自我实现的冲动也就被囚禁在无意识的领域而不能自察。这种愿望并没有因此而湮灭，只要一有机会就会顽强地表现出来。运动作为一种体育表演活动，最能展示个人的自我价值，因此，许多人就通过体育活动，借以展示个人的价值追求，以获取某种心理满足。

（4）运动是提高人们心理素质的需求

人们热衷于时尚的体育运动，不仅因为它能强身健体，而且它还能提高心理素质。如参加冲浪、蹦极、游泳等项目，可以克服害怕失败的胆怯心理，锻炼一种大无畏的精神；长跑、游泳、举重等项目，可以锻炼人的意志；棋类、太极拳、慢跑等缓慢持久的项目，则有利于增强自我控制能力，稳定情绪。

2. 运动可以纠正和防治心理缺陷

现实生活中，经常可以见到一些心理有缺陷的人。他们无法保持正常人所具备的心理调节和适应能力，总是偏离心理健康的轨道，最常见的形式是性格缺陷和情感缺陷，其共同的后果是社会适应不良。体育心理学研究证明，针对性地进行一些健身娱乐等运动锻炼，是纠正心理缺陷、培养健康人格的有效心理训练方法。下面简单介绍几种心理缺陷的运动疗法。

（1）孤僻的心理缺陷

如果不合群，也不喜欢与人交往，就应该选择一些集体项目，如球类、登山、野营接力跑运动等。参加这些集体性运动项目，会改善你的心情、激发你的热情，会帮助你慢慢地克服或改变孤僻的性格，逐步适应与同伴的交往。

（2）胆怯的心理缺陷

如果感到胆子小，做事怕有风险，怕难为情，则应参加溜冰、滑雪、拳击、摔跤、冲浪、蹦极等极限运动活动。这样可以改变害怕摔倒等各种胆怯心理，以顽强勇敢的精神去战胜困难，越过障碍。经过一段时间的磨炼，你的胆子自然会变大，处事也就不怕了。

（3）犹豫不果断的心理缺陷

如果觉得处理事情常犯犹豫不果断的毛病，那就参加乒乓球、网球、羽毛球等运动。这样可以克服犹豫不决的心理缺陷。

（4）急躁的心理缺陷

如果发现自己遇事比较急躁，感情容易冲动，那就进行下棋、练瑜伽、打太极拳、慢跑、长距离步行等持久的项目，可以帮助调节神经系统，增强自我控制的能力，稳定情绪，克服容易急躁、冲动的毛病。

（5）信心不足的心理缺陷

如果做事总感觉或担心完不成任务，那就选择一些简单易做的运动项目，如跑步、健美操、健身操、瑜伽等，只要努力坚持一段时间，信心就自然逐步得到增强。

（三）运动的社会机理

1. 运动是现代社会人们生活的内在需求

从人的生物属性上讲，身体运动的需求乃是人之天性所驱使。但人毕竟是具有高度智能和理性的"生物"，人类之所以逐渐抛弃原始冲动而引起的运动本能行为，选择运动游戏和时尚休闲，正是因为人的社会属性和高度进化所致。从另一个角度讲，休闲娱乐运动的产生，正是人本身的原始需求与人的社会文明进步及其社会发展相互统一的结果。

尽管娱乐休闲运动对于维持生活所需的活动过程没有直接的帮助，但在活动过程中各种器官系统得到了锻炼，情感得到了表达和宣泄，这对于活动者个人乃至整个民族都具有不可忽视的社会学价值。

2. 余暇时间的增多为人们从事运动提供可能

所谓余暇活动，即指在休闲的时间里所进行的各种非工作性质的活动。显然，运动是社会余暇活动的一种。与其他的社会余暇活动一样，每一个参与健身娱乐活动的人都必须具备一个重要的前提与条件——自由地支配余暇时间。以工业为中心的第二次产业革命之后，改革了过去那种生活节奏，劳动者每天的生活时间除了生理上的必需时间（吃饭、睡觉等）和劳动时间外，还有了一些可由自己随意支配的余暇时间。有了这种余暇时间之后，劳动者便有了参与各种余暇活动的可能性。

今天，大工业生产手段确立以后，社会生产飞跃式地发展，从而产生了许多有利于社会余暇活动广泛开展的条件，娱乐运动成为人们健身的一种主要方式，运动越来越受到大众的喜爱。同时，由于经济的飞跃式发展，也就为人们进行各种各样的时尚健身活动提供了可能。归纳起来有以下几个方面：

（1）劳动时间缩短。这使劳动者有了更多的自由时间供个人随意支配。

（2）所得收入上升。这使得个人具备了"玩得起"的物质条件和经济基础。

（3）社会财富充实。社会提供了更多的供个人活动的器材和场所。

（4）需求和价值观多样化发展。这使得余暇活动的内容和方式丰富多彩，运动项目更受欢迎。

3. 运动的社会功能

（1）运动能丰富人们的社会文化生活

丰富文化生活是人的需要。人在基本的生活得到满足、安全得到保障的前提下，就力图提高自己的需要层次，提高自己的生活质量。恩格斯把人的需要分为生存、享受、发展三个层次，余暇时间的体育活动是享受和发展的需要，这是人类的一种较高层次的满足。丰富文化生活也是社会进步发展的需要。运动的参加者不仅自身可以达到增强体质、消除疲劳、愉悦身心、陶冶情操、丰富生活的作用，而且对整个社会来说，还起到了扩大社会交流、密切人际关系、促进团体协作、建立良好社会风尚的作用。由此看来，通过时尚体育活动丰富社会文化生活，不仅能够提高参加者自身的素质，而且也有利于整个社会的精神文明建设。

（2）运动能调节人们的社会情感和社会意识，缓和社会压力

人的现代化是国家现代化的先决条件，要使人们在身体上、心理上具备现代人的品格，这对我国几千年来形成的传统思维方式、价值尺度、意识观念等带来了有力的冲击。健身娱乐休闲运动的多功能特点，可以帮助人们形成现代人的竞争意识，培养现代人应具有的"对人和社会充满信心""办事讲求实效""守时惜时""顽强拼搏"等思想意识和心理素质。

现代化的社会生产和生活方式在给人们带来有利因素的同时，也带来了许多对人性和人的生命不利的因素。现代精神文明病现象就是一个例证。因此，余暇活动对人们来说，是个很好的调节方式。运动是一种具有特别意义的余暇活动方式，其活动方式的挑战性、竞争性、团结协作性，裁判规则的自觉遵守性，形式的多样性，以及广泛的适应性特点使其社会心理调节功能表现得尤为突出和有效。

（3）运动能促进社会人群文化观的发展与丰富

运动方式多种多样，举不胜举，每一种方式都聚集着一大群对其着迷的人。他们对这种或那种时尚活动的热情专注更胜于对待其他的社会活动，他们严肃认真地对待在活动中所发生的各种问题，他们在这些活动中得到了在工作和其他社会生活中所不能得到的乐趣和满足。在经济发达国家，出现了许多的以某项娱乐方式为基础的亚文化群体。这些群体中的每一个成员都是某项运动的业余爱好者，他们把大量的余暇时间都花在自己喜爱的运动中，使用自己所属群体的专用术语，挂着该群体的特殊标志。这样的亚文化群体的存在和发展，使社会文化由一个单一的主体文化逐渐地向着复杂的多样性的新文化体系转变，由此而导致了新的文化观、价值观、人生观及其他的观念产生，社会也就变得更加五彩缤纷。

总之，运动是社会发展到一定历史阶段的产物，它是现代社会人们生活的内在需求，它具有重要的社会功能和价值。运动方式也必然随着社会的发展而更加丰富多样，成为现代社会人们生活不可缺少的重要组成部分。

三、运动与健康的关系

（一）运动为延长人的自然寿命提供契机

众所周知，一般哺乳动物的最高寿命，相当于它生长期的 5～7 倍，人的生长期一般在 20～25 岁之间完成，按此推算，人的最高寿命应该是 100～175 岁之间，那么，人为何活不到自然寿命呢？我们将人类的生理活动与一般动物做一番比较，就不难找出运动延长人的寿命的答案。

（1）人的呼吸方式的改变

除人以外，几乎所有的动物均采用腹式呼吸，这种方式可以充分发挥腹叶细胞的作用，增大肺活量。而人类以胸式呼吸为主，根据用进废退的原理，这使大部分肺叶细胞长期闲置而失去活性，从而使肺活量变小，经常伏案工作的知识分子生理表现更甚。中国科学院工会1997年5月调查结果表明，在职科学家平均死亡年龄为52.23岁。现代运动，无论是瑜伽、蹦极、滑雪或是冲浪等，都会不由自主地改变习以为常的胸式呼吸，深呼吸使长期弃之不用的肺叶细胞重新发挥作用，持之以恒的锻炼使肺活量增大。目前在国内外兴起的"回归自然"的运动，就主张远离都市的喧嚣、纵情于山水之间，沉湎于时尚休闲娱乐运动之中，以便追求人类已逐渐丧失的原始本能。

（2）人的运动姿势的改变

人类用下肢运动代替四肢爬行，无疑是一大进步。然而随之也带来了诸多不利因素，比如直立姿势使大脑处于人体最高位置，导致大脑极易缺氧（大脑占人体重2%～25%，而用氧占30%～35%），直立姿势使人体血压升高，心脏负担加重。这些都容易使大脑和心脏发生疾病而影响人的寿命。运动为参与者提供了取之不尽用之不竭的契机。参与者为了陶冶情操，寻找生命的意蕴，坦然地与大自然融为一体，在茂密的丛林深处攀树戏耍，在湍急的河谷中搏击风浪，在冰天雪地里跌打滚爬，在峭壁上攀登，有时干脆另辟蹊径，模仿原始人的生活方式和习性，在雨水泥浆中洗澡或像动物一样爬行，躺在沙滩上，用灼热的沙子掩埋自己，只剩下能呼吸的器官等。这些运动姿势的改变更有利于人们身体健康。

（3）人的循环功能的改变

生活在大自然中的动物，能适应四季气候的变化，而人类生活在日益舒适的环境中，血管的锻炼愈来愈少，心脑血管容易硬化。寒冬的清晨如果惧怕寒冷不锻炼，则骨骼肌的产热明显减少，分布到肌肉中的血液相对减少，血液黏滞度增高，不但使人畏寒，而且容易伤风感冒或诱发心血管疾病。从事休闲运动能使血液里的白细胞数量增多，增强人体免疫能力，提高抗病力。

另据有关专家研究发现，几乎所有野生动物都比人工饲养动物的寿命长。在原始森林大象能活200年，而动物园的大象仅能活80年；野兔可活15年左右，而家兔多则能活4～5年。主要原因是野生动物为了适应大自然的千变万化，就要东奔西跑进行大量的体力活动，这使机体得到了良好的锻炼，在长期的与自然环境的顽强斗争中，形成了长寿的优势。动物与人类健康存在着相同的规律性。据我国山东省的一项社会调查表明，全省共有百岁老人311人，其中居住在农村的251人，占80.7%，居住在城市的有60人，占19.3%，其中经济欠发达地区的百岁老人22.2%人，占全部百岁老人总数的70.74%，经济发达地区有91人，仅占全省百岁老人总数的29.2%。这个统计给我们的启示是，这些百岁老人80%～90%是体力劳动者，农村经济欠发达的地区的百岁老人多，饮食清淡、体重轻、行动敏捷、肌肉结实，患心脑血管疾病少。由此，进一步证实了"生命在于运动"的道理。所以，锻炼心肺功能、增进体力的运动才是实现健康长寿的最佳途径。

（二）健康需要又促进运动的发展

从人的生物属性上讲，身体运动的需求乃是人之天性所驱使。但人毕竟是具有高度智能和理性的"生物"，人类之所以逐渐抛弃原始冲动而引起的本能行为，选择运动进行娱乐休闲，正是因为人的社会属性和高度进化所致。从另一个角度讲，运动中体育休闲娱乐的产生：正是人本身的原始需求与人的社会文明进步及社会发展相互统一的结果。尽管运动中体育娱乐休闲活动对于维持生活所需的活动过程没有直接的帮助，但在活动过程中各种器官系统得到了锻炼，情感得到了表达和宣泄，符合了现代人对健康的需求。同时人们对健康需求的新要求，也促使运动向健身性、塑体性、休闲性、刺激性等方面全面发展，又促进了运动的新发展。

第二节　运动与营养

一、营养概述

（一）营养的概念

营养，从字眼来看，营养一词中的"营"是谋求、取得之意，"养"是养身或养生之道。扼要地说，营养就是人类从外界摄取适量有益的物质以谋求养生的目的。这是一个复杂的生理化学过程。它包含食物的消化、吸收和物质代谢的整个动态过程。人类通过营养过程才能维持生命、生长发育、繁衍后代，才能完成各种生理活动和社会活动。因此，人类从胎儿开始直至死亡都离不开营养。人类身体素质的优劣除了决定于先天的遗传因素之外，与营养状况也有密切的关系。营养对人体健康有着非常重要的意义。

（二）合理营养在机体中的作用

1. 合理的营养促进机体发育

第二次世界大战后，许多交战国的人民由于营养不良，儿童的身体发育遭受严重的影响。以日本人为例，1948 年（战后）日本 12 岁儿童的身高比 1939 年（战前）下降 2.8 厘米。经过三年的经济恢复，儿童身高才达到战前的水平。以后随着国民经济的迅速发展，营养状况不断改善，身体素质不断提高。1970 年日本 12 岁儿童身高比 1953 年增高 3.9 厘米。日本儿童身体素质的提高主要归功于营养条件的优化。1935 年日本平均每人每年吃肉 21.5 千克、蛋 21.5 千克、奶及奶制品 12.7 千克、油脂 1.1 千克，1971 年提高到肉类 13.1 千克、蛋 14.95 千克、奶及奶制品 27 千克、油脂 9.45 千克。由于营养水平的提高，日本人的身高普遍增高。目前日本全国高中三年级学生（17 岁）的平均身高已超过 17 米，比 25 年前同龄人身高增长 58 厘米。

我国随着经济的快速发展，城乡人民生活逐步得到改善，青少年的身体素质也有明显的提高。广东省于 1991 年底在广州、湛江、汕头、韶光等 10 个市和 8 个县对 3 万多中小学生的体重和身高进行调查，得出的结果与 1979 年相比较有较大增长。在城市，男生的体重和身高分别增加 3.41 千克和 3.91 厘米，女生分别增加 2.53 千克和 3.01 厘米。在农村，男生的体重和身高分别增加 4.39 千克和 6.71 厘米，女生分别增加 3.22 千克和 5.46 厘米。湖南省 2000 年与 1995 年比，城市 7～22 岁男生身高平均增长 1.72 厘米，体重平均增长 2.82 公斤，城市 7～18 岁女生身高平均增长 3.22 厘米，体重平均增长 3.41 公斤。乡村男生身高平均增长 1.62 厘米，体重平均增长 1.23 公斤。乡村女生身高平均增长 1.03 厘米，体重略有下降。这些事实充分说明营养改善对青少年身体发育有明显的促进作用。

2. 合理的营养促进智力发育

中枢神经系统和大脑的发育与营养的关系更为密切，营养能为神经细胞和脑细胞合成各种重要成分提供所需要的物质，促进智力发育。成年人如果营养不良也会导致记忆力的衰退。为了维持脑的正常功能，成年人尤其是脑力劳动者应保证有足够的营养。

3. 合理的营养可减少疾病

营养不足或缺乏可直接或间接引起某些疾病，例如机体缺铁导致贫血，缺碘易患甲状腺肿大，维生素 D 和钙缺乏则易患佝偻病等。营养不良使机体免疫力下降，抵抗力降低，传染病的发病率增加，病程延长，影响健康。营养不良还可以引起内分泌失调，并导致一些功能障碍。

总之，营养不良将直接影响个体发育，降低健康水平。所以，营养问题是人类生存中重要的问题之一。人们经常说"民以食为天"就是这个道理。你的身体在持续不断地进行着自身结构的更新，每天都会造出一些新的肌肉、骨骼、皮肤和血液，用以代替旧的组织。如果摄入的能量（热量）过多，身体就会增加一些脂肪，反之则会消耗一些脂肪。这样你今天吃的食物当中有一部分明天就变成了"你自己"。所以，最好的食物应该能制造并维持强健的肌肉、完好的骨骼、健康的皮肤和充足的血液（用来清理和滋养全身各处），也就是说食物不仅要提供能量，还要包含充足的营养素，即足够的水、糖类、脂肪、蛋白质、维生素和矿物质。如果你的食物中某种营养素过多或者不足，就会对你的健康造成一些不良影响，而如果日复一日、年复一年长期如此的话，到老的时候就可能会患某些严重的疾病。所以说要精心选择、搭配食物，以提供充足的能量和各种营养素，防止营养不良。

4. 合理营养，运动养生

进入 20 世纪 90 年代以来，随着经济的发展，生活条件的改善，人们已经不满足于简单的吃好、穿好、玩好的生活方式，而是要求和追求生活质量更高，对健康的渴望和向往从来没有现在这样强烈。有关保健养生的宣传也更普及，随手翻开每天的报纸、杂志，或随手打开电视、广播，无不有养生之道的内容。但在这你方唱罢我方登场的宣传中，人们不时会发现一些截然相反的声音。如对于吃的问题，有的报纸说吃素好，君不见有道士高僧鹤发童颜，健步如飞？哪一个长寿星不是以素食为主？有的杂志说不吃荤行，难道忘了从前一个月几两肉，腹中空空，两腿飘飘的日子？对于锻炼也是如此，一会儿说"生命在于运动"，体育运动有助于提高心血管与肺功能，改善全身代谢，增加骨密度。一会儿说"生命在于静养"，练气功可以提高神经系统的稳定性，有利于支配内脏的活动，甚至可以治病。弄得很多人无所适从，不知道究竟该怎么做。合理营养到底怎样合理？1992年世界卫生组织发表的维多利亚宣言提出：合理的膳食营养，适量的体育运动，戒烟戒酒，心理健康，这是保证健康的四块基石。

（三）营养素

1. 糖类

说哪种单一物质是最重要的营养素是不可能的，因为营养素需要协调工作，每一种营养素都会影响许多其他营养素的功能。糖类是最重要的营养素，它能满足人体能量需要，给大脑和神经系统提供能源。

（1）糖类的来源

糖类将太阳的辐射能转化成一种生命能利用的形式，驱动生命过程，它们形成了食物链中的第一环，支撑着地球上的生命。富含糖类的食物几乎都是从植物获取的，牛奶是唯一源于动物的此类食品，它里面包含大量糖类。在叶绿素和光存在下，绿色植物通过光合作用制造糖类。在这个过程中，水被植物的根部吸收，提供氢和氧，二氧化碳被叶片吸收，提供碳和氧。这样水和二氧化碳组成最常见的糖——葡萄糖。科学家们知道反应的所有细节，但从未能真正从头开始将其制造出来过，所以绿色植物是必不可少的一环。太阳能推动着光合作用的进行，光能变成了葡萄糖里将六个碳原子连接在一起的化学能，葡萄糖为根、茎、花和果实的所有细胞提供能量，比如根，虽远离太阳光，但根的每个细胞都能吸取叶合成的部分葡萄糖，将其分解（成为二氧化碳和水），释放能量用来满足自身的生长所需。

植物并不会用尽它们储存在糖类中的全部能量，所以这些糖类还可以被以植物为食的动物或人类利用。因此，光合作用取得的能量对我们的生存是至关重要的。接下来我们谈谈糖类的能量储备和能量的供应的一般形式。

（2）糖类的储备形式

通过光合作用，植物将二氧化碳、水和太阳能结合在一起，生成葡萄糖。糖类是碳原子、氧原子和氢原子通过含有能量的化学键结合在一起的产物。一共有六种糖分子有重要的营养作用，三种是单糖，另三种是双糖。糖类是组成人体的重要成分之一。糖类在人体中的含量约占人体重的2%。大部分以多糖的形式储存于组织器官中。自然界存在的糖类，种类繁多，根据其结构特点，可分为三类：单糖、多糖和寡糖。

第一，单糖。

凡是不能和水分解成更简单的糖称为单糖。自然界存在的单糖有二十多种，如核糖、葡萄糖、果糖。核糖在生命机体中起重要作用，是核糖核酸和脱氧核糖核酸的重要成分，而由其组成的ATP是人体的直接能量来源。

葡萄糖在血液中称为血糖，它是糖原或淀粉组成的最基本单元，是身体细胞用于产生能量的重要物质。

第二，寡糖。

寡糖（低聚糖）又称为相当于 2～10 个单糖结合成的糖，如乳糖、麦芽糖和蔗糖。

乳糖是唯一没有在植物中发现过的糖，存在于乳汁中，也称为奶糖。有些人缺乏分解乳糖分子的乳糖酶，不能正常地消化牛奶或乳制品。

蔗糖是最普通的寡糖，许多水果和蔬菜里面均含有，在消化时分解为葡萄糖和果糖后，被释放、吸收到血液里。

第三，多糖。

多糖是一类高分子有机物，一般由 300～500 以上的单糖分子经缩水后聚合而成。植物通过光合作用将碳、氢、氧合成为单糖再进而合成多糖，动物却将摄入的多糖水解成单糖，吸收后再重新合成各种多糖。重要的多糖有淀粉、糖原和纤维素。

①淀粉

淀粉是植物储存的养料，也是人类食物中的主要营养之一，各种谷类、薯类、根茎类食物中，淀粉是其主要成分。

②纤维素

纤维素是自然界最丰富的一种多糖，是组成植物纤维或者植物结构的主要成分。人类缺乏分解纤维素中的葡萄糖分子结合键所需的酶，因此不能靠纤维素获得能量。人体对纤维素虽然不能消化利用，但食用纤维素有助于排便和清除有毒细菌等有益作用，是人体必需的营养素之一。

③糖原

糖原广泛分布于人体及动物体各组织器官中，以肝糖原和肌糖原最为重要。糖原通常由几百至几千个葡萄糖脱水缩合后连接而成，糖原可溶于水，大部分以多糖的形式储存于组织中。体内糖原储存量很少，约 500 克左右。其中储存于肝脏的肝糖原约 100 克，储存于肌肉中的肌糖原约 400 克。体内储存的糖原数量虽少，但人体所需要的能量约 60% 由糖供给。在肌肉活动时，肌糖原首先分解供能，血糖即进入肌肉中以补充消耗的糖原。肝糖原即刻分解生成葡萄糖进入血液，以维持血糖浓度稳定。人体内血糖浓度为 80%～120%，总量约为 5 克，所以肝脏中储存的糖原对于维持血糖浓度极为重要。

2. 脂类

（1）脂类的来源

大多数细胞只能储存有限的脂肪，但某些细胞却是专门用来储存脂肪的。储存的脂肪越多，这些细胞就长得越大。一个胖人的脂肪细胞的大小可能是一个瘦人脂肪细胞的好多倍。为什么葡萄糖不是身体能量储存的主要形式呢？就像前面所提到的葡萄糖，是以糖原的形式储存的。糖原的一个特点就是它会"抓住"大量的水，其结果使糖原臃肿和重量增加，所以人体不能储存足够的糖原，不能提供长时间需要的能量。然而脂肪在无水的情况下被压缩得很紧，并且可以利用很小的空间储存更多的能量。

人体将多余脂肪细胞储存起来以备将来使用，前面也谈到了人体将多余脂肪储存为体脂的惊人能力。当一个人将食物中可利用的营养素消耗完了的时候，它就开始取出储存的脂肪来产生能量。就像前面所描述的那样，脂肪细胞将储存的脂肪分子降解并将降解的成分释放到血液中来响应能量的需要，当需要能量的细胞得到这些成分后进一步将它们分解为更小的片段，最后，每个脂肪碎片与葡萄糖衍生的片段联合作用，使得释能反应继续进行，产生能量、二氧化碳与水。利用储存脂肪产生能量的这种方式主要用于当食物能量摄入减少，或是人体的能量需求增加，或是两者同时发生时。重要的一点是，当体脂被分解来提供能量的时候，糖类也是必要的。如果没有糖类，酮病就会发生。脂肪的不完全分解产物（酮）会出现在血液和尿液中。

（2）脂类的种类

脂类分为脂肪和类脂两大类，它们的共同物理特征是不溶于水。脂肪俗称油脂，由甘油和脂肪酸组成。脂肪酸可根据其碳链上是否含有双键而分为饱和脂肪酸和不饱和脂肪酸。有几种不饱和脂肪酸人体不能合成，但又是维持生命活动所必需的，只能由食物提供，称为必需脂肪酸。其中亚油酸、α-亚麻酸最为重要。Y-亚麻酸和花生四烯酸可由亚油酸合成。

脂肪的物理状态由脂肪酸的成分所决定。含饱和脂肪酸较多者，熔点较高，室温下呈固态，俗称脂；含不饱和脂肪酸较多者，熔点较低，室温下呈液态，俗称油。由植物种子提取的植物油，不饱和脂肪酸含量丰富，而动物脂肪富含饱和脂肪酸。

类脂包括磷脂、糖脂和固醇。

脂肪是一类富含热量的营养素。每克脂肪在体内氧化可产生37.8千焦热量。脂肪不仅富含热量，储存在体内的体积也较小，是体内一种比较理想的蓄能物质。

由于饮食习惯、季节和气候的不同，人类对脂类的需求量有明显的差异，而且脂肪在体内的供能作用可以由糖原替代，因此膳食中脂类的供给量变动范围较大。一般情况下，脂类日供应量应占日热能需要量的20%~25%，每日膳食中有50克脂肪即可满足需要。值得指出的是，膳食中的脂类物质不仅仅指食用油脂，还应包括各种食物本身所含有的脂肪量。

随着生活水平的提高，膳食中的动物性食品也将不断增多，因此，脂肪（尤其是动物性脂肪）的摄入量也随之增加。值得注意的是，脂肪摄入量过多，对机体会产生不良后果。动物实验表明，以含5%脂肪的饲料喂养初断奶的小鼠，平均寿命为157天；若用含29%的脂肪的饲料喂养，则平均寿命仅为140天。因此，膳食中要适当控制脂肪的含量，尤其是动物性脂肪的含量。在膳食条件改善的情况下，应多吃富含纤维素的蔬菜、水果。纤维素可刺激肠蠕动，缩短食物在小肠内的停留时间，减少胆固醇的吸收；纤维素还可与肠内的胆固醇结合排出体外，减少胆酸在肝肠的循环，从而使胆固醇转变为胆酸并排出体外。

3. 蛋白质

（1）蛋白质的来源

蛋白质是细胞内一种神奇的生命物质。它的功能无处不在，没有蛋白质，就没有生命。150年前第一次命名就来源于希腊文"proteins"（最重要）。蛋白质揭示了生命过程中无数的秘密，很多营养学家的问题都与它有关。为什么某些化学物质是生命必需的营养素，而有些却不是？我们是如何生长发育的？人体如何补充消耗掉的物质？血液如何凝聚？我们的免疫能力来自何处？理解蛋白质的本性我们就能得到很多上面这些问题的答案。

蛋白质来源广泛，几乎所有的动、植物性食物中均有存在。其中动物性食物蛋白质含量较高，如禽畜肉类、鱼类、禽蛋类、乳制品等，蛋白质含量一般在15%以上，且其必需氨基酸的种类齐全，构成比例与人体的需要比较接近，营养价值较高。植物性食物中已知豆类的蛋白质含量最丰富，其中黄豆的蛋白质含量最高达36%；谷类蛋白质含量较低，一般在10%以下，但由于食用量大，故为我国人民食物蛋白质的主要来源。由于植物性食物蛋白质含量、必需氨基酸含量往往不足，构成比例与人体需要差距较大，加上其消化过程受植物纤维素影响，故营养价值较低。从维持机体总氮平衡的角度考虑，膳食蛋白质在满足供给量的同时，应逐步提高动物性蛋白质的摄入量。随着生活水平的提高和经济状况的改善，动物性蛋白质摄入量应增加到总蛋白质摄入量的30%左右，同时应增加豆类食品的比例，以满足机体对蛋白质的需要。应该指出，要保证机体有效地利用食物蛋白质，热能的供给量是相当重要的。膳食的热能供应不足，则膳食蛋白质乃至机体的组织蛋白质将加速分解，以弥补生命活动所需的能量，使膳食蛋白质不但不能有效地被利用，甚至不能维持机体的总氮平衡。因此，必须保证人体有足够的能量供应，才能发挥膳食蛋白质应有的作用。

（2）蛋白质的供给量

营养学有两个常用术语，即蛋白质最低生理需求量和蛋白质供给量。蛋白质最低生理需求量是指维持身体正常生理功能所必需的蛋白质数量，低于这一数量将对身体产生不良影响。

供给量是指在满足正常生理需要的基础上，考虑群体中存在的个体差异，确保群体中大多数人都能获得所需营养素。显然，供给量比需求量应更为充裕。各国根据本国的经济实力和具体情况，都分别制定出本国的蛋白质供给量。中国营养学会建议成年人每日摄入蛋白质70克，与世界各国蛋白质供给量相近。当然，蛋白质的能量供应还应该依据各种差异，如运动的强度、蛋白质的营养价值等因素而调整、变动。

4. 无机盐和维生素

生物体所必需的化学元素称为生物元素。不同的生物所必需的生物元素有一定差异。目前认为，人体生物元素有三十余种，其中氧、碳、氢是有机物——蛋白质、糖类、脂类等的主要组成元素，统称为无机盐或矿物质，在人体内总量约占体重的5%。其中含量较多的有镁、钾、钠、磷、硫和氯七种元素，每日体内需要量在十分之几克到几克，称为常量元素。其他元素机体每日需要量从百分之几克到千分之几克，称为微量元素。已知人体必需的微量元素有氟、碘、铁、锰、钴、铜、硅和锌等。无机盐虽不能供给能量，但是对维持机体正常生理功能具有重要的作用。如：铁离子与氧的运送以及细胞呼吸有关。运动与无机盐的关系，是近年来引人注目的研究课题。运动者为了提高运动能力，可通过饮用各种无机盐饮品，以预防过量的无机盐丢失。

（1）无机盐的种类

第一，钙。

钙是人体内最丰富的无机盐，占无机盐总量的 40%，成人体内含钙总量为 20 克。99% 的钙以磷酸钙和碳酸钙等形式构成骨骼和牙齿，并维持骨骼的强度。其余 1% 广泛分布在软组织细胞和细胞外液中。这些少量的钙有重要的生理机能，包括调节肌肉的收缩和舒张，维持神经冲动的传递，参与凝血过程和许多酶的活动等。缺钙会引致骨质疏松症，这是一种极易引起骨折的骨密度降低病。补钙和负重练习能使骨密度增强，并缓解由于年龄增长所造成的不可避免的骨密度减低的速度。体内所有的钙均来自食物。普通膳食中，摄入的钙通常仅 20%～30% 由小肠吸收进入血液中。钙的日摄取量成人约为 800 毫克，儿童、少年及老年人应适当增加钙的摄入。经常参与运动锻炼的人在运动时通过排汗丢失的钙较多，故每日补充钙的钙量应比正常人略多，为 1～1.25 克。奶类、豆类、蔬菜、海带等食品含有丰富的钙。

第二，磷。

磷约占体内无机盐总量的 1/4。80% 的磷以无机盐形式与钙结合组成骨骼和牙齿，其余 20% 以有机结合的形式分布于软组织细胞及体液中。磷在人体内有着十分重要的功能，它存在于全身的每一个细胞中，几乎所有代谢反应都少不了磷，如能量转移需借助腺苷三磷酸和肌酸磷酸，脂肪酸的运输有赖于磷脂。磷比钙容易吸收，吸收率达 70%。几乎所有的食物都有磷，缺磷是极少见的。反之过量的磷酸盐会引起低血钙，从而导致神经兴奋性的增强，发生手足抽搐和惊厥。

第三，铁。

成人体内仅含铁 3～5 克，其中 70% 的铁以血红蛋白形式存在，其余的大部分以铁蛋白和含铁血红素的形式储存在肝脏、脾脏和骨髓中，是血红蛋白、肌红蛋白、过氧化氢酶等多种酶的重要成分，在氧的转运和细胞呼吸上起着重要作用。人体对膳食中的铁的吸收率存在差异，肉类为 30%，鱼类为 15%，谷类、蔬菜中的铁仅 10% 可被吸收。许多食物均富含铁，但是包括发达国家在内，铁的缺乏较任何其他营养素的缺乏都要普遍。缺铁性贫血尽管很少引起死亡，但却造成数以百万计的人体质虚弱、处于病态，工作能力下降。运动员剧烈运动铁缺失增加，肌肉质量增加对铁的需求也会增加，故运动员尤其要注意铁的补充，每需 10～40 毫克。食物中富含铁的食物有动物肝脏、蛋类、绿叶和蔬菜等。

第四，氯化钠。

成人体内氯化钠含量为每千克体重 1 毫克左右，其中 50% 在细胞渗透压、水平衡和酸碱平衡中起主要作用。此外氯离子还被用于产生胃中盐酸，有助于维生素 B12 和铁的正常吸收，抑制随食物和饮料进入胃中的微生物的生长；钠离子又是胰液、胆汁、汗液的组成部分，钠与肌肉收缩和神经功能密切相关。机体对氯的需要量约为钠的一半，正常情况下，成人每天有 1.1～3.3 克食盐足以满足需要。有证据表明，高钠饮食与患高血压病有关。经常运动锻炼的人在运动时大量出汗，丢失盐分较多，应相应多补充适量盐，同时还应注意补充水分。人在机体缺盐时会软弱无力，容易疲劳，严重时发生肌肉痉挛、恶心、头痛。

但长时间饮食盐分过多，易诱发高血压，也可造成浮肿。因此，除非剧烈运动或大量出汗，不必增加食盐量。

第五，钾。

钾占体内无机盐含量的 5%，人体内无机盐元素除钙和磷外，钾居第三位，较钠的含量高两倍。体内所含钾 98% 存于细胞内，以维持细胞内适宜的渗透压、酸碱平衡和营养出入细胞的转移作用。钾离子使肌肉松弛，血钾过高时，会引起肌肉张力降低、心肌放松，此作用和钙正好相反。缺钾可引起心律失常，肌肉衰弱和烦躁。很少有因为膳食引致钾缺乏病。运动员在高温下运动时，汗钾与尿钾排出总量可达 6 克 / 天，因此，运动员每天钾的需求量为 1 ~ 5 克，正常膳食中钾的摄入量即可满足要求。

第六，镁。

镁在成人体内含量为 20 ~ 30 克，其中 60% ~ 65% 存在于骨骼中，27% 存在于肌肉中。镁与人体的许多功能有关，它是骨与牙齿的组成成分之一，参与多种酶的激活，镁能缓解神经冲动和肌肉收缩，与钙的兴奋作用相拮抗。镁摄入过多会扰乱钙的代谢，引起幻觉和定向力障碍。镁比较广泛地分布于各种食物中，正常膳食可满足日需要量。

（2）维生素

维生素是一类具有生物活性的，维持机体健康所必需的营养素，目前已知的主要有 14 种。20 世纪初，第一种维生素发现的传奇牵动了人们的心。人们喜欢吃维生素，从隐蔽的民间突然进入到将人们带入到维生素药丸的技术领域内，这可能是对那些寻找通向健康途径的人们的最好的答案。但也只有今天，科学家开始揭开了维生素在机体内和食物中相互作用的复杂性。

随着每一种新维生素的发现，其神奇治疗作用都会很容易使人们铭记在心。在很多电影里会出现一群不能走路（或将要失明的或失血过多）的人们，直至一个有灵感的科学家偶然发现这些人的食物中缺少了一些物质。科学家通常都是通过用缺少维生素的食物喂养实验动物来确认他们的发现的，结果由于缺少某种维生素使得动物不能走路（或致盲或过多出血）。当在它们的食物中重新加入缺少的成分后，它们又神奇般地恢复过来，随之人们摄入缺少的维生素后也都奇迹般地得到了治愈。

曾有一个儿童将维生素定义为"不吃你就会得病"。这句话尽管在语法上存在某些问题，但定义是正确的。更学术一点的话，可将维生素定义为必需的、无热量的、饮食中所需的微量的有机营养物。许多维生素的作用都是帮助其他营养物质消化、吸收和代谢，或者用于构建身体组织。虽然维生素分子很小，含量也很少，但功能却极为强大，某些功能还处于不断发现之中。

5. 水

水是机体中含量最大的组成成分，约占体重的 60%。水是维持人体正常生理活动的重要物质，一旦机体丧失水分至 20%，就将危及生命甚至死亡。水是细胞和体液的重要成分，是机体物质代谢必不可少的物质。细胞必须由组织间液运送和排泄，所以水对于营养物质的消化、吸收、运输和代谢废物的排泄，均有重要作用。水在体内还有润滑作用，如泪液可防止眼球干燥。唾液及消化液有利于吞咽部湿润以及胃肠的消化。关节滑液、胸膜和腹膜的浆液、呼吸道和胃肠道黏液等也都有良好的润滑作用。

对于经常参加运动锻炼的人来说，当肌肉失水 2%，体液渗透压增高，血浆容量减少，导致活动能力下降。当体内失水量达体重的 4% ~ 5%，肌力将下降 20% ~ 30%。在运动锻炼时，常会有口渴的感觉。这是口咽部干燥而并非体内缺水，所以称为"假渴"，采用漱口即可解渴。

一般来说，在进行运动锻炼中和运动锻炼后不宜大量饮水，大量的水分进入体内，会使胃部膨胀而妨碍运动，再者，大量饮水使短时期内血量急剧增加，大量排汗的同时又增加了能量的消耗，这对节省能量和消除疲劳都十分不利。如果进行运动量较大的一些运动项目或在高温下进行活动，体内产热量大，在大量排汗时会伴有盐、水、维生素及氨基酸等物质的损失。因此，在运动锻炼过程中，可适量地补充一些水分和无机盐，可以有效地预防体温升高和血液浓度升高，有助于运动能力的提高。

体内水分来源于饮水、饮食和体内氧化水。每天饮水的多少，往往随气候、体内消耗和各种生理情况而异。食物水因各种食物的含水量不同，故亦随所进食的食物种类而有不同。体内氧化水由糖、脂肪、蛋白质在体内氧化时所生成（亦称代谢水），每 100 克糖氧化时可产生 55 毫升水，100 克脂肪可产生 107 毫升水，每 100 克蛋白质可产生 41 毫升水，一般混合性食物每产热 418.5 千焦约产生 12 毫升水。

二、节运动与营养

（一）营养对运动锻炼者的特殊意义

营养是保证人体正常生长发育的重要因素。营养与健康有着密切的联系。合理的营养是增进健康、防止疾病、延年益寿的有效手段之一。此外，良好的营养也是运动员取得优异运动成绩的重要因素之一。随着体育科学的发展，运动的热潮席卷而来，人们对营养的认识不仅仅用来维护人类的身体健康，而是进一步研究如何根据参与不同运动项目活动的参与者体内代谢的特点，科学地利用营养素来促进提高运动能力，达到强身健体的目的。

人体在剧烈运动时，体内细胞的破坏与新生也相应增加。红细胞的组成成分是蛋白质和铁，若不足，可发生运动性贫血，影响运动时氧代谢能力，降低耐久力。因此，及时地适量地补充蛋白质是很必要的。剧烈运动时，体内维生素的消耗也明显增加，激素和酶的反应也很活跃，这些物质的补充都需要通过饮食。另外，在剧烈运动时，体内酸性代谢产物堆积，也需要补充相应的矿物质，以消除疲劳。总的来说，经常参与塑体、休闲、娱乐类的运动锻炼的能源物质是以糖类为主，其次是脂肪。长时间健身类的运动和部分休闲类、极限类运动主要是以脂肪占较大供能比例的。参加运动锻炼时对蛋白质的需要量也较一般体力劳动多些。同时，还需相应地增加维生素及某些微量元素。这样才能提高运动能力，加速运动后体力恢复，并且真正实现强身健体的目的。

（二）运动与营养素的供能特点

在体内，营养和机体运动相伴而行。运动的机体需要所有三种产能营养素提供能量来支持运动：糖类、脂类、蛋白质。有机体还需要蛋白质和大量支持性营养素构建无脂组织，反过来，机体的活动又对机体的营养有益。

1. 运动对糖类的供能要求

每 1 克糖在人体内氧化分解可产生 16.742 千焦的热能。糖比脂肪和蛋白质容易消化和吸收，并且分解迅速，产热快，耗氧少。因此糖是人体的主要能源。糖作为供能物质，还有一个最显著的特点，就是在无氧条件下也能分解提供能量，这对于进行运动锻炼（尤其是在缺氧状态下进行运动）有着十分重要的意义。另外，糖氧化的最终产物是 CO_2 和 H_2O，机体较易排出。

人的大脑和神经系统能量储存很少，在正常生理条件下，有赖于血糖氧化来提供能量。大脑每天需要氧化约 120 克葡萄糖，以维持其正常生理功能。当血液浓度降低时，首先影响中枢神经系统的功能，出现疲劳或头晕等现象，从而影响运动能力。在体内的能源物质中，糖是肌肉运动主要能量来源，糖能在无氧和有氧的条件下进行氧化，为肌肉在不同运动状态下提供能量。如：健身、休闲、娱乐类运动是在有氧状况下进行糖原氧化供能，塑体类、极限类运动及部分休闲运动需糖在无氧条件下供能。研究表明，运动锻炼前有计划地合理采用高糖膳食可以提高身体的耐力水平，运动后高糖饮食可尽快恢复身体体力。由此可见，糖是身体运动的重要能源物质，是提高运动能力的物质基础。当糖类在体内的贮量下降，不能满足人体的能量需要时，就会将蛋白质分解来部分弥补。因此，提高糖类的食用量，保持体内有足够的糖类贮备，就可以节省蛋白质在运动时的消耗。

2. 运动对蛋白质的供能要求

运动员和健美爱好者能够通过摄入更多的蛋白质来刺激肌肉的发达，但是，这主要还取决于运动的程度，也就是说，锻炼到了一定的程度，蛋白质的合理能量供应一定能保持健康的体魄和健美的体型。运动能产生细胞信号激发 DNA 产生肌肉纤维（肌肉纤维由蛋白质构成），过量的氨基酸或其他的营养素都不能产生这种信号。

理论上来说，经常参加运动锻炼如果仅仅选择高糖类的饮食则有可能造成蛋白质的营养不良。不过这种情况很容易避免，只要平衡饮食，加入牛奶、鸡蛋、大豆和鱼类食物，并且保证总的食物能够满足锻炼活动所增加的能量需要即可。绝大多数人都不需要专门食用某种特殊的食物或补品来获得足够的蛋白质。甚至大多数素食主义者只要一般食物能够保证均衡也同样能获取进行体育锻炼多需要的蛋白质。从几个星期或几个月来看，无论选择哪些食物，大多数营养丰富的饮食提供的能量中最终都有 12% ~ 15% 来源于蛋白质。也有例外情况，摄入过量的蛋白质有时也会带来好处。比如，一个年轻的男性健身运动员以最大的生理极限锻炼其肌肉组织，只是在他这样的情况下，将推荐的蛋白质摄入量增加一倍才可能有用处，即使这个运动员可能没有必要专门补充蛋白质，只要采用合适的饮食能够满足其较高的能量需要，也就能充分满足其增加的蛋白质需要，而不需要服用任何补品。总之，健康体魄、健美体型的途径就是艰苦的体力训练加上营养食物提供足够的蛋白质以供给肌肉生长。食物同时也提供纤维、水和其他必需营养素以及其他活动及运动所需要的其他物质成分——这些都是补品不能做到的。对于绝大多数的运动锻炼者，如果饮食正常，再额外增加过量的蛋白质或氨基酸，则只会为身体增加脂肪而不是肌肉。因此，除健美类运动外，其余运动不需过量补充蛋白质。

3. 运动对脂类的供能要求

食物以及人体中的脂类可分为三类。其中95%是三酰甘油。其他两类脂是磷脂与固脂，其中胆固醇是人们日常生活中最熟悉的一类脂肪。毋庸置疑，你现在最希望听到的是这些脂类化合物对你的健康的潜在的危害。也许使你吃惊的是这些脂类其实也是很有价值的。实际上，脂类是人体绝对需要的，并且如果你想保持健康的话，你必须从食物中摄取某些脂类。为保证健康所推荐的低脂饮食并不意味着饮食中没有脂肪。幸运的是，少量的脂肪与油几乎在所有的食物中都存在，所以你不必特意食用额外的脂类食物。

人们谈论脂肪时候，经常谈到三酰甘油。尽管脂肪这个术语已为人们所熟悉，但我们在这里还要接触到它，当人们从食物中摄取的能量超过需要时，脂肪是能量储存的主要形式。另外，脂肪为机体提供了执行许多工作所需要的绝大部分能量，特别是肌肉运动所需的能量。脂肪在人体内有许多其他的作用，重要的器官周围的脂肪层起到了缓冲重击的作用。脂肪是一种十分经济的供能物质，在一般的大运动量体育运动中，要求供应相应的脂类，以满足机体供能的需要。但是运动对脂肪的要求不同于其他一般体育运动，在脂类供应时，以植物性脂肪补充为主，少补充动物性脂类，以维持健美的身体。

三、运动与饮食

（一）运动的饮食习惯

1. 早餐与运动

很多人有不吃早餐就运动的习惯，这样锻炼时可能会感觉很累、无力。这主要是因为经过一个晚上，人体内糖类的供应量不足，所以早上健身锻炼应适当补充一些能量，比如吃一些苹果、全麦谷片等低升糖指数的食物。补充糖类的最佳时间应是在进行运动前10~30分钟，但在运动前和运动期间要避免吃太多的脂类食物。

2. 锻炼前的饮食

运动前应以高糖类、低脂肪的食物为主，如面包、饭、面和水果等。因这些食物容易消化，又能提供糖原。如运动超过1小时，应以单、双糖食物，如水果、奶、米饭为主，这些食物易被消化并及时供能。高纤维的食物也含糖类（如全麦面包），但这些食物消化时间长，易造成运动锻炼时肚子不适。

3. 易消化的食物有助于运动

运动大多属于智力性运动，此时大脑正处于交感神经兴奋的应激状态，消化机能较弱。

所以，在运动前，如果吃一些易消化的食品，会有利于运动能力的提高，较快消除疲劳。由此可见，不同食物在体内的消化时间，对于一个人运动能力有着重要的影响。食物中脂肪的消化时间最慢，糖最快。

4. 正确把握运动前的进食时间

运动前的进食时间，应根据运动锻炼的时间和不同食物的消化时间来决定。但基本原则是：运动前所进的食物能在比赛过程中供给运动所需的充足的营养和能量，而又不会在运动过程中造成运动员的肠胃不适。高热量或高脂肪的食物，往往需要较长的时间才能被消化。一般而言，正常的一餐食物需3~4小时的消化时间，才不至于使人在运动中感到肠胃不适，而食量较少的一餐需2~3小时的消化时间。少量的点心只需1小时就能被消化。但这些情形依照个人在运动时对胃中食物的感觉不同而会有差异。因此，如果你从事的是身体上下震动较大的运动，如跑步、登山、滑雪等挑战极限的运动时，你会对胃中的食物很敏感，过量的食物就会令你感到饱胀不适，那么你就需要在运动前更早进食，让食物有更长的时间被消化，或者减少对食物的摄取，以减轻这些症状。所以，运动前的饮食和进食时间应因人而异。每个人都需要在练习时进行体验，找出最合适、最有效的食物和进食时间。但最好不要在比赛时尝试没有在练习时试食过的食物，以免造成不必要的负面影响。

5. 运动前后该怎样吃才不会发胖

（1）晨间运动时

如果你起床后，食欲不佳或没有立刻吃早餐的习惯，那么空腹运动也无妨。若有点饿又不太饿的话，可以喝些饮品，如牛奶、果汁、豆浆等，既可以补充水分，又可使人有饱足感。如果你还想再多吃一点，则可以加一片高纤维饼干或吐司。而如果运动前已吃过轻食（以碳水化合物为主的食物）了，那么运动后的早餐分量不妨少一些。因为"不过饱"是运动饮食的原则。所以正在减肥的你，更要注意运动前后热量的控制，以免摄取多余的卡路里。

（2）午间运动时

经过一早上的辛勤工作后，为避免运动时"饿得头晕眼花"，你不妨在接近中午时，先吃些轻食填填肚子，以维持血糖的浓度。如果不是太饿，暂时不吃也无妨，可在运动后再吃午餐，但要记得运动前后需补充水分。一般来说，运动锻炼前吃含碳水化合物的轻食，能使你运动时精力充沛，运动得更有劲。结束有氧运动后，不妨吃点含碳水化合物的食物，这是帮助肌肉燃烧脂肪的动力来源，如谷类、豆类等，都可以维持肌肉中的肌糖原。如果你做的是肌力一类的运动训练，则应多吃含蛋白质的食物，它们能帮助肌肉组织生长。

（3）晚间运动时

可在下午4~5点时或下班前吃些点心，以维持血糖的浓度，储备运动精力。为此，你可以先准备一些小包装的轻食，如高纤维饼干、葡萄干、麦片等，但别以为运动后代谢加快，就可以大吃大喝。事实上，通过运动想达到控制体重和维持健美身材的目的，就更应正确地吃。因运动后的几小时内，身体正忙着移除肌肉中未用完的肌糖原，此刻你不妨吃些富含糖类的食物，如谷类、新鲜水果、淀粉类、蔬菜等。尤其是晚餐，更要克制自己少吃一点，因为在晚上，人的新陈代谢率较低，为避免囤积多余的卡路里，你必须控制自己的食量。

（4）运动后的营养补充

运动后的恢复不应该是顺其自然的，而应是主动积极地补充运动时所消耗的能量和营养，为明天的工作和学习做好准备。所以，进行运动锻炼后的营养补充主要应着重以下几方面：

第一，补充因流汗而损失的水分

运动会使人体内大量的水分经出汗流失而导致脱水，因为即使只流失体重的1%的水分，体温也会变得更高，使人比较容易疲劳，如损失体重的3%的水分，就会显著地影响运动的表现，即使在运动中就已经补充了水分，通常都少于流失的水量。因此在运动后，绝大部分的人都处于不同程度的缺水状态，需要积极地补充水分。那么怎样知道在运动中流失了多少水分呢？方法有两种。其中最直接的方法就是：计算运动前和运动后的体重差别，以此作为估计水分流失的参考依据，然后依照这一数据，每减少1公斤的体重，就至少需要补充1升的水，甚至更多。因为人体在运动后，仍然会持续流汗和排尿。

若是不方便测量体重，也可以根据口渴的感觉来补充水分。但是人的口渴感觉并不灵敏，即使身体已经处于缺水状态，仍然不会觉得口渴，或是虽然喝进去的水，并不足以完全补充流失的水分，但是已经足以缓解口渴。所以，在长距离的登山、定向等出汗较多的运动中，千万不要等到口渴或有机会时才摄取水分，应有计划地补充水分。即使已经不觉得口渴了，至少还需要再喝2~3杯的水，才能补充足够的水分。

另一个明显的指标是排尿的情形。如果在运动后1~2小时中，排尿量很少或是完全没有，而尿液的颜色很深，就表示身体正处于缺水的状态，需要赶快补充水分，直到排尿量恢复正常，且尿液颜色变成很淡或是无色，才表示身体已经有了足够的水分。

第二，补充因流汗而损失的电解质

汗液中主要的电解质是钠和氯离子，还有少量的钾和钙。除了长时间的运动，或是在酷热的天气下连续剧烈运动数小时，大部分只会流失体内非常小部分的电解质，而体内的储存会自动释放到血液中，以维持电解质的恒定。因此在一般的运动后，不需要特别补充电解质。对于例外情形，可以在运动后，以稀释的盐水或是含高钠的运动饮料来补充水分和电解质。但一些含有酒精或咖啡因的饮料，因会增加入体的排尿，不仅会降低人体内的水分，减少肝糖原的合成，而且还会影响受伤组织的复原，对运动后的恢复有非常大的副作用，所以并不是理想的水分补充饮料。

然而，一些训练有素的运动员，或是常在酷热天气下运动的人，其汗液中的电解质含量也会变得较少，所以，即使他们的流汗量和平常人一样多，其流失的电解质要比平常人少。

第三，补充运动中消耗的糖原。

糖原是运动时的主要能量来源之一，存在于肌肉和肝脏中。肌肉中的糖原只能供肌肉细胞所用，而肝脏中的糖原则可以葡萄糖的形式释放到血液中，供肌肉及身体其他器官所需。因此，体内肝糖原的存量，不足以应付运动时的所需，是造成人体疲劳、运动表现降低、无法持续运动的原因之一。若运动后体内肝糖原的存量显著降低，而又没有得到及时的补充，那么人体在下次运动时的表现，就会因肝糖原不足而受到影响。

据研究显示，在运动后的 2 小时内，身体合成肝糖原的效率最高，而 2 小时后，则会恢复到平时的水准。因此运动后，应迅速地补充运动中体内消耗的肝糖原。具体方法有：

①在较激烈的如健身、塑体、极限类运动后的 30 分钟内，摄取含高碳水化合物的餐点。

②视需求情况，在长距离运动中提供适当的食物和饮料。

③依照自己的体重，每 2 小时供给 50～100 克的碳水化合物（每公斤体重约需 1 克的碳水化合物），直到恢复正常的饮食。

④在恢复期进行运动时，对碳水化合物的需求将会增加。因此，每公斤体重每天需摄取 8～10 克的碳水化合物，以维持肌肉最佳的肌糖原储存量。

⑤肌肉受伤会影响体内肌糖原的储存量，因此，可于恢复期最初的 24 小时内，增加碳水化合物的摄取量。

⑥含碳水化合物的饮料、运动营养补充品以及单糖类食物，可以为参与运动锻炼提供一个实际及综合的碳水化合物来源。

⑦少量多餐可以帮助运动者在减少肠胃不适的情况下获得较高的碳水化合物，而当需要考虑摄取的总热量及胃肠舒适度时，如：进行极限类运动时，必须限制高脂肪饮食和过量蛋白质食物的摄取。

⑧含营养密度高的碳水化合物食物及饮料，因其可以提供其他的营养素，因此，这类食品对于运动后的恢复过程是很重要的。

第四，运动后不宜吃鸡、鱼、蛋。

许多人在体育锻炼后，常会有肌肉发胀、关节酸痛、精神疲乏之感。为了尽快解除疲劳，他们就会买些鸡、鱼、肉、蛋等大吃一顿，以为这样可补充营养，满足身体的需要。其实，运动后不宜吃这些食物，因为此时食用这些食品不但不利于解除疲劳，反而对身体有不良影响。一方面，这是由于人类的食物可分为酸性食物和碱性食物，而判断食物的酸碱性，并非根据人们的味觉和食物溶于水中的化学性，而是根据食物进入人体后所生成的最终代谢物的酸碱性而定的。通常含有钾、钠、钙、镁等金属元素，在体内代谢后生成碱性物质。能阻止血液向酸性方面转化的食物，为碱性食物，如蔬菜、海带、西瓜等。所以，酸味的水果，一般都为碱性食物而非酸性食物。而鸡、鱼、肉、蛋、糖等食品，味虽不酸，但却是酸性食物。另一方面，因为正常人的体液是呈弱碱性的，人在进行大多数的运动类项目锻炼后，之所以会感到肌肉、关节酸胀和精神疲乏，其主要原因是由于运动时，人体内的糖、脂肪、蛋白质被大量分解，而在分解过程中，会不断地产生乳酸、磷酸等酸性物质，刺激人体组织器官，致使人感到肌肉、关节酸胀和精神疲乏。如果此时单纯食用富含酸性物质的肉、蛋、鱼等食品，反而会使体液更加酸性化，不利于疲劳的解除。但若食用蔬菜、甘薯、柑橘、苹果之类的水果，由于它们的碱性作用，可以消除体内过剩的酸，降低尿的酸度，增加尿酸的溶解度，从而减少酸在膀胱中形成结石的可能性。所以，人在进行时尚体育锻炼后，应多吃一些碱性的食物，如水果、蔬菜、豆制品等，以利于保持人体内酸碱度的基本平衡，保持人体健康，尽快消除运动带来的疲劳。

第五，有助于提高运动效率的强壮食品。

强壮食品是指既能强身，又能提高运动效率的食品。它与兴奋剂不同。兴奋剂大多属于激素一类的药物，运动员注射或用后，虽能在比赛时发挥最高的运动效率，但对身体极端有害。因此，国际奥委会明令禁止使用兴奋剂。而强壮食品是一些用来补充运动时体内消耗的营养物质，所以它对身体是有益无害的。强壮食品一般包括葡萄糖、维生素、麦芽油、天门冬氨酸盐、碱盐等，它们对提高运动的效率有一定的作用。

①麦芽油

在国外最流行的强壮食品是麦芽油。它是一种从小麦胚芽中提取出来的油类，其主要有效成分是 28 碳醇。此外，还有少量的亚油酸、胆碱、维生素 E 及植物固醇等。人若长期服用麦芽油，能明显提高训练效果，增强机体的活动能力。国外学者认为，麦芽油还能增强人的条件反射能力，使人的反应更灵敏。

②碱盐

人在剧烈运动时，体内会产生大量的乳酸，使运动员的血液和肌肉呈酸性。而乳酸堆积过多，人就容易疲劳。若这时服用一定量的碱盐，如碳酸氢钠，则能起到中和作用，使血液和肌肉的酸碱度得到改善和趋于正常。有关学者提出，在运动员紧张训练时，水果和蔬菜的摄取量应达到总热量的 10%～20%。因为这些食品是碱性的，可对剧烈运动时增加的酸度起中和作用，从而有助于疲劳的消除。

③天门冬氨酸盐

瑞典一些运动生理学者，曾让运动员在马拉松赛跑时服用天门冬氨酸盐，结果发现在运动时，它不仅能消除运动员的疲劳，且能增强运动员的意志。因此他们建议，天门冬氨酸盐可作为在运动中防止与治疗疲劳的强壮食品。

④中药

我国的中药，如人参、银耳、田（七）灵芝、麦冬、五味子、刺五加等一些扶正培本、补气活血的药物，均具有改善神经系统功能、减轻疲劳、提高训练比赛能力的功效，但对于其机理，还需作进一步的研究。

第六，维生素 E 能修补无氧运动中的肌肉损伤。

如果你从事的是高耗能、高爆发力，且需大量使用肌肉群的无氧运动，如举重等，那么多吃一些维生素 E，它能加快对无氧运动中受损的肌肉群的修复，有助你尽快从酸痛中恢复。

不过肌肉的破坏对于举重运动是必要的。因为在一次又一次地增加重量的过程中，肌肉被破坏又被重建，从而被重建成更强壮的肌肉，所以举重会使人的肌肉越练越结实。故补充维生素 E，虽然能够缩短肌肉疼痛时间，但对于纯粹想要增长肌肉的健美选手来说，可能反而会阻碍他们肌肉的增长，因为它对于肌肉具有保护作用，而肌肉的受损对于快速增长肌肉是重要的。

（二）运动的饮食特点

合理的饮食与营养，有助于锻炼者生长发育、增进健康、增强免疫力、提高工作效率。由于运动锻炼时，体力消耗较大，因此，锻炼者需要及时地补充能量。这一方面是为了维持机体的正常需求，另一方面，则是为保持正常的运动锻炼。在锻炼时，由于代谢旺盛，激素分泌增加，排汗量增多，维生素的缺乏会提前出现。所以，这时容易出现运动能力下降、疲劳等不良反应。故锻炼者在饮食方面要注意以下几点：

（1）合理地摄入热量，通常比不运动时稍多些。

（2）合理分配糖、蛋白质和脂肪的比例。一般这三者的比例为 4：1：1，耐力项目为 1：1：1。

（3）多摄入些维生素，但过多也不好。

（4）注意合理的膳食制度、膳食时间、饮食量、饮食分配。

（5）正确地选择食物及烹调方法，如果参加比赛，还要注意运动员的口味等。

（6）在控制体重或减肥期间的饮食原则为：高蛋白质、高维生素、低脂肪、低糖。

（7）在冬天锻炼时，由于能量消耗过多，所以要加强能量和维生素的摄入，可适当增加脂肪的摄入。

（8）在夏天锻炼时要注意适时适当饮水。

参考文献

[1] 王岐富. 幼儿轮滑 [M]. 长沙：湖南师范大学出版社，2017.

[2] 李安娜，赵宜，李洋. 图说健身游戏 [M]. 北京：科学普及出版社，2017.

[3] 那小波，王勇主编. 大学体育与健康 [M]. 哈尔滨：哈尔滨工业大学出版社，2017.

[4] 李琳. 中小学轮滑教学理论与实践 [M]. 北京：北京体育大学出版社，2017.

[5] 张智，牛雪彤. 看图学轮滑二维码学习版 [M]. 北京：人民邮电出版社，2017.

[6] 胡德刚，迟小鹏，辛守刚，郑安徽，贾秦. 职业教育"十三五"改革创新规划教材中职生体育与健康基础模块 [M]. 北京：清华大学出版社，2017.

[7] 彭恩，张进财，潘海波主编. 大学体育实用教程 [M]. 北京：人民体育出版社，2017.

[8] 赵明来，曹福忠，胡朋主编. 大学体育与健康教程 [M]. 北京：化学工业出版社，2017.

[9] 付栋，吕雪敏，刘宁主编. 现代体育教学理论分析与实务 [M]. 北京：中国书籍出版社，2017.

[10] 蒋中伟，赵猛，杨广辉主编. 大学体育教程 [M]. 北京：北京体育大学出版社，2017.

[11] 李晗. 社会体育学 [M]. 北京：九州出版社，2018.

[12] 滴滴出行安全事务部. 去外婆家的神奇之旅儿童安全出行系列绘本 [M]. 北京：中国人民公安大学出版社，2018.

[13] 贾书申，刘海元主编. 高职体育立体化教程 [M]. 北京：北京体育大学出版社，2018.

[14] 张胜利. 高校新兴体育运动风险识别及控制研究 [M]. 长春：吉林大学出版社，2018.

[15] 郑焕然，程会娜. 大学体育文化与运动教程含微课 [M]. 北京：清华大学出版社，2018.

[16] 滴滴出行安全事务部. 向动物园出发吧儿童安全出行系列绘本 [M]. 北京：中国人民公安大学出版社，2018.

[17] 苏兴田. 普通高等学校公共体育新形态教材大学体育 [M]. 北京：高等教育出版社，2018.

[18]（法）艾米莉·博蒙（emilia Beaumont）.交通工具 [M].郑州：文心出版社，2018.

[19] 韩洪侠 . 高校轮滑课程开展的思考与探索 [M]. 长春：吉林大学出版社，2018.

[20] 马驰，吴雅彬，徐小峰主编 . 体育与健康 [M]. 上海：上海交通大学出版社，2018.

[21] 闫红，程艳芬主编 . 冰情雪韵 [M]. 黑龙江大学出版社，2018.

[22] 蒋国强，柯谷鑫 . 大学体育与健康 [M]. 武汉：武汉大学出版社，2018.

[23] 张庆春，周振国 . 高职体育与健康 [M]. 北京：高等教育出版社，2018.

[24] 滴滴出行安全事务 . 儿童安全出行系列绘本超级轮滑"小旋风"2[M]. 北京：中国人民公安大学出版社，2018.

[25] 金蟾 . 宝宝安全防范与好习惯养成启蒙教育绘本馆学习轮滑要注意的安全事项 [M]. 江苏凤凰美术出版社，2018.

[26] 张坤，任敦登，陈惠臻主编 . 现代大学体育教程 [M]. 成都：电子科技大学出版社，2018.

[27] 郑焕然，程会娜 . 高等院校人文素质教育课程规划教材大学体育文化与运动教程 [M]. 北京：清华大学出版社，2018.

[28] 杨柳 . 轮滑运动技术训练与科学开展研究 [M]. 北京：中国纺织出版社，2018.

[29] 沈德新 . 初级轮滑教育 [M]. 南昌：江西高校出版社，2018.